China

kulinarisch entdecken

China
kulinarisch entdecken

Fotografien von Jason Lowe

Rezepte von Deh-Ta Hsiung und Nina Simonds

h.f.ullmann

INHALT

KULINARISCHE REISEN DURCH CHINA

China
kulinarisch entdecken

CHINA, EIN RIESIGES LAND MIT VIELFÄLTIGEN LAND-
SCHAFTEN UND KLIMAZONEN, BESITZT EINE DER
GROSSARTIGSTEN KÜCHEN DER WELT. DAS ESSEN
SPIELT IM ALLTAGSLEBEN, BEI FESTEN UND BRÄU-
CHEN EINE GROSSE ROLLE.

Chinesische Mahlzeiten haben als Basis ein Grundnahrungsmittel *(fan)* wie Reis, Weizen, Mais oder Hirse. Der
weiße, polierte Reis wird meist gedämpft, Weizen dagegen,
der im raueren Klima des Nordens wächst, zu Brot und
Nudeln verarbeitet. In ärmeren Gegenden isst man Hirse als
Brei. Dazu gesellen sich dann begleitende Gerichte *(cai)* aus
Fleisch, Meeresfrüchten oder Gemüse, Pickles und Würzzutaten. Snacks, von Klößchen bis hin zu pikanten Nudeln,
sind den ganzen Tag gefragt, entweder um den Hunger zu
stillen oder einfach der Esslust wegen.

ZUTATEN
Der entscheidende Faktor ist Frische: Geflügel und Fisch
werden lebend gekauft, und manche Hausfrau geht mehrmals
täglich auf den Markt. Die chinesische Küche hat sich rund
um die Lebensmittel entwickelt, die verfügbar waren; oft gab
es wenig Fleisch, Geflügel oder Fisch, so wurden Reis und
Gemüse doppelt wichtig. Viele Nahrungsmittel, die wir heute
mit China verbinden, etwa Chilis, Paprikaschoten, Mais und
Koriander, gelangten jedoch erst über die großen Handels-
wege ins Land. Heutzutage greifen die Chinesen auch auf
Dosengemüse und Trockenprodukte zurück, vor allem dort,
wo aufgrund des Klimas der Boden nicht genügend hergibt.

AROMEN
Die chinesische Küche strebt nach geschmacklicher Ausge-
wogenheit zwischen süß und sauer, heiß und kalt, mild und
pikant. Dabei setzen drei Aromaträger die Akzente: Ingwer,
Frühlingszwiebeln und Knoblauch. Sie sind zwar nicht
Bestandteil aller chinesischen Gerichte, tragen aber zu dem

Chinesen essen mit Vorliebe Nudeln auf der Straße oder gedämpfte Wan Tans im Restaurant. In Chengdu wird ein neues Firmenschild gemalt, und in Sichuan lässt sich ein Panda das Frühstück schmecken. Tofu und chinesischer Schnittlauch sind Bestandteil vieler Gerichte, knusprige Fischröllchen serviert man zu Festessen, und auf dem Markt gibt es frittiertes Brot.

Im Norden stellt man Nudeln, Klößchen und Brot aus Weizenmehl her. Neujahr ist das größte Fest in China und wird mit Laternen und feinem Essen gefeiert; dazu gehören auch diese süßen Klöße. In Guangxi setzt man zum Fischen immer noch Kormorane ein. Auf chinesischen Märkten werden alle Teile des Schweins zum Verkauf angeboten, und Frühlingszwiebeln gehören zu den beliebtesten Kochzutaten.

Aroma bei, das als »typisch chinesisch« gilt. Sojabohnenprodukte sind ebenfalls wichtig, und fermentierter Tofu, Sojasauce und Bohnenpasten unterstreichen mit Essig und Sesamöl die chinesische Geschmacksnote. Im Westen des Landes sorgen Chilis und Szechuan-Pfeffer für Schärfe in den ansonsten recht einfach zubereiteten Gerichten.

GARMETHODEN

Der Wok ist das wichtigste Kochgerät in einer chinesischen Küche, da Pfannenrühren oder Frittieren beim schnellen chinesischen Kochen eine zentrale Rolle spielt. Andere Techniken wie Dämpfen, Pochieren und Schmoren sorgen für ein langsameres Garen. Da nur wenige Familien einen Herd besitzen, werden gebratene Enten oder *Char Siu,* gegrilltes Schweinefleisch, in Spezialrestaurants gekauft. In China isst man keine Rohkost, alles wird gegart. Die Zutaten werden gekocht, wenn auch nur kurz, oder eingelegt. Ein gutes chinesisches Essen besteht aus Gerichten mit verschiedenen Garmethoden, die alle zur gleichen Zeit fertig sind.

ESSGEWOHNHEITEN

Eine chinesische Mahlzeit setzt sich aus mehreren Gerichten zusammen, die man miteinander teilt. In der Küche wird alles so vorbereitet, dass es später mit Essstäbchen gegessen werden kann; am Tisch wird nichts geschnitten. Die Zutaten müssen frisch sein, das fertige Essen wird sofort serviert. Pfannengerührtes sollte immer noch *wok hei* haben, also vom »Atem des Wok« umweht sein. Das bedeutet, es wird mit der richtigen Hitze auf den Punkt gegart und sofort serviert.

FESTESSEN

Gerichte zu festlichen Anlässen sind das Gegenteil von Alltagsessen. Bei einem Bankett soll das Essen Spaß machen und nicht nur Nahrungsaufnahme sein. Deshalb werden Reis und Nudeln ganz am Ende serviert. Festliche Gerichte besitzen oft Symbolwert, und man leistet sich extravagante Speisen wie Abalone, Haifischflossen und ganzen Fisch.

HEILKRÄFTE

Nirgends ist die heilende Kraft von Nahrung so eng mit der Alltagsküche verbunden wie in China. Voraussetzung des Kochens ist die Ausgewogenheit eines Gerichts. Jeder Zutat wird neben einem Energiezustand – heiß, warm, kalt und neutral – ein Aroma zugeordnet, das süß, sauer, bitter, salzig und scharf sein kann. Je nach persönlichem Ungleichgewicht werden die Nahrungsmittel dann eingesetzt: kühlende etwa bei Fieber, wärmende nach einer Entbindung. Exoten wie getrocknete Eidechsen, Gemeiner Bocksdorn und schwarzsilberne Hähnchen werden oft auf spezielle Art zubereitet.

DIE KÜCHE DES NORDENS

Abgesehen von Shandong, ist die Gegend rund um Peking sehr unwirtlich, besitzt wenig fruchtbares Land und ist von rauen, langen Wintern und kurzen, sengend heißen Sommern geprägt. Früher wechselten sich Dürren mit Überschwemmungen des Gelben Flusses ab; mit dem Bau von Dämmen und Bewässerungsanlagen bekam man die Probleme in den letzten Jahren etwas in den Griff. Die Hauptgetreidearten müssen deshalb immer winterfest sein: Weizen und Hirse werden in Form von Nudeln, Brötchen und Brei gegessen, wohingegen im Winter Gemüse wie Rettich und Kohl von den Bauern aus den Nachbarprovinzen in die Hauptstadt gebracht wird. Sie fahren mit Lastwagen auf die Märkte von Peking und bleiben, bis alles verkauft ist. Shandong an der Küste ist die fruchtbarste Region und versorgt die Hauptstadt mit Obst, Gemüse und Meeresfrüchten.

Im Norden werden intensive Aromen wie salzige Bohnenpasten und Sojasaucen, Essig, Frühlingszwiebeln und Knoblauch bevorzugt. Wintergemüse wird eingekocht oder eingelegt, Scharfes und Pikantes isst man mit dampfenden Nudeln oder Reis, wenn nichts anderes zur Verfügung steht.

Am stärksten wurde die Region von der islamischen Küche der Mongolen und Mandschus beeinflusst. Auf der Straße wird Schaf-, im Frühling und Sommer Lammfleisch als gegrillte Fleischspieße oder pfannengerührt in Weizenpfannkuchen eingerollt verkauft. Und überall wird neben dampfend heißem mongolischem Feuertopf auch auf mongolische Art gegrilltes Fleisch angeboten.

Die Peking-Ente, das bekannteste Gericht der Hauptstadt, wird dagegen in Spezialrestaurants überall in der Stadt zubereitet. *Beggar's chicken,* eine weitere Spezialität, verpackt man in Lotusblätter und Ton und backt es in heißer Asche.

In völligem Kontrast zu den wärmenden Klößchen und Feuertöpfen auf Pekings Straßen steht die kaiserliche Küche in der Verbotenen Stadt. Der Hof förderte nicht nur eine unglaubliche Vielfalt an Kochstilen aus den verschiedenen chinesischen Provinzen, sondern hob das Kochen auf ein Niveau wie wahrscheinlich sonst nirgendwo auf der Welt. Das Essen war für den Mythos, der den Kaiser umgab, genauso wichtig wie seine Armeen. Zwar kann diese anspruchsvolle Küche heute nicht mehr im selben Maße gepflegt werden, dennoch bedient man sich bei festlichen Essen und in der Alltagsküche immer noch bestimmter alter Techniken, Rezepte und Geschmackskombinationen.

Ein Mädchen isst Eis, alte Männer spielen Dame, und Besucher steigen trotz eisiger Kälte die Stufen zum Tempel des Himmels in Peking hinauf. Heiße, süße Brötchen sind typisch für den Norden, ebenso Chinakohl, Wachskürbisse, Karotten und Eingelegtes. Gegrillte Lammspieße und der allgegenwärtige Nudeltopf werden als wärmende Snacks auf der Straße verkauft.

Hangzhous Teehäuser sind berühmt. In Shanghai wird eine Frau vor dem Yuyuan-Garten fotografiert, bekannt für sein »Teehaus im Herzen des Sees« *(Hu xin ting)*. Dort bekommt man zum Tee Orangen und Souvenirs. Die Wolkenkratzer Pudongs überragen das alte Shanghai, in dessen Gassen eine Frau kocht und ein Mann unter Neujahrslaternen schlendert. Auf dem Markt werden Fische und Paksoi verkauft.

DIE KÜCHE DES OSTENS

Die riesige Hafenstadt Shanghai ist sehr modern. Obwohl sie heute den Osten Chinas beherrscht, kann man jedoch nicht von einer echten »Shanghai-Küche« sprechen, denn die Stadt lebt von den Erzeugnissen der landwirtschaftlich reichen Provinzen, die in den fruchtbaren Ebenen des Jangtse-Deltas liegen – daher der Spitzname »das Land aus Fisch und Reis«.

Da das Klima wärmer ist als im Norden und der Boden ganzjährig reiche Erträge liefert, verfügt die Küche über eine Vielzahl von Zutaten: Reis, Weizen und Gemüse wie Paksoi, Bambussprossen, Bohnen und Kürbis. Daneben gibt es einige der besten Fischspezialitäten Chinas: Süßwasserkarpfen aus den Nebenflüssen des Jangtse, Wollhandkrabben und frische Meeresfrüchte von der Küste. Auch die Enten, Hühner und Schweine dieser Region schmecken besonders gut, und der luftgetrocknete Schinken aus Jinhua steht dem aus Yunnan in nichts nach.

Die meisten Gerichte werden hier sanft geschmort; Dämpfen und Pfannenrühren ist weniger beliebt. Shaoxing-Wein, ein bernsteinfarbener Reiswein, als Trink- und Kochwein in der gleichnamigen Stadt produziert, gibt vielen Gerichten die Würze, ebenso schwarzer Essig aus Chinkiang oder Ingwer und Knoblauch. Oft fügt man eine Prise Zucker hinzu, um ein Gleichgewicht der Aromen herzustellen – nicht umsonst kommen die besten süßsauren Gerichte aus dieser Region. Im Osten werden auch die meisten Sojasaucen Chinas produziert, und das Rotschmoren ist hier eine sehr gefragte Kochtechnik: Man gart Fleisch und Geflügel in Sojasauce und Reiswein. Bei Festessen sind sie als Vorspeise auf gemischten kalten Platten beliebt. Gemüse, Fisch und Meeresfrüchte werden dagegen nur sehr mild gewürzt.

Es gibt viele regionale Spezialitäten, wie die in Sojasauce und Reiswein geschmorten Spareribs aus Wuxi, die Löwenkopf-Fleischklöße aus Yangzhou, die gepresste Ente aus Nanjing und der Westsee-Karpfen aus Hangzhou. Hier wird auch Drachenbrunnentee (Longjiing), der feinste Grüntee Chinas, angebaut; manchmal findet er sogar als Zutat Verwendung. Ganz besonders lieben die Shanghaier aber ihren Fisch und ihre Meeresfrüchte, insbesondere die haarigen Wollhandkrabben, die es nur einen guten Monat im Herbst gibt.

In Shanghai ist man versessen auf Snacks wie Jiaozi, gedämpfte süße Brötchen und Nudeln, die es an jeder Ecke gibt. Noch lieber als Reis genießt man besonders im Winter sättigende Weizenbrötchen, Klößchen und Nudeln.

13

DIE KÜCHE DES WESTENS

Im Zentrum und im Westen, den Herzstücken Chinas, dominieren die Gewürze Sichuans, dessen fruchtbare Ebenen vom Jangtse und seinen Nebenflüssen gespeist werden. Sichuan ist für seine scharfen Gerichte und die unendliche Vielfalt an Zubereitungsarten bekannt – getreu dem Motto: 100 Gerichte, 100 Aromen.

Ursprünglich wuchsen Chilischoten nicht in China, sondern gelangten mit den Portugiesen aus Südamerika nach Asien. Vermutlich brachten buddhistische Händler und Missionare solche Gewürze und Kochtechniken nach Sichuan und trugen somit zum Vermächtnis einer fantasievollen buddhistischen vegetarischen Küche bei.

Szechuan-Pfeffer ist in vielen Gerichten das dominierende Gewürz. Er hat nichts mit unserem schwarzen oder weißen Pfeffer gemein, sondern ist beißend scharf und hinterlässt im Mund ein taubes Gefühl. Chilis und Ingwer sorgen für zusätzliche Schärfenuancen. Beliebt sind außerdem Chili- und Sesamöl, verschiedenartige Bohnenpasten und Essigsorten sowie Nüsse und Sesam, wie im kalten Hähnchen Bang Bang. Alle diese Aromen sind typisch für die Sichuan-Küche.

Auch der Kochstil ist ungewöhnlich. Die sogenannten »Fischduft«-Saucen (Yuxiang) aus Ingwer, Knoblauch, Essig, Chilipaste und Frühjahrszwiebeln werden zu Gemüse wie Auberginen serviert und schmecken nicht den Hauch nach Fisch. Eine andere Geschmacksrichtung ist sauerpikant (cuan la), wie in der berühmten Suppe, oder pfeffrigscharf (ma la), wie im Gericht Ma Po Doufu mit seiner feurigen Sauce. Natürlich hat Sichuan auch sein eigenes Feuertopfgericht, den Chongqing-Feuertopf – eine intensiv gewürzte Mischung aus Chilis und Öl und, ganz im Stil der Region, feurig-scharf.

Chilis werden in weiten Teilen des Westens verwendet, vor allem im benachbarten Hunan und in Guangxi, dessen Guilin-Chilisauce jedermann in China kennt. Guangxi ist auch ein bedeutendes, terrassenförmig angelegtes Reisanbaugebiet.

Im Südwesten Chinas findet sich die größte Vielfalt an ethnischen Minderheiten im Land, und ist es die einzige Region, in der Milchprodukte wie Ziegenkäse gegessen werden. Islamischer Einfluss zeigt sich in der Verwendung von Ziegen- und getrocknetem Rindfleisch. In Yunnan gibt es mehrere Spezialitäten: leicht süßlich gepökelten Schinken, das Hähnchen im Dampftopf mit Heilkräutern und die in Fleischbrühe gekochten »Nudeln, die die Brücke überqueren«.

Betriebsamkeit in Chengdu um Maos Statue. Ein Naxi-Mädchen aus einer ethnischen Minderheit Yunnans. Tofugerichte werden auf der Straße verkauft. Ebenfalls ein beliebter Snack: pikante Nudeln. Pilze, rote Chili-Bohnensauce, Bambussprossen und Auberginen sind Teil einer reichhaltigen Ernährung. Reis wächst in Guilin, und Schafe werden nahe der Yunnan-Berge gezüchtet.

In ganz Hongkong werden im Laden viele getrocknete Fischspezialitäten verkauft, die auch frisch auf dem Markt erhältlich sind. Dim Sum genießt man in ehrwürdigen Teehäusern Hongkongs, etwa im berühmten Luk-Yu-Teehaus mit seinen flinken Kellnern. Eiernudeln, gedämpfte Fische, Austernsauce und frisch gedämpfter Reis gehören zur Palette kantonesischer Gerichte.

LUK YU TEA HOUSE

DIE KÜCHE DES SÜDENS

Die Küche des Südens, speziell Guangdongs (Kantons), gilt als die beste des Landes. Guangdong besitzt subtropisches Klima; dies ist eine ideale Voraussetzung für den Reisanbau und bürgt für ganzjährige Gemüse- und Obsternte. Die ausgedehnte Küste und die Wasserwege im Landesinneren sorgen für frischen Fisch und schmackhafteste Schalentiere.

Die Region rühmt sich der besten Küchenchefs, deren Restaurants heute noch die reichen Händler Guangzhous und Hongkongs beliefern. Sie legen Wert auf eine hohe Qualität der Zutaten, die dann auf verschiedene Art zubereitet werden – pfannengerührt, gedämpft oder gekocht. Der Stil ist unverkünstelt; des frischen Aromas wegen wird Öl sparsam eingesetzt.

Die Aromen des Südens sind relativ unaufdringlich. Man betont die Frische der Lebensmittel mit einem Hauch von Ingwer, Knoblauch und Frühlingszwiebeln. Im Gegensatz zum restlichen China werden pikante Würzmittel oft separat serviert, etwa Soja- und Chilisaucen; so kann jeder sein Essen selbst würzen. Neben Austern- und Hoisin-Sauce wurden hier die schwarze Bohnensauce und die XO-Saucen erfunden.

Guangzhou ist für seine köstlichen Fisch- und Meeresfrüchtespezialitäten bekannt, die in jedem Restaurant serviert werden. Der Gast wählt das lebende Tier aus einem großen Becken und bestimmt die Zubereitungsart. Das bevorzugte Fleisch im Süden ist zweifelsohne Schwein – meist gebraten oder gegrillt (Char Siu). Es wird an der Theke von Schweinebraterei-Restaurants verkauft, die ihre Ware aufhängen, um die Kunden anzulocken. Auch gebratene, knusprige Enten sind sehr gefragt. Dim Sum ist eine Spezialität aus Guangzhou und Hongkong; die Snacks werden in Teehäusern oder Dim-Sum-Restaurants angeboten und sind in ganz China beliebt.

Die Kantonesen sind auch bekannt dafür, dass sie fast alles essen – darunter Haifischflossen, Schlangen, Affen und Hunde. Die Leute der Region wissen bestens über Nahrungsmittel Bescheid und sind experimentierfreudig, wobei viele der mehr esoterischen Zutaten nur in Spezialrestaurants erhältlich sind oder vor allem ihrer Heilkräfte wegen geschätzt werden.

Neben der kantonesischen Küche Guangdongs kommt aus dem Süden auch die bodenständigere Küche der Hakka, Chinas Zigeuner, ebenso wie die Chiu-Chow-Gerichte von der Ostküste der Provinz mit ihrer Vorliebe für Meeresfrüchte, Gänse und Saucen. Auch aus Fujian und Taiwan stammen beliebte Spezialitäten.

VORSPEISEN & SNACKS

JIAOZI

KEIN ANDERES GERICHT VERKÖRPERT DIE AUSGESPROCHEN HERZHAFTE NORDCHINESISCHE KÜCHE BESSER ALS DIESE MIT FLEISCH GEFÜLLTEN TEIGTASCHEN. WAN-TAN-BLÄTTER AUS WEIZENMEHL SIND IN JEDEM GUT SORTIERTEN ASIENLADEN ERHÄLTLICH.

Teigtaschen wie oben zusammenklappen. Achtung: Die Blätter reißen leicht und dürfen nicht zu
nass werden! Kerben fest eindrücken, sonst gehen die Taschen
während des Kochens auf.

FÜR DIE FÜLLUNG
300 g Chinakohl, fein gehackt
1 TL Salz
450 g Schweinehackfleisch
100 g Schnittknoblauch,
 fein gehackt
2¹/₂ EL helle Sojasauce
1 EL Shaoxing-Reiswein
2 EL Sesamöl
1 EL fein gehackter Ingwer
1 EL Speisestärke

50 runde Wan-Tan-Blätter
Roter Reisessig oder eine Dipsauce
 (Seite 282)

ERGIBT 50 STÜCK

FÜR DIE FÜLLUNG den Chinakohl in eine Schüssel geben, salzen und gut durchmischen. 30 Minuten ziehen lassen. Danach den Kohl ausdrücken und in eine große Schüssel umfüllen. Hackfleisch, Schnittknoblauch, Sojasauce, Reiswein, Sesamöl, Ingwer und Speisestärke hinzufügen. Alles gut vermengen, überschüssige Flüssigkeit abgießen.

EINEN GEHÄUFTEN Teelöffel Füllung in die Mitte jedes Wan-Tan-Blattes setzen. Die Ränder mit etwas Wasser befeuchten und die Blätter zu einem Halbmond zusammenklappen. Mit Daumen und Zeigefinger am Rand entlang kleine Kerben eindrücken. Mit der anderen Hand die beiden gegenüberliegenden Ecken fest zusammen-pressen. Die Teigtaschen auf ein leicht mit Speise-stärke bestäubtes Backblech setzen; aber nicht zu lange liegen lassen, sonst weichen sie durch!

IN EINEM GROSSEN Topf reichlich Wasser er-hitzen. Die Hälfte der Teigtaschen hineingeben und umrühren, damit sie nicht zusammenkleben. Das Wasser zum Kochen bringen. Bei der traditio-nellen Zubereitungsart fügt man 250 ml kaltes Wasser hinzu und gart die Teigtaschen bei großer Hitze, bis das Wasser erneut sprudelt. Dann gießt man 750 ml kaltes Wasser an und wieder-holt den Vorgang. Alternativ können die Teig-taschen 8–9 Minuten in sprudelndem Wasser garen. Danach vom Herd nehmen, abtropfen las-sen und den Vorgang mit dem Rest wiederholen.

JIAOZI können auch gebraten werden. Dazu 1 EL Öl in der Pfanne erhitzen und die erste Lage 2 Minuten braten. Pfanne dabei ab und zu schüt-teln, damit nichts anhaftet. 80 ml Wasser angießen, die Taschen abgedeckt 2 Minuten dämpfen. Ohne Deckel weiterköcheln lassen, bis das Wasser ver-dampft ist. Vorgang mit dem Rest wiederholen.

MIT REISESSIG oder einer Dipsauce servieren.

FRÜHLINGSROLLEN

DIE FETTIGEN, DICKEN FRÜHLINGSROLLEN VIELER WESTLICHER RESTAURANTS HABEN NICHTS MIT DEN RAFFINIERTEN, FEINEN RÖLLCHEN GEMEIN, DIE TRADITIONELL ZUM CHINESISCHEN NEUJAHRSFEST ANGEBOTEN WERDEN. DIES HIER IST EINE VEREINFACHTE VARIANTE DES KLASSIKERS.

FÜR DIE FÜLLUNG
5 EL helle Sojasauce
2 TL Sesamöl
3 1/2 EL Shaoxing-Reiswein
1 1/2 TL Speisestärke
450 g Schweinelende, pariert und in sehr schmale Streifen geschnitten
6 chinesische Trockenpilze
1/2 TL frisch gemahlener schwarzer Pfeffer
4 EL Öl
1 EL frisch gehackter Ingwer
3 Knoblauchzehen, fein gehackt
130 g Chinakohl, quer in dünne Streifen geschnitten
150 g Karotten, quer in dünne Streifen geschnitten
30 g Schnittknoblauch, in 2 cm lange Stücke geschnitten
180 g Sojasprossen

2 EL Mehl
1 Eigelb
20 Blätter Frühlingsrollenteig
Öl zum Frittieren
Pflaumensauce

ERGIBT 20 STÜCK

FÜR DIE FÜLLUNG 2 EL Sojasauce und die Hälfte des Sesamöls mit 1 1/2 EL Reiswein und 1 TL Speisestärke verrühren. Das Fleisch in diese Marinade legen, sodass es rundum bedeckt ist. 20 Minuten in den Kühlschrank stellen. Die Pilze 30 Minuten in heißem Wasser einweichen, gut ausdrücken. Stiele entfernen, Hüte in Streifen schneiden. Übrige Sojasauce, Speisestärke und Sesamöl mit schwarzem Pfeffer verrühren.

DIE HÄLFTE des Öls im Wok erhitzen. Die Fleischstreifen 2 Minuten darin pfannenrühren, bis sie gar sind. Herausnehmen und auf Küchenpapier abtropfen lassen. Den Wok auswischen.

DEN WOK erneut auf den Herd stellen und das Öl darin heiß werden lassen. Pilze, Ingwer und Knoblauch 15 Sekunden pfannenrühren. Chinakohl und Karotten hinzufügen und leicht verrühren. Übrigen Reiswein angießen und alles 1 Minute pfannenrühren. Den Rest des Gemüses dazugeben und 1 Minute pfannenrühren, bis die Sprossen weich sind. Das Fleisch mit der Sojasaucenmischung hinzufügen und diese einkochen lassen. Danach das Ganze abseihen. Den Wok ab und zu schütteln, damit keine Flüssigkeit anhaftet.

MEHL, Eigelb und 3 EL Wasser glatt rühren. 2 EL Füllung auf eine Ecke des Teiges setzen; den Rand frei lassen. Die Ecke gegenüber mit der Eigelbmischung bestreichen. Teig über die Füllung klappen und einmal aufrollen – aber nicht zu fest! Seitenränder einfalten, die Rolle aufwickeln und den Teig andrücken. Vorgang mit dem Rest wiederholen.

DEN WOK zu einem Viertel mit Öl füllen und auf 190 °C erhitzen (so lange, bis ein Brotwürfel darin in 10 Sekunden goldbraun wird). Je zehn Frühlingsrollen unter ständigem Wenden 5 Minuten knusprig ausbacken. Auf Küchenpapier abtropfen lassen. Mit Pflaumensauce servieren.

Frühlingsrollen sollten federleicht und nicht klobig aussehen. Nehmen Sie nur wenig Füllung, und rollen Sie dann den Teig auf – aber nicht zu fest, sonst können die Rollen beim Frittieren platzen.

Das Luk-Yu-Teehaus
in Hongkong

Die Teigtaschen oben möglichst
fest zusammendrücken und zu
Klößchen formen. Wenn sie zu
locker verschlossen sind, gehen
sie beim Kochen auf, und die Füllung läuft heraus.

CHAR SIU BAU

MANTOU, GEDÄMPFTE HEFEBRÖTCHEN, SIND IN GANZ CHINA BELIEBT, GANZ BESONDERS IM NORDEN.

DIE LEICHT SÜSSLICHEN, MIT GEGRILLTEM SCHWEINEFLEISCH (CHAR SIU) GEFÜLLTEN TEIGKLÖSSCHEN

SIND EINE KANTONESISCHE SPEZIALITÄT UND WERDEN IN JEDEM DIM-SUM-RESTAURANT ANGEBOTEN.

1 TL Öl
250 g gegrilltes Schweinefleisch
   (Char Siu), in Würfel geschnitten
3 TL Shaoxing-Reiswein
1 TL Sesamöl
2 EL Austernsauce
2 TL helle Sojasauce
3 TL Zucker
1 Portion Hefeteig (Seite 278)
Chilisauce

ERGIBT 12 GROSSE ODER
24 KLEINE TEIGTASCHEN

DAS ÖL im Wok erhitzen. Fleisch, Reiswein, Sesamöl, Austern- und Sojasauce sowie Zucker dazugeben und 1 Minute rühren. Abkühlen lassen.

DEN TEIG in 12 oder 24 Teile schneiden (je nachdem, wie groß die Klößchen sein sollen) und mit einem Geschirrtuch abdecken. Die Teigstücke zu kleinen Platten formen, deren Ränder dünner als die Mitte sind. 1 TL Füllung für ein kleines oder 3 TL für ein großes Täschchen auf den Teig setzen. Dann die Seiten hochziehen und oben fest zusammendrücken. Jedes Klößchen auf ein Stück Butterbrotpapier setzen. Wer in dieser Technik schon geübter ist, kann mehr Füllung nehmen; dann dominiert der Teiggeschmack nicht so stark. Wichtig ist, dass die Täschchen gut verschlossen werden. Sie können auch umgedreht und gedämpft werden. Danach sehen sie wie kleine Bälle aus.

DIE TEIGTASCHEN weit genug voneinander entfernt in drei Dämpfkörben verteilen. Den Deckel aufsetzen und die Teigtaschen etwa 15 Minuten über kochendem Wasser im Wok dämpfen, bis der Teig voll aufgegangen ist. Die Körbe nach der Hälfte der Zeit umdrehen, sodass der oberste Korb nun ganz unten steht. Die Klößchen mit Chilisauce servieren.

荷叶糯米团

GEDÄMPFTER KLEBREIS IN LOTUSBLÄTTERN

LOR MAI GAI SIND KLASSISCHE DIM SUM. DER REIS NIMMT BEIM DÄMPFEN DEN GESCHMACK DER
LOTUSBLÄTTER SOWIE DIE AROMEN DER ANDEREN ZUTATEN AN. DIE SNACKS KÖNNEN VORAB ZUBE-
REITET UND EINGEFROREN WERDEN. BEI BEDARF WERDEN SIE UNAUFGETAUT 40 MINUTEN GEDÄMPFT.

600 g Klebreis
4 große Lotusblätter

FÜR DIE FÜLLUNG
2 EL getrocknete Garnelen
4 chinesische Trockenpilze
2 EL Ö
360 g Hühnerbrustfilet, in 1 cm
    große Würfel geschnitten
1 Knoblauchzehe, zerdrückt
2 chinesische Würste *(Lap Cheong)*,
    in dünne Scheiben geschnitten
2 Frühlingszwiebeln, in dünne
    Ringe geschnitten
1 EL Austernsauce
3 TL helle Sojasauce
3 TL Zucker
1 TL Sesamöl
1 EL Speisestärke
Chilisauce

ERGIET 8 STÜCK

DEN REIS über Nacht in kaltem Wasser einweichen.
Wasser abseihen. Reis in einen Dämpfkorb geben,
mit einem Geschirrtuch abdecken. Deckel aufsetzen, Reis über kochendem Wasser 30–40 Minuten
dämpfen, bis er weich ist. Abkühlen lassen.

DIE LOTUSBLÄTTER 1 Stunde in heißes Wasser
legen, bis sie weich sind. Blätter trockentupfen
und halbieren, sodass sie acht Teile ergeben.

FÜR DIE FÜLLUNG Garnelen 1 Stunde in heißem
Wasser einweichen, dann das Wasser abgießen.
Die Pilze für 30 Minuten in heißem Wasser einwei-
chen, abtropfen lassen und gut ausdrücken. Die
Stiele entfernen und die Hüte fein hacken.

DEN WOK stark erhitzen, 1 EL Öl sehr heiß werden
lassen. Fleisch 2–3 Minuten pfannenrühren, bis es
angebräunt ist. Garnelen, Pilze, Knoblauch, Wurst
und Frühlingszwiebeln zufügen. Weitere 1–2 Minuten pfannenrühren, bis sich die Aromen vermischt
haben. Austern- und Sojasauce, Zucker und
Sesamöl dazugeben und gut vermengen. Speisestärke in gut 175 ml Wasser auflösen, unterrühren
und leicht kochen lassen, bis die Sauce eindickt.

AUS DEM REIS mit angefeuchteten Händen
16 Bällchen formen. Lotusblätter auf eine Arbeits-
fläche legen, je ein Reisbällchen in die Mitte setzen.
Die Bällchen leicht abflachen und in die Mitte eine
Vertiefung drücken. Mit einem Löffel je ein Achtel
Füllung hineingeben, ein weiteres Reisbällchen
daraufsetzen und dieses ins untere drücken. Die
Blätter hochschlagen und zu einem Kuvert falten.

REISPÄCKCHEN auf drei Dämpfkörbe verteilen.
Deckel aufsetzen, alles im Wok 30 Minuten über
kochendem Wasser dämpfen. Nach der Hälfte der
Zeit die Körbe umstellen, sodass der oberste nun
ganz unten steht. Die Snacks werden heiß aus
den Blättern und mit Chilisauce gegessen.

Zuerst die Füllung mit Reis um-
geben, dann die Blätter darüber-
falten. So wird das Aroma eingeschlossen, und der Reis behält
beim Kochen die Form.

In Sichuan wird Zucker lose angeboten; hier Zucker in Blöcken.

焖鸡翅

GESCHMORTE CHICKENWINGS

DIE CHINESEN ESSEN ALLES VOM HÜHNCHEN, UND KNUSPRIG FRITTIERTE FLÜGEL LIEBEN SIE GANZ
BESONDERS. DIE ZUBEREITUNG IST SEHR EINFACH, UND DAS GERICHT KANN ALS SNACK ODER ALS
VORSPEISE SERVIERT WERDEN – ABER BITTE MIT ZITRONENWASSER FÜR DIE HÄNDE.

24 Hühnchenflügel
3 Stück Würfelzucker
1 EL dunkle Sojasauce
1 EL helle Sojasauce
1 EL Shaoxing-Reiswein
Öl zum Frittieren
2 TL fein gehackter Ingwer
1 Frühlingszwiebel, in feine Würfel
  geschnitten
2 EL Hoisin-Sauce
125 ml Hühnerbrühe (Seite 281)

FÜR 6 PERSONEN

DIE FLÜGELENDEN abschneiden. Dann jeden
Flügel halbieren; dazu das Gelenk durchtrennen.
Die Teile in eine Schüssel geben.

IN EINER SCHÜSSEL den Würfelzucker mit Sojasauce und Reiswein gut verrühren; er sollte sich
vollständig in der Flüssigkeit auflösen. Die Chickenwings mit der Marinade beträufeln und mindestens 1 Stunde in den Kühlschrank stellen, besser
noch über Nacht.

DIE CHICKENWINGS auf Küchenpapier abtropfen
lassen, die Marinade aufbewahren. Wok zu einem
Viertel mit Öl füllen und auf 180 °C erhitzen (so
lange, bis ein Brotwürfel darin in 15 Sekunden
goldbraun wird). Flügel nacheinander 2–3 Minuten
braten, bis sie knusprig braun sind. Auf Küchenpapier abtropfen lassen.

VOM ÖL 1 EL zurückbehalten, den Rest weg-
gießen. Den Wok erneut erhitzen und das Öl darin
heiß werden lassen. Ingwer und Frühlingszwiebel
1 Minute pfannenrühren. Hoisin-Sauce, zurückbehaltene Marinade und die Chickenwings dazugeben und 1 Minute schmoren. Dann die Hühnerbrühe angießen und das Ganze zum Kochen
bringen. Die Hitze reduzieren, den Deckel aufsetzen und 8–10 Minuten köcheln lassen, bis die
Chickenwings gar sind.

DIE HITZE erhöhen, den Deckel abnehmen
und die Sauce köcheln lassen, bis das Fleisch
von einer dickflüssigen Sauce überzogen ist.

Hühnchen werden lebend gekauft und dann an Ort und Stelle
geschlachtet und ausgenom-
men, wie hier auf einem Markt in
Peking. Damit ist absolute Frische gewährleistet.

Reise auf dem Lastwagen
in Yunnan

GEDÄMPFTE REISTEIGTASCHEN

DIESE BELIEBTEN DIM SUM KÖNNEN MIT GEGRILLTEM SCHWEINEFLEISCH *(CHAR SIU)*, GARNELEN ODER GEMÜSE GEFÜLLT WERDEN. DER REISTEIG IST IN FORM ZUSAMMENGEROLLTER BLÄTTER ERHÄLTLICH. NICHT IN DEN KÜHLSCHRANK GEBEN – BEI RAUMTEMPERATUR VERARBEITEN, SONST BRECHEN SIE.

FÜR DIE FÜLLUNG
350 g gegrilltes Schweinefleisch
  (Char Siu), in Würfel geschnitten
3 Frühlingszwiebeln, in Würfel
  geschnitten
2 EL gehackte frische Korianderblätter

ODER

250 g kleine Garnelen
1 EL Öl
3 Frühlingszwiebeln, in Würfel
  geschnitten
2 EL gehackte frische Korianderblätter

ODER

300 g Chinesischer Brokkoli *(Gai Lan)*
1 TL helle Sojasauce
1 TL Sesamöl
2 Frühlingszwiebeln, in Würfel
  geschnitten

4 Rollen Reisteig
Austernsauce

ERGIBT 4 STÜCK

FÜR DIE FÜLLUNG Schweinefleisch, Frühlingszwiebeln und Korianderblätter gut vermengen.

ODER DIE GARNELEN aus der Schale brechen
und den Darm entfernen. Das Öl im Wok erhitzen
und die Garnelen 1 Minute pfannenrühren, bis sie
rosafarben und gar sind. Mit Salz und weißem
Pfeffer würzen. Frühlingszwiebeln und Koriander
dazugeben und alles gut vermengen.

ODER DEN BROKKOLI waschen. Holzige Stängel
entfernen, den Rest klein hacken. Das Ganze
auf einem Teller in den Dämpftopf stellen, den
Deckel aufsetzen und im Wok über kochendem
Wasser 3 Minuten garen lassen, bis die Stängel
und die Blätter weich sind. Mit Sojasauce,
Sesamöl und Frühlingszwiebeln vermengen.

DEN REISTEIG vorsichtig auseinanderrollen. Jede
Rolle zu einem 15 x 18 cm großen Rechteck formen. (Sehr große Rollen können halbiert werden.)
Die Füllung auf die Teigstücke aufteilen, diese
dann wieder zusammenrollen. Die Taschen auf
einem Teller in einen großen Dämpftopf geben,
den Deckel aufsetzen und im Wok über kochendem Wasser 5 Minuten dämpfen. Die Taschen
in kleinere Stücke teilen und Austernsauce darüberträufeln. Sofort servieren.

Die Füllung an den Rand der Ihnen
zugewandten Seite geben. Vorsichtig den Teig aufrollen, damit
er die Füllung gut umschließt und
nicht reißt.

香辣椒盐排骨

PIKANT GEWÜRZTE SPARERIBS

1 kg Schweinerippchen,
 auf chinesische Art zerteilt
2–3 EL Mehl
1 Ei, verquirlt
Öl zum Frittieren
2 Frühlingszwiebeln, fein gehackt
2 kleine rote Chilischoten,
 fein gehackt

FÜR DIE MARINADE
1/2 TL frisch gemahlener
 Szechuan-Pfeffer
1/2 TL Fünfgewürzpulver
1/2 TL Salz
1 EL helle Sojasauce
1 EL Shaoxing-Reiswein
1/4 TL Sesamöl

FÜR 4 PERSONEN

DIE SPARERIBS vom Metzger quer in 4–5 cm lange Stücke hacken lassen oder mit dem Küchenbeil zerkleinern. Dann längs durchschneiden, um die Rippchen voneinander zu lösen.

ZUTATEN für die Marinade verrühren, die Spareribs hineinlegen. Mindestens 3 Stunden in den Kühlschrank stellen, besser noch über Nacht.

MEHL, Ei und etwas Wasser zu einem glatten, dickflüssigen Ausbackteig verquirlen. Den Wok zu einem Viertel mit Öl füllen. Das Öl auf 180 °C erhitzen (bis ein Brotwürfel darin in 15 Sekunden goldbraun wird). Spareribs in den Ausbackteig tauchen und nacheinander in 5 Minuten knusprig braun frittieren. Herausnehmen und auf Küchenpapier abtropfen lassen. Das Öl erneut erhitzen und die Spareribs nochmals für 1 Minute frittieren. Dann herausnehmen und gut abtropfen lassen.

FRÜHLINGSZWIEBELN und Chilis 2 Minuten (bei abgeschaltetem Herd) ins heiße Öl legen. Herausnehmen und über die Spareribs geben.

Zum Zerteilen der Spareribs eignet sich am besten ein schweres Küchenbeil.

烤排骨

GEGRILLTE SPARERIBS

1,5 kg Schweinerippchen,
 auf chinesische Art zerteilt

FÜR DIE MARINADE
125 ml Hoisin-Sauce
3 EL helle Sojasauce
3 EL Shaoxing-Reiswein
2 EL Zucker
3 EL Tomatensauce (Ketchup)
4 Knoblauchzehen, fein gehackt
3 EL fein gehackter Ingwer

FÜR 6 PERSONEN

DIE SPARERIBS vom Metzger quer in 4–5 cm lange Stücke hacken lassen oder selbst zerkleinern.

DIE SPARERIBS in einem großen Ton-, Schmoroder Kochtopf mit Wasser bedeckt zum Kochen bringen. Anschließend die Hitze reduzieren und 20 Minuten sanft köcheln lassen. Die Spareribs abtropfen und abkühlen lassen. Dann längs durchschneiden, um die Rippchen voneinander zu lösen.

DIE ZUTATEN für die Marinade verrühren und die Spareribs hineinlegen. Mindestens 3 Stunden in den Kühlschrank stellen, besser noch über Nacht.

BACKOFEN auf 180 °C vorheizen. Spareribs und Marinade auf ein Backblech mit Alufolie geben. 45 Minuten backen; zwischendurch einmal wenden.

GEGRILLTE SPARERIBS

TOFUROLLEN

DIESE ZARTEN ROLLEN – NICHT MIT FRÜHLINGSROLLEN ZU VERWECHSELN – WERDEN OFT ALS DIM SUM SERVIERT. TOFUBLÄTTER GIBT ES VAKUUMVERPACKT ODER GETROCKNET ZU KAUFEN. LETZTERE MÜSSEN ÄUSSERST VORSICHTIG BEHANDELT WERDEN, DA SIE SEHR LEICHT BRECHEN.

4 chinesische Trockenpilze
100 g frische Bambussprossen
   oder Bambussprossen aus der
   Dose, gewaschen und abgetropft
1 kleine Karotte
3 EL Öl
300 g fester Tofu, abgetropft
   und in Würfel geschnitten
200 g Sojasprossen
1/2 TL Salz
1/2 TL Zucker
2 Frühlingszwiebeln, in dünne
   Ringe geschnitten
1 EL helle Sojasauce
1 TL Sesamöl
1 EL Mehl
12 weiche oder getrocknete
   Tofublätter
Öl zum Frittieren
Roter Reisessig, Sojasauce oder
   eine Dipsauce (Seite 282)

ERGIBT 12 ROLLEN

DIE PILZE 30 Minuten in heißem Wasser einweichen, abtropfen lassen und gut ausdrücken. Stiele entfernen und wegwerfen, die Hüte fein hacken. Die Bambussprossen und die Karotte in dünne Stifte von der Größe der Sojasprossen schneiden.

DAS ÖL im Wok erhitzen. Karotte, Tofu und Sojasprossen 1 Minute pfannenrühren. Pilze und Bambussprossen hinzufügen, gut umrühren. Dann Salz, Zucker und Frühlingszwiebeln dazugeben. 1 Minute pfannenrühren, danach die Sojasauce und das Sesamöl angießen. Alles gut vermengen. Die Mischung aus dem Wok nehmen und die Flüssigkeit gründlich abtropfen lassen. Zum Abkühlen beiseitestellen. Das Mehl mit etwas kaltem Wasser zu einer Paste rühren.

GETROCKNETE Tofublätter in kaltes Wasser legen, bis sie weich sind. Ein Blatt von der Rolle lösen und zu einem 15 x 18 cm großen Rechteck ausziehen. 2 EL Füllung an den Rand einer Schmalseite geben und zu einem Päckchen rollen; die Seiten nach innen falten und mit einrollen. Verbindungsnaht mit der Mehlpaste bestreichen, damit sie zusammenhält. Den Vorgang mit den übrigen Tofublättern wiederholen.

DEN WOK zu einem Viertel mit Öl füllen und auf 180 °C erhitzen (so lange, bis ein Brotwürfel darin in 15 Sekunden goldbraun wird). Die Tofurollen portionsweise in 3–4 Minuten knusprig goldbraun frittieren. Mit rotem Reisessig, Sojasauce oder einer Dipsauce servieren.

Die Tofublätter ganz vorsichtig auseinanderziehen, da sie sehr dünn sind und leicht reißen.

DAS CITY HALL CHINESE RESTAURANT ist eines der bekanntesten Dim-Sum-Restaurants in Hongkong. Es lockt während der Woche Angestellte und am Wochenende viele Familien an. Die Dim Sum werden auf Servierwagen von Tisch zu Tisch gefahren; man kann sie aber auch, wie oben gezeigt, an »Theken« bestellen. Hier werden gerade Rettichkuchen und Nudeln gebraten.

DIM SUM

DIM SUM SIND SNACKS, DIE »DAS HERZ BERÜHREN«, UND EIN ZENTRALER TEIL DER KANTONESISCHEN TEEHAUSTRADITION YUM CHA. YUM CHA BEDEUTET EIGENTLICH »TEE TRINKEN«, DOCH DAZU GEHÖREN AUCH DIM SUM, DIE ZEITUNG ODER EINE UNTERHALTUNG MIT FREUNDEN ODER VERWANDTEN.

Chinesen lieben Snacks. Jede Region hat ihre Spezialitäten – der Norden etwa Mantou und Jiaozi, Sichuan die etwas pikanteren. Dim Sum, die berühmtesten Snacks Chinas, gibt es nur in den Teehäusern von Guangzhou und Hongkong.

TEEHÄUSER

Traditionelle Teehäuser erinnern an Kneipen. Hier schlürfen ältere Männer morgens ihren Tee, essen Dim Sum und lesen Zeitung. In manche Teehäuser bringen sie ihre Singvögel mit und hängen den Käfig im Raum auf. Moderne Teehäuser sind oft richtige Dim-Sum-Paläste – riesige, mehrstöckige Restaurants, in denen es laut und hektisch zugeht und wo Büroangestellte oder Familien ganze Dim-Sum-Menüs verspeisen.

DIM-SUM-TRADITIONEN

Dim Sum isst man gerne vormittags, es gibt jedoch keine festen Regeln. Im geschäftigen Hongkong sind sie auch als Mitternachtssnack beliebt. Das Essen beginnt mit der Wahl des Tees, meist Pu'Er (schwarzer Tee), Jasmin- oder Chrysanthementee. Beim *Yum Cha* wird der Tee zum Essen getrunken, nicht vor- oder nachher. Während des Essens schenkt eine Person am Tisch nach. Die anderen tippen zum Dank

DIESES TRADITIONELLE TEEHAUS in Sham Shui Po, Hongkong, öffnet bereits um fünf Uhr morgens für seine – in der Regel männlichen – Stammgäste. Der Kellner geht umher und bietet den Gästen die oft recht großen, gefüllten Dim Sum in einer Art Bauchladen an. Man wählt ein oder zwei davon aus, trinkt dazu Tee, hält einen kleinen Plausch und informiert sich über die letzten Wettergebnisse.

mit dem Finger auf den Tisch, vor allem dann, wenn der Mund voll ist. Soll die Teekanne aufgefüllt werden, wird der Deckel zur Seite geschoben, damit der Kellner sieht, dass sie leer ist.

Man kann Dim Sum auch von der Speisekarte bestellen, meist kommen sie jedoch heiß aus der Küche und werden auf Tabletts oder dem Servierwagen den Gästen angeboten. Die Kellner rufen die Gerichte aus, und die Leute heben die Deckel hoch, um sich das Angebotene anzusehen. Es gibt auch »Theken«, wo Nudeln gebraten und Gemüse gekocht werden. Dim Sum werden meist zu je drei Stück in Dämpfkörbchen oder Schüsseln serviert.

Fast niemand macht Dim Sum zu Hause selbst, und die Köche in den Restaurants werden hoch geschätzt, weil sie alles von Hand zubereiten. Ein Dim-Sum-Koch benötigt eine dreijährige Lehre und etwa fünf Jahre Berufserfahrung.

DIE RECHNUNG für die Dim Sum wird anhand einer Karte am Tisch erstellt. Bei jeder Bestellung drückt der Kellner einen Stempel darauf, einen so genannten Chop.

Traditionelles Teehaus in Hongkong

SIU MAI

SIU-MAI-PURISTEN MÖGEN DIE ZUGABE VON MEERESFRÜCHTEN ZUR TRADITIONELLEN FLEISCH-FÜLLUNG ALS SAKRILEG BETRACHTEN. ABER DIE GARNELEN VERSTÄRKEN UND KONTRASTIEREN DEN SCHWEINEFLEISCHGESCHMACK, UND HEUTE WERDEN DIM SUM FAST NUR NOCH SO ZUBEREITET.

FÜR DIE FÜLLUNG
180 g Garnelen
80 g geschälte Wasserkastanien
450 g Schweinehackfleisch
2 EL helle Sojasauce
1 1/2 EL Shaoxing-Reiswein
2 TL Sesamöl
1/4 TL frisch gemahlener
　schwarzer Pfeffer
2 EL fein gehackter Ingwer
1 Frühlingszwiebel, fein gehackt
1 Eiweiß, leicht verquirlt
2 EL Speisestärke

30 rechteckige oder ovale Teig-
　hüllen aus Weizenstärke
1 EL Garnelenrogen (nach Belieben)
Eine Dipsauce (Seite 282)

ERGIBT 30 STÜCK

DIE GARNELEN aus der Schale brechen und den Darm entfernen. Die Garnelen in ein Geschirr-tuch einschlagen und die Flüssigkeit ausdrücken, grob hacken.

DIE WASSERKASTANIEN in einem Topf mit heißem Wasser 1 Minute blanchieren, dann kalt abschrecken. Abtropfen lassen, trockentupfen und grob hacken. Garnelen, Wasserkastanien, Hackfleisch und die restlichen Zutaten für die Füllung in einer großen Schüssel gut vermischen.

IN DIE MITTE einer Teighülle 1 EL Füllung setzen. Die Ränder ringsherum hochziehen. Das Täsch-chen zwischen Daumen und Zeigefinger klemmen und eine leichte »Taille« eindrücken. Gleichzeitig mit der anderen Hand die Füllung vom Boden nach oben pressen, damit eine plane Standfläche entsteht. Danach die Oberfläche der Füllung mit einem in Wasser getauchtes Messer glätten.

BUTTERBROTPAPIER mit Löchern versehen und vier Dämpfkörbe damit auslegen. Die Täschchen in ausreichendem Abstand hineinsetzen. In die Mitte der Füllung einen Klacks Garnelenrogen geben. Den Deckel aufsetzen und die Täschchen im Wok über kochendem Wasser 15 Minuten dämpfen. Körbe nach der Hälfte der Zeit umstel-len, sodass der oberste nun ganz unten steht. Siu Mai mit einer Dipsauce servieren.

Das Täschchen fest mit der Hand umschlossen halten und die Oberfläche der Füllung mit einem in Wasser getauchtes Messer glatt streichen.

HAR GAU

HAR GAU SIND DER BEWERTUNGSMASSSTAB FÜR JEDES DIM-SUM-RESTAURANT; IHRE ZUBEREITUNG IST NICHT EINFACH. DER TEIG AUS WEIZENSTÄRKE LÄSST SICH SCHWER BEARBEITEN UND MUSS IMMER WARM GEHALTEN WERDEN. DAS ERGEBNIS ENTSCHÄDIGT JEDOCH FÜR ALLE MÜHE.

FÜR DIE FÜLLUNG
500 g Garnelen
45 g Schweinefett oder Speck
(Schwarte entfernt), fein gewürfelt
40 g frische Bambussprossen
oder aus der Dose, gewaschen,
abgetropft und fein gehackt
1 Frühlingszwiebel, fein gehackt
1 TL Zucker
3 TL helle Sojasauce
1/2 TL Sesamöl
1 Eiweiß, leicht verquirlt
1 TL Salz
1 EL Speisestärke

TEIG FÜR DIE BLÄTTER
170 g Weizenstärke
3 TL Speisestärke
2 TL Öl

Soja-, Chili- oder eine Dipsauce
(Seite 282)

ERGIBT 24 STÜCK

GARNELEN aus der Schale brechen, Darm entfernen. Die Hälfte der Garnelen in 1 cm große Stücke schneiden, den Rest fein hacken. In einer Schüssel gut vermischen. Fettwürfel, Bambussprossen, Frühlingszwiebeln, Zucker, Sojasauce, Sesamöl, Eiweiß, Salz und Speisestärke unterrühren. Alles gut vermengen, überschüssige Flüssigkeit abgießen.

DIE ZUTATEN für den Teig in eine Schüssel geben. 250 ml heißes Wasser dazugießen und alles gut verrühren. Falls der Teig zu klebrig ist, noch etwas Weizenstärke untermischen.

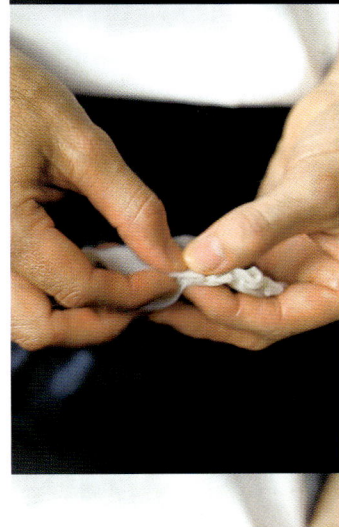

AUS DEM TEIG eine lange Rolle formen, in 24 Stücke teilen und mit einem dampfenden Geschirrtuch abdecken. Je ein Teigstück mit dem Rollholz ausrollen oder mit der gut eingeölten Schneide des Küchenbeils flach drücken. Bei Verwendung eines Rollholzes den Teig zwischen zwei Lagen eingeölter Folie zu 9–10 cm großen Scheiben ausrollen. Bei Verwendung eines Küchenbeils die vom Körper abgewandte Schneide mit dem Handballen auf den Teig drücken und mit der anderen Hand den Griff so drehen, dass eine runde Form entsteht.

EINEN GEHÄUFTEN Teelöffel Füllung in die Mitte des Teiges setzen. Ränder mit etwas Wasser befeuchten und halbmondförmig zusammenklappen. Mit dem Daumen und Zeigefinger kleine Falten am oberen Rand eindrücken. Mit der anderen Hand die Seitenränder fest zusammenpressen. Har Gau auf vier mit Butterbrotpapier ausgelegtem Dampfkörbe verteilen. Vorher einige Löcher ins Papier schneiden. Har Gau zudecken, während sie vorbereitet werden, sonst trocknen sie aus.

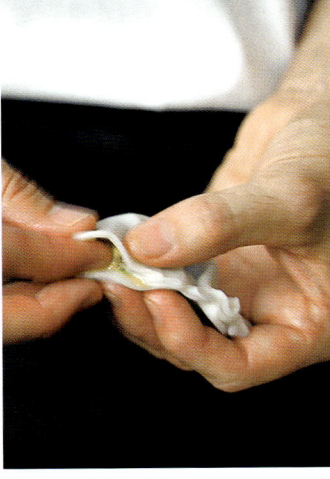

Har-Gau-Teig ist schwieriger zu handhaben als Nudelteig. Wenn der Teig warm gehalten wird, lässt er sich leichter formen.

DEN DECKEL aufsetzen, Teigtaschen im Wok über kochendem Wasser 6–8 Minuten dämpfen, bis der Teig durchsichtig ist. Zwischendurch die Körbe umstellen, sodass der oberste ganz unten steht. Har Gau mit Soja-, Chili- oder Dipsauce servieren.

RETTICHKUCHEN

DER RETTICHKUCHEN GEHÖRT ZU DEN EINFACHEREN DIM SUM, DIE FRAUEN GEWÖHNLICH AUF HEISSEN TELLERN MIT DEM SERVIERWAGEN DURCHS LOKAL SCHIEBEN. JEDE PORTION WIRD IMMER GANZ FRISCH AUSGEBACKEN UND MIT EINER HELLEN SOJA- ODER CHILISAUCE ZUM DIPPEN SERVIERT.

900 g chinesischer Rettich,
  geraspelt
30 g getrocknete Garnelen
20 g chinesische Trockenpilze
150 g chinesische Wurst
  (Lap Cheong)
1 EL Öl
3 Frühlingszwiebeln, in dünne
  Ringe geschnitten
3 TL Zucker
3 TL Shaoxing-Reiswein
1/4 TL frisch gemahlener
  weißer Pfeffer
2 EL gehackte frische Korianderblätter
300 g Reismehl
Öl zum Frittieren

ERGIBT 6 STÜCK

RETTICH 5 Minuten in einer Schüssel mit heißem Wasser blanchieren. Abgießen, Flüssigkeit auffangen, den Rettich in einem Sieb gut abtropfen lassen. Wenn er abgekühlt ist, Restflüssigkeit ausdrücken. Rettich in eine große Schüssel umfüllen.

DIE GARNELEN 1 Stunde in heißem Wasser einweichen. Gut abtropfen lassen und das Einweichwasser ins Rettichwasser gießen.

DIE PILZE 30 Minuten in heißem Wasser einweichen. Danach gut abtropfen lassen, das Einweichwasser ebenfalls ins Rettichwasser gießen. Restliche Flüssigkeit aus den Pilzen drücken. Die Stiele entfernen und wegwerfen, die Hüte fein würfeln.

WURST auf einem Teller in den Dämpfkorb geben. Deckel aufsetzen, die Wurst im Wok über kochendem Wasser 10 Minuten dämpfen. Fein würfeln.

DAS ÖL im Wok erhitzen. Wurst 1 Minute pfannenrühren; Garnelen und Pilze zugeben und 2 Minuten pfannenrühren, bis sie zu duften beginnen. Zuerst Frühlingszwiebeln, Zucker, Reiswein und Pfeffer, dann Rettich, Korianderblätter und Reismehl hinzufügen. Alles gut vermengen. 500 ml der zurückbehaltenen Flüssigkeit angießen. Gut verrühren.

DIE MISCHUNG in eine gefettete, mit Backpapier ausgelegte 25 x 25 cm große Kuchendose füllen. Die Dose in den Dämpfkorb stellen, den Deckel aufsetzen und im Wok über kochendem Wasser 1 1/4–1 1/2 Stunden dämpfen. Immer wieder heißes Wasser nachgießen. Die Dose über Nacht in den Kühlschrank geben. Am nächsten Tag den Rettichkuchen aus der Dose nehmen und in 5 x 5 cm große, 1 cm dicke Stücke teilen.

IM WOK 2 EL Öl stark erhitzen. Die Kuchenstücke darin nacheinander knusprig goldbraun ausbacken. Bei Bedarf immer wieder Öl nachgießen.

In Dim-Sum-Restaurants wird der Rettichkuchen ganz frisch frittiert.

FLADEN MIT FRÜHLINGSZWIEBELN

ZU DEN BELIEBTESTEN SNACKS NORDCHINAS GEHÖREN KNUSPRIGE FLADEN MIT FRÜHLINGSZWIEBELN, DIE DIREKT AUS DER PFANNE GEGESSEN WERDEN. MANCHE RESTAURANTS MACHEN AUCH GROSSE, DICKE FLADEN UND SERVIEREN SIE ZERTEILT ALS BEILAGE ZUM HAUPTGERICHT.

250 g Mehl
1/2 TL Salz
1 EL Öl
3 EL Sesamöl
2 Frühlingszwiebeln, nur die
  grünen Teile, fein gehackt
Öl zum Braten

ERGIBT 24 STÜCK

MEHL und Salz in einer Schüssel gut vermischen. Öl und 220 ml heißes Wasser hinzufügen und mit einem Holzlöffel zu einem groben Teig vermengen. Auf einer leicht mit Mehl bestäubten Arbeitsfläche 5 Minuten kneten, bis er weich und elastisch ist. Falls der Teig sehr klebrig ist, etwas mehr Mehl einarbeiten. Mit einem Geschirrtuch abdecken und 20 Minuten gehen lassen.

DIE ARBEITSFLÄCHE erneut mit Mehl bestäuben. Teig mit den Händen zu einer langen Rolle formen und in 24 Stücke teilen. Jedes Stück mit dem Rollholz zu einer Platte von 10 cm Durchmesser ausrollen. Die Oberfläche reichlich mit dem Sesamöl bestreichen, dann mit einigen Frühlingszwiebelstücken bestreuen. Die Platte einrollen; am unteren Rand beginnen. Die Enden gut andrücken, damit der Inhalt fest darin verschlossen bleibt. Die Rolle leicht abflachen, dann erneut von einem Ende her zu einer Schnecke aufrollen. Das Ende fest andrücken. Den Vorgang mit den restlichen Teigstücken wiederholen und danach die Teigrollen etwa 20 Minuten gehen lassen.

JEDE ROLLE auf der Arbeitsfläche mit der Hand flach drücken. Zu einer 10 cm großen Platte ausrollen und auf einen leicht bemehlten Teller legen. Die Fladen mit jeweils leicht bemehltem Backpapier dazwischen übereinanderstapeln und 20 Minuten gehen lassen.

EINE BRATPFANNE bei mittlerer Hitze erwärmen, den Boden mit Öl bestreichen und je zwei oder drei Fladen gleichzeitig hineingeben. 2–3 Minuten auf einer Seite goldbraun knusprig braten, dann wenden. Aus der Pfanne nehmen und auf Küchenpapier abtropfen lassen. Sofort servieren.

DIE FLADEN können vor dem Servieren, in Alufolie verpackt, in 15 Minuten bei 180 °C im Backofen aufgewärmt werden.

Die Frühlingszwiebeln auf dem Fladen verteilen und den Teig einrollen. Dann das Ganze mit der Füllung zu einer Schnecke formen. Am Ende alles wieder zu einem Fladen ausrollen.

Da der Teig mit Sesamöl bestrichen wird, springen die einzelnen Teigschichten beim Dämpfen auf.

蒸馒头

MANTOU (GEDÄMPFTE HEFEBRÖTCHEN)

DER GRUNDTEIG AUS HEFE KANN FÜR VIELE ARTEN DER GEDÄMPFTEN BRÖTCHEN VERWENDET WERDEN. »BLUMENBRÖTCHEN« SIND AM EINFACHSTEN ZU FORMEN, FÜR »SILBERFADENBRÖTCHEN« IST ETWAS ÜBUNG NÖTIG. SIE SCHMECKEN AUCH KÖSTLICH MIT ROT GESCHMORTEM FLEISCH UND GEFLÜGEL.

1 Portion Hefeteig (Seite 278)
3 EL Sesamöl

ERGIBT 12 BLUMENBRÖTCHEN
ODER 6 SILBERFADENBRÖTCHEN

DEN TEIG auf eine leicht bemehlte Arbeitsfläche legen und halbieren. Jede Hälfte zu einem 30 x 10 cm großen Rechteck ausrollen. Beide Oberflächen großzügig mit Sesamöl bestreichen. Die Rechtecke mit den eingeölten Seiten aufeinanderlegen und den Teig von der Längsseite her wie eine Biskuitrolle aufrollen. Zum Schluss die beiden Enden fest andrücken.

DIE ROLLE mit dem Handballen etwas flach klopfen und in 5 cm große Stücke schneiden. Jedes Teigstück mit einem Essstäbchen parallel zur Schnittfläche in der Mitte eindrücken. (Das hat zur Folge, dass die Enden beim Dämpfen zu »blühen« beginnen.) Vier Dämpfkörbe mit gelochtem Butterbrotpapier auslegen und die Brötchen mit ausreichendem Abstand darin verteilen. Den Deckel aufsetzen und den Teig 15 Minuten gehen lassen.

JEDEN DÄMPFKORB einzeln 15 Minuten im Wok über kochendes Wasser stellen, bis die Brötchen leicht und elastisch sind. Damit sie schön weich bleiben, sollte der Deckel bis kurz vor dem Verzehr nicht abgenommen werden.

DER TEIG kann auch anders geformt werden, etwa wie bei den beliebten »Silberfadenbrötchen«: Dazu den Teig halbieren, aus jeder Hälfte eine Rolle mit 3 cm Durchmesser formen und jede Rolle in sechs Stücke teilen. Sechs Teigstücke zu 20 x 10 cm großen Rechtecken ausrollen und beiseitestellen. Die restlichen genauso groß ausrollen, mit etwas Sesamöl bestreichen und zur Hälfte falten. Erneut mit Sesamöl bestreichen und wieder falten. Quer in dünne Streifen schneiden. Eines der Rechtecke auf die Arbeitsfläche legen und die Streifen so spannen, dass sie bis zur Mitte reichen. Enden und Seitenränder so einfalten, dass die Streifen vollständig eingeschlossen sind. Den Vorgang mit dem restlichen Teig wiederholen. Die sechs Brötchen 20–25 Minuten dämpfen.

Auf Pekings Straßen werden dampfende Mantou verkauft.

GEWÜRZTEE-EIER

DIE EIER WERDEN IN EINER MISCHUNG AUS TEE UND SOJASAUCE GEKOCHT. SIE SIND EINFACH ZUZU-BEREITEN UND IDEAL ALS SNACKS, DENN SIE SCHMECKEN WARM UND KALT GLEICH GUT. IN CHINA SIEHT MAN SIE OFT IN BEHÄLTNISSEN MIT BRODELNDEM TEE IN TEEHÄUSERN UND BUDEN AM STRASSENRAND.

Warme Eier im Straßenverkauf

10 sehr frische Eier oder
  20 Wachteleier

FÜR DEN TEESUD
3 EL helle Sojasauce
3 EL Shacxing-Reiswein
1 ganzer Sternanis
1 EL Zucker
1 Zimtstange
3 Scheiben Ingwer, mit der flachen
  Seite eines Küchenbeils zerdrückt
3 EL chinesische schwarze
  Teeblätter

ERGIBT 10 EIER ODER
20 WACHTELEIER

DIE EIER in einen Topf geben, mit kaltem Wasser bedecken und dieses zum Kochen bringen. Die Hitze stark reduzieren und die Eier 10 Minuten köcheln, bis sie hart sind. In kaltem Wasser abschrecken und gut abtropfen lassen. Auf einer harten Unterlage die Schalen aufklopfen und die Eier rollen; die Schalen jedoch nicht entfernen.

DIE ZUTATEN für den Teesud mit 1 Liter Wasser in einen Tontopf mit schwerem Boden, einen Schmor- oder Kochtopf geben und das Wasser zum Kochen bringen. Hitze stark reduzieren, Wasser 20 Minuten simmern lassen. Die gekochten Eier 45 Minuten darin köcheln. Die Herdplatte abschalten und die Eier im Sud abkühlen lassen. Die Schalen entfernen und die Eier warm oder kalt, in Achtel geschnitten, servieren. Mit etwas Sud beträufeln.

KNUSPRIG GEBRATENE SCHWEINEOHREN

IN DER CHINESISCHEN KÜCHE NUTZT MAN JEDEN TEIL DES SCHWEINS. HIER WIRD EIN SCHWEINEOHR IM GANZEN LANGSAM GEKOCHT, KLEIN GESCHNITTEN UND KNUSPRIG GEBRATEN. ES KANN ALS SNACK ZUM DRINK ODER ALS VORSPEISE GEGESSEN WERDEN.

KNUSPRIG GEBRATENE
SCHWEINEOHREN

1 Schweineohr
1 EL Shaoxing-Reiswein
1 EL Ö
2 Knoblauchzehen, zerdrückt
4 Frühlingszwiebeln, in dünne Ringe
  geschnitten
2 EL helle Sojasauce
1/2 TL Salz
2 TL Chiliöl
2 TL Sesamöl

FÜR 4 PERSONEN ALS SNACK

DIE BORSTEN entfernen und das Ohr gut waschen. In einen Ton-, Schmor- oder Kochtopf geben, mit Wasser bedecken, den Reiswein angießen und zum Kochen bringen. Die Hitze reduzieren und das Ohr 40 Minuten köcheln, bis es weich ist. Abgießen und abkühlen lassen.

DAS OHR diagonal in dünne Streifen schneiden, dann schnetzeln. Wok erhitzen, das Öl darin heiß werden lassen. Geschnetzeltes knusprig anbraten. Knoblauch und Frühlingszwiebeln hinzufügen und verrühren. Sojasauce, Salz, Chili- und Sesamöl dazugeben, alles gut vermengen. Sofort servieren.

Auf den Märkten in Sichuan wird scharf Eingelegtes verkauft.

四川腌黄瓜

EINGELEGTE GURKEN AUF SICHUAN-ART

BEI DIESEM EINFACHEN GERICHT BESTICHT DIE VIELFALT DER AROMEN. DIE GEWÜRZE VERBINDEN SICH ZU EINEM GESCHMACK, DER SÜSS, SAUER, SCHARF UND MILD ZUGLEICH IST.

200 g Gurken
1/2 TL Salz
30 g Ingwer, fein zerkleinert
1/2 kleine rote Chilischote, Samen entfernt, fein zerkleinert
3 EL Sesamöl
1/2 TL Szechuan-Pfefferkörner
6 getrocknete Chilischoten, Samen entfernt, in 5 mm lange Stücke geschnitten
1 1/2 EL Reisessig
1 1/2 EL Zucker

FÜR 6 PERSONEN ALS SNACK

DIE GURKEN der Länge nach halbieren, Samen entfernen. Gurken in 6 cm lange und 2 cm dicke Stücke schneiden. In eine Schüssel geben, salzen, verrühren und 30 Minuten Saft ziehen lassen. Ingwer in kaltem Wasser 20 Minuten wässern.

DEN SAFT abgießen, Gurkenstücke abspülen, gut abtropfen lassen und trockentupfen. Mit abgetropftem Ingwer und Chili in eine Schüssel geben.

DEN WOK erhitzen und das Sesamöl darin heiß werden lassen. Die Pfefferkörner hineingeben und 15 Sekunden pfannenrühren. Dann die Chilischote 15 Sekunden pfannenrühren. Über die Gurken verteilen, unterrühren und abkühlen lassen. Essig und Zucker hinzufügen, die Gurken damit begießen, alles gut verrühren. Mindestens 6 Stunden in den Kühlschrank stellen, am besten über Nacht. Kühl oder raumtemperiert servieren.

EINGELEGTES GEMÜSE AUF KANTONESISCHE ART

广东腌菜

EINGELEGTES GEMÜSE AUF KANTONESISCHE ART

EINGELEGTE GEMÜSESALATE GIBT ES IN GANZ CHINA. DIE SÜSS-SAURE VARIANTE AUS DEM SÜDEN SCHMECKT FÜR SICH ALLEIN, ABER AUCH MIT SÜSSSAUREN GARNELEN ODER SCHWEINEFLEISCH.

200 g chinesischer Rettich, geschält
2 Karotten
1 Gurke
1/2 TL Salz
100 g Zucker
100 ml Reisessig
5 dünne Scheiben Ingwer, mit der flachen Seite des Küchenbeils zerdrückt

FÜR 6 PERSONEN ALS SNACK

DEN RETTICH längs halbieren, der Länge nach dritteln und diagonal in 2 cm große Stücke schneiden. Auch die Karotten in 2 cm große Stücke schneiden. Die Gurke längs halbieren, von Samen befreien, der Länge nach dritteln. Diagonal in 2 cm große Stücke schneiden. Gemüse in einer Schüssel salzen und gut vermischen. 1 Stunde Saft ziehen lassen, danach ausdrücken.

ZUCKER im Essig auflösen. Mit Ingwer an das Gemüse geben und umrühren, damit es sich mit der Flüssigkeit überzieht. Mindestens 6 Stunden in den Kühlschrank stellen, besser über Nacht.

盐水蚕豆

GESALZENE SOJABOHNEN

300 g grünreife Sojabohnen
  in der Hülse
1 EL grobes Meersalz
4 ganze Sternanis

FÜR 4 PERSONEN ALS SNACK

DIE ENDEN der Sojabohnenhülsen abschneiden. Bohnen in eine Schale geben, salzen, die Hülsen abreiben und gründlich abspülen. In einen Topf mit Salzwasser Sternanis geben und das Wasser erhitzen. Hitze reduzieren. Die Bohnen 20 Minuten köcheln lassen, bis sie weich sind. Abgießen und abkühlen lassen.

ZUM ESSEN die Bohnen palen und die Hülsen wegwerfen. Als Snack servieren.

油炸花生米

GEBRATENE ERDNÜSSE

1 EL Szechuan-Pfefferkörner
4 ganze Sternanis
1 EL Zucker, 1 TL Salz
450 g Erdnüsse, ohne Außen-,
  aber mit Innenschale
3 EL Sesamöl

FÜR 8 PERSONEN ALS SNACK

DIE GEWÜRZE, Zucker, Salz und 750 ml Wasser in einem Topf zum Kochen bringen. Erdnüsse 5 Minuten darin köcheln lassen. Den Herd abschalten und die Erdnüsse in der Flüssigkeit abkühlen lassen.

DIE ERDNÜSSE abgießen und trockentupfen; die Gewürze entfernen. Öl im Wok erhitzen, Erdnüsse darin braun braten. Warm oder kalt servieren.

密饯核桃仁

KANDIERTE WALNÜSSE

250 g Zucker
450 g Walnusskernhälften
Öl zum Frittieren

FÜR 8 PERSONEN ALS SNACK

DEN ZUCKER in 100 ml Wasser auflösen, erhitzen und 2 Minuten sprudelnd einkochen lassen.

WALNUSSKERNE kurz in einem Topf mit kochendem Wasser blanchieren. Nüsse in den Sirup rühren. 5 Minuten abkühlen lassen, dann abgießen.

DEN WOK zu einem Viertel mit Öl füllen und auf 190 °C erhitzen (bis ein Brotwürfel in 10 Sekunden darin goldbraun wird). Walnusskerne portionsweise hineingeben und unter Rühren gleichmäßig bräunen. Mit Drahtsieb oder Schaumlöffel herausnehmen und mit ausreichendem Abstand auf Alufolie legen. Nicht berühren, sie sind heiß! Nach dem Abkühlen mit Küchenpapier abtupfen. Als Snack oder Vorspeise servieren.

GESALZENE SOJABOHNEN

GEBRATENE ERDNÜSSE

KANDIERTE WALNÜSSE

SUPPEN

Maiskolbenschälen in Yunnan

HÜHNERSUPPE MIT PILZEN

港式玉米汤

KANTONESISCHE MAISSUPPE

DIESE DELIKATE SUPPE IST EIN KANTONESISCHER KLASSIKER. MAN BENÖTIGT DAZU EINE MAISCREME VON BESTER QUALITÄT MIT SAMTIGER KONSISTENZ. SOLLTE SIE ZU GROBKÖRNIG SEIN, DIE CREME EINFACH KURZ IN DIE KÜCHENMASCHINE GEBEN ODER IM MIXER AUFSCHLAGEN.

250 g Hühnerbrustfilet, durch den
  Fleischwolf gedreht
150 ml Shaoxing-Reiswein
1 Dose Maiscreme (400 g)
1,5 l Hühnerbrühe (Seite 281)
1 TL Salz
2¹/₂ EL Speisestärke
2 Eiweiße, leicht verquirlt
1 TL Sesamöl

FÜR 6 PERSONEN

DAS FLEISCH in einer Schüssel mit 3 EL Reiswein übergießen. In einem großen Ton- oder Kochtopf die Maiscreme mit der Brühe und dem restlichen Reiswein und Salz vermischen. Unter ständigem Rühren zum Kochen bringen. Das Hühnerfleisch hinzufügen. Erneut zum Kochen bringen und mit einer Schaumkelle abschäumen.

SPEISESTÄRKE mit etwas Wasser anrühren, in die Suppe gießen und köcheln lassen, bis sie eingedickt ist. Suppe vom Herd nehmen. 2 EL Wasser unter das Eiweiß ziehen und dann langsam in einem dünnen Strahl am Rand des Topfes entlang in die Suppe gießen. Ein- bis zweimal umrühren und das Sesamöl hinzufügen. Abschmecken, bei Bedarf nachsalzen. Sofort servieren.

蘑菇鸡汤

HÜHNERSUPPE MIT PILZEN

FÜR DIE SUPPE EIGNEN SICH CHAMPIGNONS ODER FRISCHE CHINESISCHE PILZE. LETZTERE ERHÄLT MAN IM HANDEL MEIST UNTER IHREM JAPANISCHEN NAMEN »SHIITAKE-PILZE«. SIE VERLEIHEN DER SUPPE AM SCHLUSS NOCH MEHR AROMA.

2 EL Speisestärke
3–4 Eiweiße, verquirlt; 1 TL Salz
100 g Hühnerbrustfilet, in dünne
  Scheiben geschnitten
750 ml Hühner-Fleisch-Brühe
  (Seite 281)
100 g Champignons oder Shiitake-
  Pilze, in dünne Scheiben
  geschnitten
1 TL Sesamöl
1 Frühlingszwiebel, gehackt

FÜR 4 PERSONEN

DIE SPEISESTÄRKE mit etwas Wasser anrühren. Je 1 TL Eiweiß und Speisestärke sowie eine Prise Salz gründlich mit dem Fleisch vermengen. Das restliche Eiweiß mit der Speisestärke zu einer Paste verrühren.

DIE BRÜHE in einem großen Ton- oder Kochtopf kochen lassen. Das Fleisch hinzufügen, die Brühe wieder zum Kochen bringen. Die Pilze dazugeben. Salzen und wiederum stark erhitzen. Sehr langsam unter ständigem Rühren die Paste hineingießen. Sobald die Suppe eingedickt ist, das Öl hinzufügen. Mit der Frühlingszwiebel garniert servieren.

HAIFISCHFLOSSENSUPPE

DIE SUPPE GEHÖRT ZU DEN TEUERSTEN DELIKATESSEN UND WIRD NUR ZU GANZ BESONDEREN ANLÄSSEN UND BANKETTEN SERVIERT. DIE BRÜHE SOLLTE TAGS ZUVOR ZUBEREITET UND KÜHL GESTELLT WERDEN; SIE GEWINNT DADURCH AN AROMA. DAS FETT KANN MAN LEICHT ENTFERNEN.

300 g küchenfertige Haifischflosse
400 g Schinkenknochen
500 g Hühnerknochen
500 g Rinderknochen
4 dünne Scheiben frischer Ingwer
1 Eiweiß, leicht verquirlt
4 EL Speisestärke
300 g Hühnerbrustfilet, durch
  den Fleischwolf gedreht
´ EL helle Sojasauce
Roter Reisessig

FÜR 6 PERSONEN

Küchenfertige Haifischflossen sind gepresst und eingeschweißt im Handel erhältlich. Sie müssen nur noch eingeweicht und gargekocht werden.

DIE HAIFISCHFLOSSE über Nacht in kaltem Wasser einweichen, dann auseinanderziehen und spülen, um den Sand zu entfernen. In einem Suppentopf Wasser erhitzen, die Haifischflosse hineingeben, die Hitze reduzieren und die Flosse bei geschlossenem Deckel 1 Stunde köcheln lassen. Brühe abseihen und beiseitestellen.

SCHINKEN-, HÜHNER- und Rinderknochen sowie den Ingwer in einen Suppentopf mit 2 Liter Wasser geben. Wasser zum Kochen bringen, die Hitze reduzieren und alles zugedeckt 2 Stunden köcheln lassen. Währenddessen immer wieder den Schaum und das Fett abschöpfen. Die Brühe abseihen und die Knochen wegwerfen. (Es werden 1,5–1,75 l Brühe benötigt. Falls mehr vorhanden ist, in den Topf zurückgießen und die Flüssigkeit entsprechend reduzieren.)

DAS EIWEISS und 1 EL Speisestärke unters Fleisch mischen und in den Kühlschrank stellen.

DIE FLOSSE in einem großen Ton- oder Kochtopf bei geschlossenem Deckel in der Brühe 30 Minuten köcheln lassen. Das Fleisch hinzufügen und gut umrühren. 10 Minuten leicht kochen lassen, bis das Fleisch gar ist.

DIE SUPPE mit Sojasauce, Salz und weißem Pfeffer würzen. Die restliche Speisestärke in 125 ml Wasser anrühren, in die Suppe geben und köcheln lassen, bis sie eingedickt ist.

ZUR SUPPE wird roter Reisessig serviert. Er kann je nach Geschmack hinzugegeben werden.

SUPPE MIT EIERN UND TOMATEN

DIESE KÖSTLICHE, NAHRHAFTE SUPPE IST IN IHRER SCHLICHTHEIT UNÜBERTROFFEN. DA MAN AM ENDE DER KOCHZEIT DIE EIER LANGSAM EINLAUFEN LÄSST, IST SIE AUCH ALS EIERFLÖCKCHENSUPPE BEKANNT. MIT UNREIFEN TOMATEN WERDEN GESCHMACK UND FARBE DER SUPPE FAHL.

Die Eier werden am Markt über einer Lichtquelle geprüft, um festzustellen, ob sie angebrütet sind.

Die Haut der Tomaten löst sich leichter, wenn man sie mit heißem Wasser überbrüht.

250 g feste, reife Tomaten
2 Eier
1 Frühlingszwiebel, fein gehackt
1 EL Öl
1 l Gemüsebrühe oder Hühner-Fleisch-Brühe (Seite 281)
1 EL helle Sojasauce
1 EL Speisestärke

FÜR 4 PERSONEN

DIE TOMATEN oben kreuzförmig einritzen. 20 Sekunden in kochendem Wasser blanchieren, abtropfen lassen und die Haut abziehen. In Scheiben oder dünne Spalten schneiden und die Kerne entfernen. Die Eier mit einer Prise Salz und der Frühlingszwiebel verquirlen.

DEN WOK erhitzen und das Öl darin heiß werden lassen. Zum Aromatisieren des Öls die Frühlingszwiebelstücke kurz darin pfannenrühren. Die Brühe angießen und zum Kochen bringen. Tomaten hinzufügen und erneut erhitzen. Die Sojasauce angießen. Die Eimasse langsam einlaufen lassen, währenddessen ständig rühren. Wieder erhitzen.

SPEISESTÄRKE mit Wasser anrühren, in die Suppe geben und köcheln lassen, bis sie eingedickt ist.

SUPPE MIT EIERN
UND TOMATEN

SUPPE MIT TOFU UND SPINAT

DIE EINFACHE, ABER SEHR DEKORATIVE SUPPE HEISST AUF CHINESISCH AUCH »SMARAGD-UND-WEISSE-JADE-SUPPE«. ES IST EINE KLARE SUPPE AUF DER BASIS EINER KRÄFTIGEN BRÜHE. DER TOFU SORGT FÜR DIE KONSISTENZ UND DER SPINAT FÜR FARBE UND ZUSÄTZLICHES AROMA.

120 g weicher Tofu, gut abgetropft
100 g junger Spinat
1 l Hühner-Fleisch-Brühe (Seite 281)
1 EL helle Sojasauce

FÜR 4 PERSONEN

DEN TOFU in kleine, etwa 5 mm dicke Scheiben schneiden. Große Spinatblätter grob zerkleinern.

DIE BRÜHE in einem großen Ton- oder Kochtopf zum Kochen bringen. Tofu und Sojasauce hinzufügen. Erneut zum Kochen bringen. Hitze reduzieren, alles 2 Minuten köcheln lassen. Den Schaum mit einer Schaumkelle abschäumen. Spinat dazugeben, die Suppe noch 1–2 Minuten kochen. Mit Salz und weißem Pfeffer würzen, heiß servieren.

冬瓜火腿汤

SUPPE MIT WACHSKÜRBIS UND SCHINKEN

DER WACHSKÜRBIS HEISST AUCH CHINESISCHE WINTERMELONE. DASS ER TATSÄCHLICH EIN KÜRBIS IST, LÄSST DER GESCHMACK DES FRUCHTFLEISCHES ERKENNEN, DAS BEIM KOCHEN FAST DURCH-SICHTIG WIRD. ANGEBLICH SCHMECKT ER AM BESTEN, WENN ER SCHNEE GESEHEN HAT.

1 EL getrocknete Garnelen
250 g Wachskürbis, geschält
  und entkernt
750 ml Hühner-Fleisch-Brühe
  (Seite 281)
150 g Chinesischer Schinken oder
  Prosciutto, in Würfeln

FÜR 4 PERSONEN

DIE GARNELEN 1 Stunde heiß einweichen, dann abtropfen lassen. Das Fruchtfleisch des Kürbisses klein schneiden.

DIE BRÜHE in einem großen Kochtopf sprudelnd aufkochen lassen und Garnelen, Kürbis und Schinken hineingeben. Erneut zum Kochen bringen, Hitze reduzieren und 2 Minuten köcheln lassen. Salzen, pfeffern und heiß servieren.

什锦菜汤

GEMÜSESUPPE

FÜR DIESE SUPPE EIGNET SICH NAHEZU JEDE ART VON GEMÜSE. WÄHLEN SIE JE NACH JAHRESZEIT DREI ODER VIER VERSCHIEDENE SORTEN AUS DER ZUTATENLISTE AUS, UND STIMMEN SIE SIE HIN-SICHTLICH FARBE UND KONSISTENZ AUFEINANDER AB.

500 g verschiedene Gemüsesorten,
  wie Karotten, Babymaiskolben,
  Bambussprossen, Shiitake-Pilze
  oder Champignons, Spargel, Spinat, Salat, Gurke, Chinakohl oder
  Tomaten
120 g weicher Tofu, gut abgetropft
750 ml Gemüse- oder Hühnerbrühe
  (Seite 281)
1 EL helle Sojasauce
1/2 TL Sesamöl
Frühlingszwiebel oder Schnittknoblauch, gehackt

FÜR 4 PERSONEN

DAS GEMÜSE (drei bis vier Sorten) und den Tofu in annähernd gleich große Stücke und Formen schneiden, egal ob Streifen, Würfel oder Schei-ben. Sie sollten so klein sein, dass mehrere auf einem Löffel Platz haben und vom Aroma her zusammenpassen.

DIE BRÜHE in einem großen Kochtopf sprudelnd aufkochen lassen. Falls die Wahl auf Karotten, Mais, Bambussprossen und Pilze gefallen ist, diese zuerst hineingeben und 2–3 Minuten kochen lassen. Danach das andere Gemüse und den Tofu hinzufügen und 1 Minute kochen. Das Gemüse nicht zu lange garen, sonst verliert es an Biss und Aroma.

MIT SALZ und Pfeffer würzen. Sojasauce an-gießen, mit Sesamöl beträufeln und Frühlings-zwiebel oder Schnittknoblauch darüberstreuen.

SUPPE MIT WACHSKÜRBIS
UND SCHINKEN

鱼片香菜汤

FISCH-KORIANDER-SUPPE

DIE CHINESEN KOCHEN FISCH UND MEERESFRÜCHTE GERN IN HÜHNER-FLEISCH-BRÜHE. FÜR DIESES REZEPT EIGNET SICH ABER GENAUSO GUT EINE GEMÜSEBRÜHE ODER EIN FISCHFOND.

250 g festes weißes Fischfilet, wie
   z. B. vom Kabeljau, Heilbutt oder
   Seeteufel, ohne Haut
2 TL Eiweiß, verquirlt
1 TL Shaoxing-Reiswein
2 TL Speisestärke
750 ml Hühner-Fleisch-Brühe
   (Seite 281)
1 EL helle Sojasauce
40 g frische Korianderblätter

FÜR 4 PERSONEN

DEN FISCH in 2 x 3 cm große Stücke schneiden. Eiweiß, Reiswein und Speisestärke zu einer Paste verrühren und die Fischstücke hineintauchen.

DIE BRÜHE im Kochtopf sprudelnd aufkochen lassen. Fischstücke nacheinander hineingeben, vorsichtig umrühren und Brühe erneut zum Kochen bringen. Hitze reduzieren und alles 1 Minute köcheln lassen. Danach Sojasauce und Korianderblätter hinzufügen, erneut zum Kochen bringen. Salzen, pfeffern und sofort servieren.

Der Ausbackteig aus Speisestärke umhüllt die Fischstücke wie ein samtener Mantel. Außerdem verleiht er ihnen nach dem Kochen eine seidenweiche Konsistenz und hält sie saftig.

西湖牛肉汤

WESTSEE-RINDFLEISCHSUPPE

DIE MEISTEN STÄDTE CHINAS BESITZEN EINEN »WESTSEE«. DIESE SUPPE IST HÖCHSTWAHRSCHEINLICH NACH EINEM SEE IN IHRER URSPRUNGSPROVINZ GUANGZHOU BENANNT UND NICHT NACH DEM BERÜHMTEN WESTSEE IN HANGZHOU.

150 g Rumpsteak oder Filetsteak
1 TL Salz
1 TL Zucker
1 EL helle Sojasauce
1 EL Shaoxing-Reiswein
2 EL Speisestärke
1/2 TL Sesamöl
750 ml Hühner-Fleisch-Brühe
   (Seite 281)
100 g Erbsen, frisch oder
   tiefgekühlt
1 Ei, leicht verquirlt
1 Frühlingszwiebel, gehackt

FÜR 4 PERSONEN

VOM STEAK den Fettrand entfernen und das Fleisch in kleine Stücke, etwa von der Größe der Erbsen, teilen. Mit einer Prise Salz, der Hälfte des Zuckers, je 1 TL Sojasauce, Reiswein und Speisestärke sowie dem Sesamöl vermengen. Mindestens 20 Minuten im Kühlschrank marinieren.

DIE BRÜHE im Kochtopf sprudelnd aufkochen lassen. Das Fleisch hineingeben, gut umrühren. Die Erbsen und den Rest Salz, Zucker, Sojasauce und Reiswein hinzufügen. Erneut zum Kochen bringen und das Ei einrühren. Die restliche Speisestärke in Wasser anrühren, in die Suppe gießen und köcheln lassen, bis sie eingedickt ist. Mit der Frühlingszwiebel garnieren.

WESTSEE-
RINDFLEISCHSUPPE

十宝炖汤

SUPPE DER ZEHN SCHÄTZE

ALLE ZUTATEN DIESER SUPPE WERDEN WIE IN EINEM EINTOPF ZUSAMMEN GEKOCHT, DAMIT IHRE AROMEN VERSCHMELZEN. TRADITIONELL BESTEHT SIE AUS ZEHN HAUPTZUTATEN, DOCH SELBST-VERSTÄNDLICH KANN SOWOHL DIE ANZAHL ALS AUCH DIE AUSWAHL DER ZUTATEN VARIIERT WERDEN.

400 g Chinakohl
2 EL Öl
4 Knoblauchzehen, mit der flachen
   Seite des Küchenbeils zerdrückt
125 ml Shaoxing-Reiswein
1,5 l Hühnerbrühe (Seite 281)
1 TL Salz
250 g Schweinelende, pariert
2 TL helle Sojasauce
1/2 TL Sesamöl
450 g Garnelen
3 dünne Scheiben frischer Ingwer,
   mit der flachen Seite des Küchenbeils zerdrückt
30 g Glasnudeln
6 getrocknete Shiitake-Pilze
450 g fester Tofu, abgetropft, in
   2,5 cm große Würfel geschnitten
2 Karotten, in 2 cm lange Stücke
   geschnitten
200 g junger Spinat
3 Frühlingszwiebeln, nur grüne
   Teile, diagonal in 1 cm lange
   Stücke geschnitten

FÜR 6 PERSONEN

Mit der flachen Seite des Küchenbeils Knoblauch zerdrücken, mit
der Klinge die Karotten hacken.

DIE BLATTRIPPEN der Chinakohlblätter entfernen. Die härteren Außen- und die weichen Innenblätter getrennt in Quadrate (5 x 5 cm) schneiden. Den Wok erhitzen und das Öl darin heiß werden lassen. Zuerst die härteren Blättchen mit dem Knoblauch hineingeben, verrühren und 1 EL Reiswein hinzu-fügen. Einige Minuten pfannenrühren, dann die weicheren Blättchen dazugeben. Noch 1 Minute pfannenrühren, danach 4 EL Reiswein, Brühe und die Hälfte des Salzes hinzugeben. Erneut zum Kochen bringen. Hitze stark reduzieren, den China-kohl 30 Minuten kochen. In einen Topf umfüllen.

DAS FLEISCH gegen die Faser in etwa 2 mm dicke Scheiben schneiden. In einer Schüssel gut mit der Sojasauce und dem Sesamöl vermischen und 20 Minuten im Kühlschrank marinieren.

DIE GARNELEN aus der Schale brechen und den Darm entfernen. Garnelen in einer Schüssel mit dem Ingwer, dem restlichem Reiswein und dem Salz mischen. 20 Minuten im Kühlschrank mari-nieren, herausnehmen und den Ingwer entfernen.

DIE GLASNUDELN 10 Minuten in heißem Wasser einweichen. Gut abtropfen lassen und in 15 cm lange Stücke schneiden. Die Pilze 30 Minuten in kochend heißem Wasser einweichen, danach fest ausdrücken. Die Stiele entfernen und wegwerfen.

FLEISCHSCHEIBEN, Tofu, Pilze, Nudeln und Karotten getrennt auf dem Chinakohl im Topf anordnen; in der Mitte etwas Platz für die Garne-len und den Spinat lassen. Deckel aufsetzen und alles bei mittlerer Hitze 20 Minuten köcheln. Gar-nelen und Spinat in die Mitte setzen, Frühlings-zwiebeln darüberstreuen. Den Deckel aufsetzen und alles 5 Minuten köcheln lassen, bis die Gar-nelen rosa und gar sind. Bei Bedarf salzen. Die Suppe heiß direkt aus dem Topf servieren.

Wenn die Eimasse langsam in die heiße Suppe gegossen wird, bilden sich Flöckchen.

GURKENSUPPE MIT LAMM

酸辣汤

SCHARFSAURE SUPPE

DIE SCHÄRFE DER SUPPE KOMMT NICHT VON CHILISCHOTEN, SONDERN VON WEISSEM PFEFFER. UM SEIN AROMA VOLL ENTFALTEN ZU KÖNNEN, MUSS ER GANZ FRISCH GEMAHLEN WERDEN.

4 Shiitake-Pilze
2 EL getrocknete Wolkenohrpilze
　(Mu-err-Pilze)
100 g mageres Schweinefleisch,
　in feine Stifte geschnitten
1 EL Speisestärke
120 g fester Tofu, gut abgetropft
60 g frische Bambussprossen oder
　Bambussprossen aus der Dose,
　gewaschen und abgetropft
1 l Hühner-Fleisch-Brühe (Seite 281)
1 TL Salz, 1 EL Shaoxing-Reiswein
2 EL helle Sojasauce
1–2 EL dunkler Reisessig
2 Eier, verquirlt
1–2 TL frisch gemahlener weißer
　Pfeffer
1 Frühlingszwiebel, gehackt

FÜR 4 PERSONEN

DIE SHIITAKE-PILZE in kochend heißem Wasser 30 Minuten einweichen, gut abtropfen lassen und Wasser ausdrücken. Stiele entfernen und Hüte in Streifen schneiden. Die Wolkenohrpilze 20 Minuten in kaltem Wasser einweichen, abtropfen lassen und ausdrücken. In Streifen schneiden.

DAS FLEISCH salzen und mit 1 TL Speisestärke bestäuben. Tofu und Bambussprossen genauso groß wie das Fleisch schneiden.

BRÜHE im Topf aufkochen lassen. Fleisch hineingeben und gut umrühren. Pilze, Tofu und Bambussprossen hinzufügen. Brühe erneut zum Kochen bringen, Salz, Reiswein, Sojasauce und Essig dazugeben. Eier langsam hineingießen und kräftig verrühren, damit sich dünne Fäden bilden. 1 Minute kochen lassen. Speisestärke in Wasser anrühren, in die Suppe geben und köcheln lassen, bis sie eingedickt ist. Pfeffer in eine Schüssel geben, mit Suppe auffüllen, umrühren. Mit Frühlingszwiebel garnieren.

羊肉黄瓜汤

GURKENSUPPE MIT LAMM

250 g Lammfilet
1 EL Shaoxing-Reiswein
1 EL helle Sojasauce
1 TL Sesamöl
1/2 Gurke
750 ml Hühner-Fleisch-Brühe
　(Seite 281)
2 TL dunkler Reisessig oder
　nach Geschmack
Korianderblätter

FÜR 4 PERSONEN

DAS LAMMFLEISCH in sehr dünne Scheiben schneiden und mit Reiswein, Sojasauce und Sesamöl vermischen. Mindestens 15 Minuten im Kühlschrank marinieren. Die Gurke längs halbieren, entkernen und in dünne Scheiben schneiden.

DIE BRÜHE in einem großen Ton- oder Kochtopf aufkochen lassen. Das Fleisch hineingeben, kräftig umrühren. Erneut zum Kochen bringen. Gurke und Reisessig hinzufügen, mit Salz und weißem Pfeffer würzen. Nochmals aufkochen lassen und sofort mit Korianderblättern garniert servieren.

FISCH & MEERESFRÜCHTE

极品海鲜（鲍鱼、焖荷兰豆和凤尾菇）

SEEOHREN, ZUCKERSCHOTEN UND AUSTERNPILZE

IN CHINA ISST MAN SEEOHREN ZU FESTEN, VOR ALLEM ZU NEUJAHR, DA IHR CHINESISCHER NAME, BAU YU, DEM WORT FÜR »GARANTIERTER WOHLSTAND« SEHR NAHE KOMMT. MEIST KAUFT MAN SIE GETROCKNET; FRISCH ODER AUS DER DOSE SIND SIE JEDOCH VIEL EINFACHER ZUZUBEREITEN.

Man löst das Fleisch aus der Schale, indem man den Muskel durchtrennt, der es hält. Harte Stellen wegschneiden.

Feuerwerk zu Neujahr in Peking

1,3 kg frische Seeohren
   (450 g reines Muschelfleisch) oder
   450 g Seeohren aus der Dose
300 g Zuckerschoten, Enden abgeschnitten
150 g Austernpilze
2 EL Öl
2 Knoblauchzehen, fein gehackt
2 TL fein gehackter Ingwer
2 EL Austernsauce
2 TL helle Sojasauce
1 TL Zucker
3 TL Speisestärke

FÜR 4 PERSONEN

ALS ERSTES das Fleisch frischer Seeohren mit einem scharfen Messer aus den Muscheln lösen. Danach unter fließendem, kaltem Wasser den dunkel gefärbten Schleim sorgfältig abspülen. Alle harten Ränder außen und den Mund entfernen, ebenso Verhärtungen unten am Fuß. Das Fleisch 1 Minute mit einem Plattiereisen weich klopfen. Dabei aber nicht die Fasern zerstören!

DAS MUSCHELFLEISCH in einen Topf mit sanft kochendem Wasser zugedeckt etwa 2 Stunden kochen lassen, bis es zart ist. (Das ist der Fall, wenn man mit der Gabel mühelos ins Fleisch ein- stechen kann.) Danach abtropfen und abkühlen lassen und in dünne Scheiben schneiden.

SEEOHREN aus der Dose abtropfen lassen und in dünne Scheiben schneiden. Lake beiseitestellen.

LÄNGERE ZUCKERSCHOTEN diagonal halbieren, große Austernpilze in der Mitte teilen.

DEN WOK erhitzen, Öl darin heiß werden lassen. Zuckerschoten und Pilze 1 Minute pfannenrühren. Knoblauch und Ingwer dazugeben, 1 Minute pfan- nenrühren, bis alles aromatisiert ist.

DIE HITZE etwas reduzieren. Austern-, Sojasauce, Zucker und das Muschelfleisch hineingeben. Alles gut miteinander vermischen. Die Speisestärke in lauwarmem Wasser anrühren (oder mit der Lake aus der Dose), an die Sauce gießen und köcheln lassen, bis sie eingedickt ist.

港式蒸魚

GEDÄMPFTER FISCH AUF KANTON-ART

CHINESISCHE KÖCHE SCHWÖREN AUF FRISCHE ZUTATEN. BESONDERS DIE FRUCHTBARE REGION UM

GUANGZHOU (KANTON) SORGT FÜR KÖSTLICHES GEMÜSE. DA DAS GEBIET AM MEER LIEGT UND VIELE

FLÜSSE UND SEEN BESITZT, WIRD FISCH LEBEND VERKAUFT UND ERST VOR DEM KOCHEN GETÖTET.

Das Fleisch ist gar, wenn es auf Druck nachgibt. Sie können für diesen Test Essstäbchen oder die Finger verwenden.

1 ganzer Fisch (750 g–1 kg), wie
  z. B. Karpfen, Brasse, Zacken-
  oder Seebarsch
2 EL Shaoxing-Reiswein
1½ EL helle Sojasauce
1 EL fein gehackter Ingwer
1 TL Sesamöl
2 EL Öl
2 Frühlingszwiebeln, in dünne Ringe
  geschnitten
3 EL in schmale Streifen geschnittener Ingwer
¼ TL frisch gemahlener schwarzer
  Pfeffer

FÜR 4 PERSONEN

BEIM KAUF eines lebend frischen Fisches bitten Sie den Fischhändler, ihn über die Kiemen auszunehmen. Das ist schwieriger als über den Bauch, lässt den Fisch aber als Ganzen erscheinen. Wenn Sie ihn selbst ausnehmen, schneiden Sie ihn vom Schlund bis zur Afteröffnung auf und ziehen die Eingeweide aus der Bauchhöhle. Die Schuppen entfernen Sie mit einem Fischschupper. Danach spülen Sie den Fisch unter fließendem, kaltem Wasser und lassen ihn in einem Sieb gut abtropfen.

DEN FISCH in eine Schüssel legen. Reiswein, Sojasauce, gehackten Ingwer und Sesamöl verrühren, Fisch mit Marinade beträufeln. Mit Klarsichtfolie abgedeckt, 10 Minuten in den Kühlschrank stellen.

DEN FISCH auf einer feuerfesten Platte mit der Marinade in den Dämpfkorb stellen. Über köchelndem Wasser zugedeckt 5–8 Minuten dämpfen, bis das Fleisch nachgibt, wenn die Haut fest eingedrückt wird, oder bis sich die Rückenflosse mühelos herausziehen lässt. Den Fisch auf eine feuerfeste Servierplatte legen.

DEN WOK erhitzen und das Öl darin sehr heiß werden lassen. Frühlingszwiebeln, Ingwerstreifen und Pfeffer über den Fisch streuen, dann langsam das heiße Öl darübergießen. Das bewirkt, dass die Haut knusprig und die Garnierung weich wird.

Zuerst den Tang von den Muscheln abbürsten, dann die Bärte (Byssusfäden) abzupfen.

VENUSMUSCHELN MIT
GELBER BOHNENSAUCE

豆豉蒸蚌

MIESMUSCHELN MIT SCHWARZER BOHNENSAUCE

MAN ISST ZWAR IN CHINA WENIGER MIESMUSCHELN ALS VENUSMUSCHELN, DOCH BESONDERS IN DEN
KÜSTENREGIONEN SIND SIE SEHR GEFRAGT. DIESES REZEPT EIGNET SICH FÜR BEIDE SORTEN.

1 kg Miesmuscheln (oder Venus-
    muscheln)
1 EL Öl
1 Knoblauchzehe, fein gehackt
1/2 TL fein gehackter Ingwer
2 Frühlingszwiebeln, fein gehackt
1 rote Chilischote, gehackt
1 EL helle Sojasauce
1 EL Shaoxing-Reiswein
1 EL gesalzene, fermentierte
    schwarze Bohnen, gewaschen
    und zerdrückt
2 EL Hühner-Fleisch-Brühe
    (Seite 281)
Einige Tropfen Sesamöl

FÜR 4 PERSONEN

MUSCHELN waschen, bürsten, Bärte entfernen.
Alle Muscheln wegwerfen, die sich nicht schließen,
wenn man sie gegen die Arbeitsfläche klopft.

DIE MUSCHELN in einem großen Teller in den
Dämpfkorb stellen. Im zugedeckten Wok 4 Mi-
nuten über leicht kochendem Wasser dämpfen.
Noch geschlossene Muscheln aussortieren.

DAS ÖL in einem kleinen Kochtopf erhitzen.
Knoblauch, Ingwer, Frühlingszwiebeln und Chili
30 Sekunden unter ständigem Rühren anbraten.
Restliche Zutaten untermischen, zum Kochen
bringen. Hitze reduzieren, 1 Minute köcheln lassen.

VOR DEM SERVIEREN die obere Schalenhälfte
entfernen und wegwerfen. 2 TL Sauce über jede
Muschel träufeln. In der Schale servieren.

豆酱焖蛤

VENUSMUSCHELN MIT GELBER BOHNENSAUCE

VENUSMUSCHELN SIND ÄUSSERST BELIEBT IN CHINA UND WERDEN ALS GLÜCKSBRINGER BETRACH-
TET, DA IHRE SCHALEN ANGEBLICH WIE MÜNZEN AUSSEHEN. DAS REZEPT HIER IST GANZ EINFACH.

1,5 kg hartschalige Venus-
    muscheln (Vongole)
1 EL Öl
2 Knoblauchzehen, zerdrückt
1 EL Ingwerpulver
2 EL gelbe Bohnensauce
125 ml Hühnerbrühe (Seite 281)
1 Frühlingszwiebel, in Ringe
    geschnitten

FÜR 4 PERSONEN

DIE VENUSMUSCHELN mehrmals in kaltem
Wasser waschen; jedesmal kurz ruhen lassen,
damit sich der Sand setzt. Die Muscheln bürsten,
alle geöffneten aussortieren. Abtropfen lassen.

DEN WOK erhitzen, das Öl darin sehr heiß werden
lassen. Knoblauch und Ingwer 30 Sekunden
pfannenrühren. Danach Bohnensauce und
Muscheln dazugeben und alles gut vermischen.
Brühe angießen und 3 Minuten rühren, bis sich
die Muscheln geöffnet haben. Alle geschlossenen
Muscheln aussortieren. Salzen und pfeffern. Die
Muscheln auf einer Platte anrichten und mit Frühlingszwiebeln bestreuen.

Fluss Li in Guangxi

GERÄUCHERTER FISCH

DIESER FISCH IST EIGENTLICH GAR NICHT GERÄUCHERT – SEIN RÄUCHERAROMA ERHÄLT ER VON
EINER FIKANTEN SAUCE, IN DER ER MARINIERT UND GESCHMORT WIRD. VOR DEM SERVIEREN WIRD
ER FRITTIERT UND NOCHMALS IN DER SAUCE MARINIERT.

Fischer am Fluss Li fangen Fische
mithilfe zahmer Kormorane.

2 EL helle Sojasauce
1 EL dunkle Sojasauce
3 EL Shaoxing-Reiswein
2 EL Würfelzucker
2 TL Fünfgewürzpulver
1 Frühlingszwiebel, fein gehackt
2 TL fein gehackter Ingwer
450 g festes, weißes Fischfilet-
   fleisch, z. B. vom Schellfisch,
   Seeteufel oder Seebarsch,
   mit der Haut
300 ml Hühner-Fleisch-Brühe
   (Seite 281)
Öl zum Frittieren
Koriandergrün

FÜR 6 PERSONEN

DIE BEIDEN Sojasaucen, Reiswein, Zucker, Fünfgewürzpulver, Frühlingszwiebel und Ingwer vermischen. Den Fisch trockentupfen und 1 Stunde
darin marinieren. Dann den Fisch und die Marinade
in einen Ton- oder Kochtopf umfüllen. Die Brühe
angießen und zum Kochen bringen. Die Hitze
reduzieren und den Fisch 10 Minuten köcheln lassen, bis er gar ist. Gut abtropfen lassen und die
Marinade auffangen.

DEN WOK zu einem Viertel mit Öl füllen. Das Öl
auf 190 °C erhitzen (bis ein Brotwürfel darin in
10 Sekunden goldbraun wird). Fischfilets vorsichtig nacheinander jeweils 3–4 Minuten knusprig
goldbraun ausbacken. (Vorsicht, es kann spritzen!)
Filets aus dem Öl nehmen und wieder in die Marinade zurücklegen. 2–3 Stunden auskühlen lassen.

DEN FISCH herausnehmen und einige Minuten
lang trocknen lassen. Danach in dünne Scheiben
schneiden und kalt, mit Koriandergrün dekoriert,
servieren.

DIE MARINADE kann als »Meistersauce« (Seite 290)
wiederverwendet werden.

Die Innenseite des Körpers mit einem Kreuzmuster überziehen und in Stücke schneiden.

油炸椒盐苏东

FRITTIERTE, WÜRZIGE TINTENFISCHBLUMEN

500 g Tintenfischkörper
1 TL Ingwersaft (Seite 285)
1 EL Shaoxing-Reiswein
Öl zum Frittieren
2 TL pikante Salz-Pfeffer-Mischung
  (Seite 285)
Koriandergrün

FÜR 4 PERSONEN

TINTENFISCHKÖRPER aufschneiden und vorhandenen Schleim entfernen. In die Innenseite des Fleisches ein Kreuzmuster einritzen – aber nicht durchschneiden! Den Tintenfisch in 3 x 5 cm große Stücke schneiden.

TINTENFISCH in kochendem Wasser 25–30 Sekunden blanchieren. Dabei stülpt sich das Kreuzmuster nach außen – deshalb der Name »Tintenfischblumen«. Herausnehmen und kalt abschrecken. Abtropfen lassen und trockentupfen. In Ingwersaft und Reiswein 25–30 Minuten marinieren.

DEN WOK zu einem Viertel mit Öl füllen. Auf 180 °C erhitzen (bis ein Brotwürfel in 15 Sekunden darin goldbraun wird). Tintenfisch 35–40 Sekunden frittieren, sofort herausnehmen, gut abtropfen lassen. Rundum mit der Salz-Pfeffer-Mischung bestreuen; mit Koriandergrün garnieren und servieren.

FRITTIERTE TINTENFISCH-BLUMEN MIT PAPRIKA

辣椒炒苏东

FRITTIERTE TINTENFISCHBLUMEN MIT PAPRIKA

400 g Tintenfischkörper
3 EL Öl
2 EL gesalzene, fermentierte
  schwarze Bohnen, abgetropft
  und zerdrückt
1 kleine Zwiebel, in kleine Würfel
  geschnitten
1 kleine grüne Paprikaschote, in
  kleinere Würfel geschnitten
3–4 kleine Scheiben Ingwer
1 Frühlingszwiebel, in kleine Stücke
  geschnitten
1 kleine rote Chilischote, in Würfel
  geschnitten
1 EL Shaoxing-Reiswein
1/2 TL Sesamöl

FÜR 4 PERSONEN

TINTENFISCHKÖRPER aufschneiden und vorhandenen Schleim entfernen. In die Innenseite des Fleisches ein Kreuzmuster einritzen – aber nicht durchschneiden! Den Tintenfisch in 3 x 5 cm große Stücke schneiden.

TINTENFISCH in kochendem Wasser 25–30 Sekunden blanchieren. Dabei stülpt sich das Kreuzmuster nach außen – deshalb der Name »Tintenfischblumen«. Herausnehmen, kalt abschrecken, abtropfen lassen und trockentupfen.

DEN WOK erhitzen und das Öl darin heiß werden lassen. Bohnen, Zwiebel, Paprikaschote, Ingwer, Frühlingszwiebel und Chilischote 1 Minute pfannenrühren. Tintenfisch und Reiswein dazugeben, alles gut vermengen. 1 Minute pfannenrühren und mit Sesamöl beträufeln.

WESTSEE-FISCH

HANGZHOU IM OSTEN CHINAS IST BERÜHMT FÜR SEINE RAFFINIERTE KÜCHE UND SEINE MALERISCHE LANDSCHAFT. EINE SPEZIALITÄT DER GEGEND IST DER WESTSEE-FISCH, MIT KARPFEN ZUBEREITET. MIT DIESER NAHEZU GENIALEN POCHIERMETHODE WIRD DER FISCH OHNE DIREKTE HITZE GEGART.

1 ganzer Fisch (1,75 kg), wie z. B. Karpfen, Brasse, Zacken- oder Seebarsch

4 dünne Scheiben frischer Ingwer, mit der flachen Seite des Küchenbeils angedrückt

4 Frühlingszwiebeln, in Ringe geschnitten und mit der flachen Seite des Küchenbeils zerdrückt

4 EL Shaoxing-Reiswein

2 TL Salz

1 EL Öl

2 EL in schmale Streifen geschnittener Ingwer

1 Frühlingszwiebel, in schmale Streifen geschnitten

1 rote Chilischote, Samen und Stränge entfernt, in schmale Streifen geschnitten

1/2 TL frisch gemahlener weißer Pfeffer

2 1/2 EL helle Sojasauce

2 EL Zucker

2 EL dunkler Reisessig

1 EL Speisestärke

FÜR 6 PERSONEN

BEIM KAUF eines lebend frischen Fisches bitten Sie den Fischhändler, ihn über die Kiemen auszunehmen. Das ist schwieriger als über den Bauch, lässt den Fisch aber als Ganzen erscheinen. Wenn Sie ihn selbst ausnehmen, schneiden Sie ihn vom Schlund bis zur Afteröffnung auf, und ziehen Sie die Eingeweide aus der Bauchhöhle. Die Schuppen entfernen Sie mit einem Fischschupper und schneiden die Kiemen weg. Spülen Sie den Fisch unter fließendem, kaltem Wasser und lassen Sie ihn in einem Sieb abtropfen. Dann schneiden Sie ihn auf beiden Seiten diagonal im Abstand von 2 cm bis auf die Mittelgräte ein.

INGWERSCHEIBEN und zerdrückte Frühlingszwiebeln mit 1 EL Reiswein und 1 TL Salz verrühren. Scheiben und Ringe immer wieder minutenlang fest in die Marinade drücken, damit sie deren Aromen annimmt. Dann die Marinade über die gesamte Oberfläche des Fisches verteilen und die Einschnitte damit füllen. Den Fisch zum Marinieren für 30 Minuten in den Kühlschrank stellen.

IM WOK 4 Liter Wasser mit Öl und restlichem Reiswein zum Kochen bringen. Fisch hineingeben, das Wasser erneut zum Kochen bringen. Herd abstellen, Deckel aufsetzen, den Fisch 20 Minuten pochieren, bis das Fleisch nachgibt, wenn man es eindrückt, und sich die Rückenflosse mühelos löst. Ist der Fisch nicht gar, bei niedriger Hitze noch 5 Minuten pochieren. Mit einem Schaumlöffel herausnehmen, auf eine Platte legen. Gut 350 ml vom Sud zurückbehalten. Fisch mit Ingwer-, Frühlingszwiebel- und Chilistreifen sowie Pfeffer bestreuen.

DIE SOJASAUCE mit restlichem Salz, Zucker und Reisessig unter den Sud rühren. Wok erhitzen und den Sud darin zum Kochen bringen. Speisestärke in etwas lauwarmem Wasser anrühren, in den Sud geben und köcheln lassen, bis er eingedickt ist. Die Sauce über den Fisch gießen.

Den Fisch gründlich waschen; dabei darauf achten, dass alle Schuppen entfernt werden – sie sind hart und schmecken nicht. Die Marinade verleiht dem Fisch nicht nur Aroma, sie schwächt auch den typischen, »fischigen« Geschmack des Karpfens ab.

青菜炒干贝

JAKOBSMUSCHELN MIT GRÜNEM GEMÜSE

DIESES GERICHT IST EIN MUSTERBEISPIEL FÜR FRISCHE UND DELIKATE WÜRZE, DIE DEN RUF DER KANTONESISCHEN KÜCHE BEGRÜNDEN. DIE KURZE KOCHZEIT BEI HOHER HITZE TRÄGT ZUM ERFOLG BEI. CHINESISCHER BROKKOLI ODER PAKSOI KANN DURCH NORMALEN BROKKOLI ERSETZT WERDEN.

350 g Jakobsmuscheln,
   ohne Rogen
2 EL Shaoxing-Reiswein
1 EL Sesamöl
1 TL fein gehackter Ingwer
1/2 Frühlingszwiebel, fein gehackt
200 g Chinesischer Brokkoli
   (Gai Lan) oder Paksoi
1/2 TL Salz
1/4 TL Zucker
1/4 TL frisch gemahlener
   weißer Pfeffer
1 TL Speisestärke
80 ml Hühnerbrühe (Seite 281)
1 EL Öl
1 EL in schmale Streifen
   geschnittener Ingwer
1 Frühlingszwiebel, in schmale
   Streifen geschnitten
1 Knoblauchzehe, in sehr dünne
   Scheiben geschnitten

FÜR 6 PERSONEN

DEN KLEINEN, harten, weißen Muskel an der Seite jeder Jakobsmuschel wegschneiden und etwaige vorhandene Häutchen entfernen. Das Muschelfleisch waschen und abtropfen lassen. Jede Nuss mit dem Messer horizontal halbieren. In eine Schüssel mit 1 EL Reiswein, 1/4 TL Sesamöl sowie dem gehackten Ingwer und der Frühlingszwiebel geben. Vorsichtig alles verrühren und 20 Minuten marinieren.

BROKKOLI sorgfältig waschen. Holzige Stielenden entfernen, Stiele und Blätter diagonal in 2 cm große Stücke schneiden. Brokkoli in kochendem Wasser 2 Minuten blanchieren, bis die Stiele und die Blätter zart sind. Danach in kaltem Wasser abschrecken und trockentupfen.

SALZ, Zucker, weißen Pfeffer, Speisestärke, restlichen Reiswein und übriges Sesamöl unter die Brühe rühren.

EINEN WOK erhitzen und das Öl sehr heiß werden lassen. Das Muschelfleisch 30 Sekunden darin pfannenrühren, dann herausnehmen. Ingwer- und Frühlingszwiebelstreifen sowie den Knoblauch 10 Sekunden pfannenrühren. Die Brühe angießen und unter ständigem Rühren kochen lassen, bis die Sauce eingedickt ist. Brokkoli und Muschelfleisch hinzufügen und vorsichtig unterrühren.

Den weißen Muskel an der Seite jeder Jakobsmuschel wegschneiden; er wird durchs Kochen hart und gummiartig. Das Muschelfleisch in der Sauce nur ganz kurz erwärmen, sonst wird es übergart und kann zäh werden.

Markt mit frischem Obst und Gemüse in Sichuan

酸甜素菜拌虾

GARNELEN SÜSSSAUER MIT GEMÜSE

KAUM EINE CHINESISCHE ZUBEREITUNGSART WIRD SO SEHR STRAPAZIERT WIE »SÜSSSAUER«. DABEI

KÖNNEN SÜSSSAURE GERICHTE HERVORRAGEND SCHMECKEN. DAS GEHEIMNIS IST DIE SAUCE, DIE ZU

GLEICHEN TEILEN AUS REISESSIG UND ZUCKER BESTEHT.

Flaschen mit Würzmitteln und
Saucen in einem Lebenmittel-
geschäft in Peking

700 g Garnelen
2 EL Shaoxing-Reiswein
2 Scheiben Ingwer, mit der flachen
 Seite des Küchenbeils zerdrückt
3 TL Sesamöl
1 1/2 EL Speisestärke
125 ml Öl
2 Frühlingszwiebeln, nur der
 weiße Teil, fein gehackt
1 EL fein gehackter Ingwer
2 Knoblauchzehen, fein gehackt
1 rote Paprikaschote, in Würfel
 geschnitten
1 grüne Paprikaschote, in Würfel
 geschnitten
2 1/2 EL Tomatenketchup
2 EL klarer Reisessig
2 EL Zucker
1 EL helle Sojasauce
1/2 TL Salz

FÜR 6 PERSONEN

DIE GARNELEN aus der Schale brechen. Am Rücken entlang aufschneiden, damit sie beim Braten zu »Schmetterlingen« werden. Den Darm entfernen. Garnelen in einer Schüssel mit Reiswein, Ingwer, 2 TL Sesamöl und 1 EL Speisestärke vermengen. Die Ingwerscheiben mehrmals für einige Minuten fest in die Marinade drücken, damit sie deren Aroma annimmt. Das Ganze vorsichtig verrühren und 20 Minuten marinieren. Ingwerscheiben entfernen, die Garnelen abtropfen lassen.

EINEN WOK erhitzen, 2 EL Öl darin sehr heiß werden lassen. Die Hälfte der Garnelen hineingeben und 1 1/2 Minuten anbraten, bis sie rosa werden und sich zusammenrollen. Mit einem Drahtsieb oder Schaumlöffel herausnehmen und abtropfen lassen. 2 EL Öl nachgießen und den Vorgang mit den restlichen Garnelen wiederholen. Danach das Öl abgießen und den Wok auswischen.

DEN WOK erneut erhitzen und das restliche Öl darin sehr heiß werden lassen. Frühlingszwiebeln, Ingwer und Knoblauch 15 Sekunden pfannenrühren, bis es duftet. Dann die Paprikaschoten 1 Minute pfannenrühren. Tomatenketchup, Reisessig, Zucker, Sojasauce, Salz, restliches Sesamöl und Speisestärke in 125 ml Wasser anrühren, in die Sauce gießen und köcheln lassen, bis sie eingedickt ist. Garnelen hineingeben und umrühren.

HUMMER FURONG

»FURONG« BEDEUTET EIWEISS UND STEHT FÜR EINE KLASSISCHE KANTONESISCHE ZUBEREITUNGS-
ART: DER HUMMER WIRD IN EINER LUFTIG-LEICHTEN PANADE AUS EIWEISS, REISWEIN, INGWER UND
SESAMÖL FRITTIERT. FÜR DIESES GERICHT EIGNEN SICH AUCH ANDERE MEERESFRÜCHTE.

450 g Hummerfleisch
3 EL Shaoxing-Reiswein
3 TL fein gehackter Ingwer
1 1/2 TL Salz
12 Eiweiße
1/2 TL Weinstein
Öl zum Frittieren
1/4 TL frisch gemahlener
    weißer Pfeffer
1 TL Sesamöl
1 TL Speisestärke
125 ml Hühnerbrühe (Seite 281)
2 Frühlingszwiebeln, fein gehackt
2 Frühlingszwiebeln, nur der grüne
    Teil, in Ringe geschnitten

FÜR 6 PERSONEN

DAS HUMMERFLEISCH in Stücke schneiden und
in einer Schüssel mit 1 EL Reiswein, 1 TL Ingwer
und 1/2 TL Salz vorsichtig verrühren. Eiweiße und
Weinstein mit einem Ballonbesen oder dem
Schneebesen des Handrührgeräts steif schlagen.
Das Hummerfleisch unter den Eischnee ziehen.

DEN WOK zu einem Viertel mit Öl füllen. Das Öl
auf 190 °C erhitzen (bis ein Brotwürfel darin in
10 Sekunden goldbraun wird). Den Hummer in
kleinen Portionen hineingießen – nicht rühren,
sonst zerfällt die Masse! Einfach das Öl im Wok
unten vorsichtig hin und her schwenken, damit
das »Furong« an die Oberfläche steigen kann.
Wenn es oben schwimmt, sofort herausnehmen;
es sollte nicht zu braun werden. Gut abtropfen
lassen. Vom Öl 2 EL zurückbehalten, den Rest
abgießen.

RESTLICHEN REISWEIN, übriges Salz, weißen
Pfeffer, Sesamöl und Speisestärke unter die Hühnerbrühe rühren.

DAS ÖL im Wok erhitzen und die gehackten
Frühlingszwiebeln sowie den restlichen Ingwer
10 Sekunden darin pfannenrühren. Die Brühe
angießen und unter ständigem Rühren kochen
lassen, bis sie eingedickt ist. Achtung: Es dürfen
sich keine Klümpchen bilden! Den Hummer vorsichtig unterheben. Anschließend das Ganze auf
einer Servierplatte anrichten, mit den Frühlingszwiebelringen bestreuen und servieren.

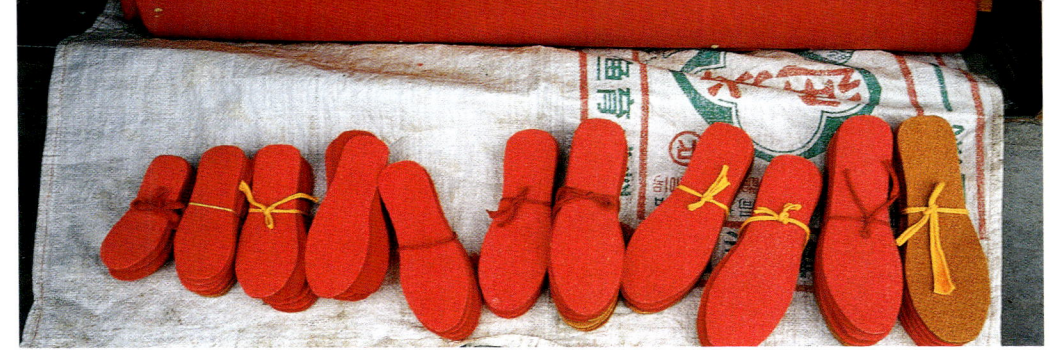

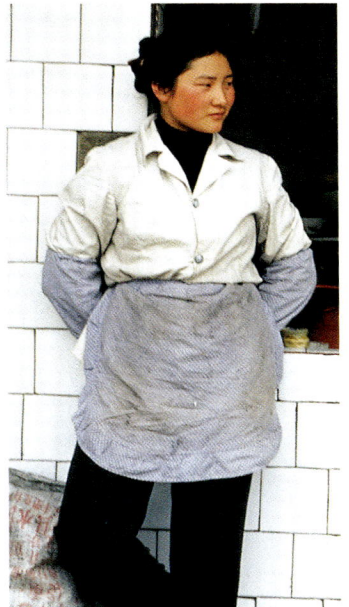

海蜇鸡丝沙律

QUALLEN-HÄHNCHEN-SALAT

QUALLEN ISST MAN NUR, WENN SIE VORHER HALTBAR GEMACHT WURDEN. IHRE KONSISTENZ IST

KNACKIG, NICHT GALLERTARTIG. MAN FINDET SIE GETROCKNET, IN STREIFEN ODER IM GANZEN, ABER

AUCH EINGEWEICHT UND VAKUUMVERPACKT. LETZTERE LASSEN SICH AM EINFACHSTEN VERARBEITEN.

400 g getrocknete oder küchen-
    fertige Quallen
1 Hähnchen (etwa 1,3 kg)
2 Selleriestangen, in 5 cm lange,
    schmale Stifte geschnitten
1 Karotte, in 5 cm lange, schmale
    Stifte geschnitten
1 EL Austernsauce
2 TL helle Sojasauce
2 TL Sesamöl
25 g Koriandergrün
3 TL Sesam

FÜR DAS DRESSING
50 g Zucker
175 ml klarer Reisessig
1 EL fein gehackter Ingwer
3 Frühlingszwiebeln, in dünne
    Ringe geschnitten

FÜR 8 PERSONEN

GETROCKNETE QUALLEN aus der Verpackung
nehmen und über Nacht in lauwarmem Wasser
einweichen. Abtropfen lassen und gut waschen,
um Sand und Rückstände zu entfernen. Abtropfen lassen. Mit der Schere quer in dünne Streifen
schneiden, lange Stücke in kleinere teilen.
Küchenfertige Quallen aus der Verpackung nehmen und gut waschen.

DAS HÄHNCHEN waschen, abtropfen lassen und
das Fett aus der Bauchhöhle und rund um den
Hals entfernen. Bürzel abschneiden und wegwerfen. Wasser in einem großen Topf zum Kochen
bringen. Das Hähnchen hineingeben und das
Wasser zum Köcheln bringen. Deckel aufsetzen
und das Hähnchen in 25–30 Minuten weich
kochen. Aus dem Topf nehmen und in kaltem
Wasser abschrecken. Wenn es abgekühlt ist,
enthäuten, die Knochen auslösen und das Fleisch
in schmale Streifen schneiden.

HÄHNCHENFLEISCH in einer Schüssel mit
Quallen, Sellerie, Karotte, Austern- und Sojasauce sowie Sesamöl und Koriandergrün gut
vermischen.

FÜR DAS DRESSING den Zucker so lange im
Essig verrühren, bis er sich aufgelöst hat. Ingwer
und Frühlingszwiebeln dazugeben.

SESAM in der Pfanne rösten, bis er goldbraun und
schön knusprig ist. Den Salat damit bestreuen
und kalt zusammen mit dem Dressing servieren.

Die Quallen lassen sich am bes-
ten mit der Schere zerteilen. Die
Streifen sollten etwa die gleiche
Breite haben.

Die letzten beiden Glieder der
Krabbenbeine abhacken; sie
haben fast kein Fleisch.

辣椒螃蟹

CHILIKRABBEN

4 lebende Krabben (à 250 g)
3 EL Öl
1 EL Guilin-Chilisauce
2 EL helle Sojasauce
3 TL klarer Reisessig
4 EL Shaoxing-Reiswein
1/2 TL Salz
2 EL Zucker
2 EL Hühnerbrühe (Seite 281)
1 EL Ingwerpulver
2 Knoblauchzehen, zerdrückt
2 Frühlingszwiebeln, fein gehackt

FÜR 4 PERSONEN

UM KRABBEN human zu töten, sollte man sie
1 Stunde ins Gefrierfach legen. Wasser in einem
großen Topf zum Kochen bringen, Krabben 1 Minute ins sprudelnde Wasser legen, dann kalt abschrecken. Die obere Schale aufbrechen und
wegwerfen, die schwammig grauen Eingeweide
im Inneren der Krabbe entfernen. Gründlich aus-
waschen und gut abtropfen lassen. Die letzten
zwei behaarten Glieder der Beine abhacken. Jede
Krabbe in vier bis sechs Stücke teilen, und zwar
so, dass sich an jeder Portion ein oder zwei Beine
befinden. Scheren mit einer Krabbenzange oder
mit dem Rücken eines Küchenbeils öffnen – so
können die Aromen ins Krabbenfleisch einziehen.

DEN WOK erhitzen und 1 EL Öl darin sehr heiß
werden lassen. Die Hälfte der Krabben einige
Minuten anbraten, bis das Fleisch gar ist. Herausnehmen und abtropfen lassen. 1 EL Öl in den Wok
geben und Vorgang mit dem Rest wiederholen.

CHILI- UND SOJASAUCE, Reisessig und -wein sowie Salz, Zucker und Brühe miteinander verrühren.

DEN WOK erhitzen, das restliche Öl sehr heiß werden lassen. Ingwer, Knoblauch und Frühlingszwiebeln 10 Sekunden pfannenrühren. Saucenmischung
angießen und kurz aufkochen lassen. Krabbenfleisch hineinlegen. Vorsichtig umrühren, Deckel
auflegen, 5 Minuten kochen. Sofort servieren.

KRABBEN isst man am besten mit den Fingern.
Stellen Sie Zitronenwasser in Schüsseln und Krab-
benzangen zum Aufbrechen der Scheren bereit.

BEIM HOCHZEITSMAHL werden Speisen oft paarweise serviert, als Symbol für die Ehe, wie diese Teigtaschen und die mit Salat gefüllten Rollen. Mandarin-Enten verbringen ihr ganzes Leben mit einem Partner. Deshalb versinnbildlichen Enten in China die eheliche Treue. Sie bilden ein Paar, das für immer zusammengehört. Hier schwimmen zwei Enten aus Eiweiß auf der Suppe.

BANKETTE

DAS ESSEN SPIELT EINE GROSSE ROLLE BEI CHINESISCHEN FESTEN, DIE FÜR DIE VERGÄNGLICHKEIT DES JAHRES UND DES LEBENS STEHEN – VOM CHINESISCHEN NEUJAHR BIS ZUM MONDFEST UND VON DER GEBURT ÜBER DIE EHE BIS ZUM TOD.

Mit Banketten feiert man gesellschaftliche und geschäftliche Anlässe von Universitäts- bis zu erfolgreichen Geschäftsabschlüssen. Die Gerichte werden sorgfältig ausgewählt, denn die Nahrungsmittel besitzen eine Symbolik, die der Gast sofort erkennt. Auch Anzahl der Gänge und farbliche Gestaltung sind wichtig – Rot und Gelb versprechen besonders viel Glück.

Bankette können aus zehn, fünfzehn oder mehr Gängen bestehen. Oft werden jedoch nur acht serviert, da »acht« im Chinesischen wie das Wort für »Wohlstand und Erfolg« klingt, oder neun Gänge, da dieses Wort wie »lang anhaltend« klingt. Wenn ein Gang serviert ist, bietet der Gastgeber die besten Stücke respektvoll dem Ehrengast oder dem Ältesten an. Traditionsgemäß beginnt ein Bankett mit einer kalten Platte aus Fleisch, Meeresfrüchten und Nüssen. Es folgen frittierte, gedämpfte und pfannengerührte Gerichte, dann Haifischflossensuppe oder eine andere ausgewählte Suppe. Im Anschluss kommen die Hauptgerichte mit Renommeezutaten: Geflügel, meist im Ganzen, und, wenn möglich, ein Spanferkel. Zu Neujahr wird am Schluss Fisch serviert, damit sich etwas auf dem Tisch befindet, wenn das neue Jahr beginnt. Einfache Reis- und Nudelgerichte isst man ganz am Ende als Magenfüller. Zum Abschluss gibt es Obst, eine süße Suppe oder Gebäck in der Art von Petit Fours.

DAS NEUE MONDJAHR wird mit einem riesigen Familienfest willkommen geheißen – jedes Gericht verspricht Glück für das kommende Jahr. Läden und Häuser sind rot und gelb geschmückt, und am Neujahrstag beschenken sich Verwandte und Freunde mit Glücksgeld und Mandarinen. Das Laternenfest – mit Snacks und Feuerwerk – markiert das Ende der Feierlichkeiten.

GEBURTSTAGE UND HOCHZEITEN

Wenn ein Kind einen Monat alt ist, findet eine große Feier zur Genesung der Mutter statt, mit Hähnchen und Schweinefüßen. Später werden Geburtstage nur nach dem 60. Lebensjahr und jeder weiteren Dekade groß gefeiert. Hochzeiten sind etwas Besonderes. Traditionell vollzieht das Paar eine Teezeremonie für seine Eltern, darauf folgt ein Bankett, an dem oft Hunderte von Menschen teilnehmen.

FESTE

Neujahr ist der höchste Feiertag: Im Haus herrscht Großputz, Schulden werden bezahlt und spezielle Gerichte zubereitet. Am Neujahrsabend speist man im Kreis der Familie, dann besucht man zwei Wochen lang Freunde und Verwandte zum Essen. Das Qing-Ming-Fest und das Fest der Hungrigen Geister ehren die Toten, den Geistern werden Speisen geopfert. Zum Mondfest gibt es Mondkuchen und Blätterteig mit Eigelb.

WÄHREND DES CHINESISCHEN Neujahrsfestes hängen Sprüche an den Haustüren, die Glück, Gesundheit, ein langes Leben und Wohlstand verheißen – alles, wonach man sich sehnt.

Marktstand in Sichuan

川 式 焖 虾

GARNELEN AUF SICHUAN-ART

IN CHINESISCHEN RESTAURANTS IST DIESES GERICHT SEHR BELIEBT. OFT STEHT ES AUCH UNTER DEM

NAMEN »CHILIGARNELEN« AUF DER KARTE. DA DIE SCHALEN DIE SAUCE AROMATISIEREN, WERDEN

UNGEKOCHTE, NICHT GESCHÄLTE GARNELEN MIT KOPF UND SCHWANZ VERWENDET.

16 Riesengarnelen
Öl zum Frittieren
1 EL Öl extra
1 Knoblauchzehe, fein gehackt
1/2 TL fein gehackter Ingwer
1 EL helle Sojasauce
1 EL Shaoxing-Reiswein
1 EL Chili-Bohnenpaste (Toban Jiang)
1 TL Zucker
3–4 EL Hühner-Fleisch-Brühe (Seite 281)
1 TL klarer Reisessig
1 Frühlingszwiebel, fein gehackt
2 rote Chilischoten, fein gehackt
1/4 TL Sesamöl
2 TL Speisestärke
Koriandergrün

FÜR 4 PERSONEN

DIE GARNELEN nicht aus der Schale brechen, nur die Beine entfernen. Die Garnelen mit der Schere am Rücken entlang aufschneiden und den Darm entfernen.

DEN WOK zu einem Viertel mit Öl füllen und auf 190 °C erhitzen (bis ein Brotwürfel darin in 10 Sekunden goldbraun wird). Die Garnelen nacheinander je 2 Minuten frittieren, bis sie hell-orange sind. Herausnehmen und abtropfen lassen. Das Öl sollte bei jedem Frittiervorgang sehr heiß sein, sonst werden die Schalen nicht knusprig. Das Öl abgießen und den Wok auswischen.

DEN WOK nochmals erhitzen, das Öl darin sehr heiß werden lassen. Zum Aromatisieren des Öls Knoblauch und Ingwer kurz darin anbraten. Soja-sauce, Reiswein, Bohnenpaste, Zucker und Brühe dazugeben. Gut verrühren und zum Kochen brin-gen. Garnelen hinzufügen und 1 Minute garen. Reisessig, Frühlingszwiebel, Chilischoten und Sesamöl unter ständigem Rühren untermischen.

DIE SPEISESTÄRKE in Wasser anrühren, in die Sauce gießen und köcheln lassen, bis sie einge-dickt ist. Die Garnelen mit Koriandergrün bestreut servieren; Schalen mit Zitronenwasser bereitstellen.

Der dunkle Darm der Garnelen wird zuerst mit der Scherenspitze gelockert, dann vorsichtig heraus-gezogen.

Der orientalische Perlenturm in
Pudong, Shanghai

上海式五柳鱼

FISCH SHANGHAI MIT FÜNF GEMÜSESORTEN

DAS REZEPT IST EINE VARIANTE DES KLASSIKERS »FISCH SÜSSSAUER« AUF SEITE 117. DIE FÜNF
GEMÜSESORTEN WERDEN FÜR DIE SAUCE BENÖTIGT. DIE WÜRZMITTEL SOLLTEN FRÜHER DEN MODRIGEN
GESCHMACK DES FRISCHWASSERFISCHES ÜBERDECKEN.

3–4 getrocknete Shiitake-Pilze
1 ganzer Fisch (750 g–1 kg), wie
 z. B. Karpfen, Brasse, Zacken-
 oder Seebarsch
1 TL Salz
Öl zum Frittieren
2 EL Öl extra
1 EL in schmale Stifte geschnittener
 Ingwer
2 Frühlingszwiebeln, in schmale
 Stifte geschnitten
1/2 kleine Karotte, in schmale Stifte
 geschnitten
1/2 kleine grüne Paprikaschote,
 in schmale Stifte geschnitten
1/2 Stangensellerie, in schmale
 Stifte geschnitten
2 rote Chilischoten, Samen entfernt,
 in schmale Stifte geschnitten
2 EL helle Sojasauce
3 EL Zucker
3 EL chinesischer dunkler Reisessig
1 EL Shaoxing-Reiswein
125 ml Hühner-Fleisch-Brühe
 (Seite 281)
1 EL Speisestärke
1/2 TL Sesamöl

FÜR 4 PERSONEN

DIE PILZE 30 Minuten in heißem Wasser einweichen, abtropfen lassen und gut ausdrücken.
Die Stiele entfernen und wegwerfen. Die Hüte
in feine Streifen schneiden.

BEIM KAUF eines lebend frischen Fisches bitten
Sie den Fischhändler, ihn über die Kiemen auszunehmen. Das ist schwieriger als über den Bauch,
lässt den Fisch aber als Ganzen erscheinen. Wenn
Sie ihn selbst ausnehmen, schneiden Sie ihn vom
Schlund bis zur Afteröffnung auf, und ziehen Sie
die Eingeweide aus der Bauchhöhle. Die Schuppen
entfernen Sie mit einem Fischschupper. Spülen
Sie den Fisch unter fließendem, kaltem Wasser,
und lassen Sie ihn in einem Sieb gut abtropfen.

DEN FISCH nun auf beiden Seiten diagonal im
Abstand von 2 cm bis auf die Mittelgräte einritzen;
innen und außen mit Salz einreiben, auch die Einschnitte salzen.

DEN WOK zu einem Viertel mit Öl füllen und auf
190 °C erhitzen (so lange, bis ein Brotwürfel darin
in 10 Sekunden goldbraun wird). Den Fisch am
Schwanz halten und vorsichtig ins Öl gleiten lassen. 3–4 Minuten auf jeder Seite frittieren, bis das
Fleisch auf Druck nachgibt oder die Rückenflosse
sich leicht löst. Fisch aus dem Wok nehmen und
auf Küchenpapier gut abtropfen lassen. Auf einem
Teller im Backofen bei niedriger Hitze warm halten.
Öl abgießen und Wok auswischen.

DEN WOK erhitzen, das Extra-Öl sehr heiß
werden lassen. Pilze, Ingwer, Frühlingszwiebeln,
Karotte, Paprikaschote, Stangensellerie und Chili-
schoten 1 1/2 Minuten pfannenrühren. Sojasauce,
Zucker, Reisessig und -wein sowie Brühe dazuge-
ben und zum Kochen bringen. Die Speisestärke in
Wasser anrühren, in die Sauce gießen und
köcheln lassen, bis sie eingedickt ist. Das
Sesamöl unterrühren und die Sauce über den
Fisch träufeln.

海参蘑菇

SEEGURKE MIT PILZEN

SEEGURKEN WERDEN GETROCKNET ODER KÜCHENFERTIG VERKAUFT; GETROCKNETE MÜSSEN LANGE

EINGEWEICHT WERDEN, UM ZU REHYDRIEREN, UND WERDEN DANN GALLERTARTIG. SIE BESITZEN KEIN

EIGENAROMA, NEHMEN ABER DIE AROMEN VON MITGEKOCHTEM WUNDERBAR AUF.

3 getrocknete oder küchenfertige
  Seegurken
24 getrocknete Shiitake-Pilze
4 EL Öl
1 Eiweiß
3–4 EL Speisestärke
1 Hühnerbrustfilet, ohne Haut, in
  2 cm dicke Würfel geschnitten
1 EL helle Sojasauce
3 EL Austernsauce
2 Frühlingszwiebeln, in 2 cm lange
  Stücke geschnitten
3 TL Zucker

FÜR 4 PERSONEN

GETROCKNETE Seegurken benötigen etwa 4 Tage
zum Rehydrieren. Zunächst über Nacht in Wasser
einweichen, abtropfen lassen und in einem Topf
mit frischem Wasser 1 Stunde köcheln lassen.
Wieder abtropfen lassen. Dann erneut über Nacht
einweichen. Den Koch- und Einweichvorgang
mindestens dreimal wiederholen, damit die Seegurken weich werden. Wenn dies der Fall ist, die
Seegurken der Länge nach halbieren, das Innere
auskratzen und wegwerfen. Den Rest in Stücke
schneiden. Küchenfertige Seegurken werden nur
gewaschen, dann lässt man sie gut abtropfen,
entfernt das Innere und schneidet sie in Stücke.

DIE PILZE in einen Topf mit 500 ml Wasser und
der Hälfte des Öls geben. Deckel aufsetzen und
Wasser zum Kochen bringen. Hitze reduzieren,
1 Stunde köcheln lassen. Pilze abtropfen lassen,
250 ml Pilzwasser zurückbehalten. Stiele entfernen.

MIT DEM EIWEISS 1 EL Speisestärke unter das
Hühnchenfleisch ziehen. Den Wok erhitzen, das
restliche Öl darin sehr heiß werden lassen. Das
Fleisch nacheinander je 3 Minuten pfannenrühren,
bis es braun angebraten ist. Das gesamte Fleisch
in den Wok geben, ebenso die Seegurken und
Pilze, das Pilzwasser, die Soja- und Austernsauce,
die Frühlingszwiebeln sowie den Zucker. Gut verrühren und 2 Minuten kochen lassen.

DIE RESTLICHE SPEISESTÄRKE in Wasser
anrühren, in die Sauce gießen und köcheln lassen,
bis sie eingedickt ist.

Die Seegurke längs halbieren,
das Innere herauskratzen und so
eine saubere Höhlung für die Füllung schaffen. Dann die Seegurke
in Stücke schneiden.

鸳鸯大虾

GARNELEN »VÖGEL DER LIEBE«

DER NAME DES GERICHTS, YUAN YANG XIA, VERWEIST AUF DIE MANDARIN-ENTEN, AUCH »VÖGEL DER LIEBE« GENANNT, WEIL SIE UNZERTRENNLICH SIND UND FÜR ZUNEIGUNG UND GLÜCK STEHEN. IN GERICHTEN WIRD DIES DURCH ZUTATEN SYMBOLISIERT, DIE AUF ZWEI ARTEN ZUBEREITET SIND.

600 g Riesengarnelen
1 EL Speisestärke
1/2 Eiweiß, verquirlt
Öl zum Frittieren
150 g Zuckerschoten, die Enden
  abgeschnitten
1/2 TL Salz
1/2 TL Zucker
1 Frühlingszwiebel, fein gehackt
1 TL fein gehackter Ingwer
1 EL helle Sojasauce
1 EL Shaoxing-Reiswein
1/2 TL Sesamöl
1 EL Chili-Bohnenpaste
  (Toban Jiang)
1 EL Tomatenmark

FÜR 4 PERSONEN

DIE GARNELEN bis auf den Schwanz aus der Schale brechen, den Darm entfernen. Speisestärke in Wasser anrühren, Eiweiß und eine Prise Salz untermischen. Dann die Garnelen hineingeben.

DEN WOK zu einem Viertel mit Öl füllen und auf 180 °C erhitzen (bis ein Brotwürfel darin in 15 Sekunden goldbraun wird). Garnelen 1 Minute unter ständigem Rühren frittieren, damit sie nicht zusammenkleben. Sobald sich ihre Farbe zu ändern beginnt, mit einem Drahtsieb oder Schaumlöffel aus dem Wok nehmen. Abtropfen lassen. Vom Öl 1 EL zurückbehalten, den Rest abgießen.

DAS ÖL sehr stark erhitzen und die Zuckerschoten mit dem Salz und Zucker 1 1/2 Minuten darin pfannenrühren. Herausnehmen und in der Mitte einer Servierplatte anrichten.

DEN WOK erhitzen, Frühlingszwiebeln und Ingwer einige Sekunden darin pfannenrühren. Garnelen, Sojasauce und Reiswein hinzufügen, verrühren und etwa 30 Sekunden pfannenrühren. Sesamöl dazugießen und etwa die Hälfte der Garnelen auf einer Seite der Platte anrichten.

RESTLICHE GARNELEN mit Bohnenpaste und Tomatenmark würzen. Gut verrühren, damit sich die Garnelen damit überziehen, und auf der anderen Seite der Platte anrichten.

Hochzeitszeremonie in Hangzhou

酸甜鱼片

FISCHFILETS SÜSSSAUER

DIESES GERICHT BESITZT EINE RAFFINIERT ZARTE SÄURE UND EINEN HAUCH VON SÜSSE. FISCH SÜSSSAUER ISST MAN IN GANZ CHINA. MEIST FRITTIERT MAN EINEN GANZEN FISCH. IM SÜDOSTEN, WOHER DIESES REZEPT STAMMT, ZIEHT MAN JEDOCH FISCHFILETS VOR.

450 g Fischfilets aus festem
  weißem Fleisch, wie z. B. vom
  Schellfisch, Seeteufel oder See-
  brasse, Haut entfernt
1¹/₂ EL Shaoxing-Reiswein
¹/₂ TL Salz
1 Ei, verquirlt
3–4 EL Mehl
Öl zum Frittieren
¹/₂ TL gehackter Ingwer
1 Frühlingszwiebel, fein gewürfelt
125 ml Hühner-Fleisch-Brühe
  (Seite 281)
2 EL helle Sojasauce
1 EL Zucker
2 EL klarer Reisessig
1 rote Chilischote, fein gehackt
  (nach Belieben)
1 EL Speisestärke
¹/₂ TL Sesamöl
Koriandergrün

FÜR 4 PERSONEN

DIE FISCHFILETS trockentupfen und in 3 cm großе Würfel schneiden. In 2 TL Reiswein und Salz 15–20 Minuten marinieren.

INZWISCHEN das Ei und das Mehl mit etwas Wasser zu einem glatten Ausbackteig verrühren; er sollte eine cremige Konsistenz haben. Die Würfel hineintauchen.

DEN WOK zu einem Viertel mit Öl füllen und auf 180 °C erhitzen (so lange, bis ein Brotwürfel darin in 15 Sekunden goldbraun wird). Die Fischwürfel einzeln nacheinander ins heiße Öl gleiten lassen und vorsichtig umrühren, um zu vermeiden, dass sie zusammenkleben. Etwa 3 Minuten frittieren, bis sie goldbraun sind. Herausnehmen und auf Küchenpapier abtropfen lassen. Vom Öl 1 EL zurückbehalten, den Rest abgießen. Den Wok auswischen.

DAS ÖL stark erhitzen. Ingwer, Frühlingszwiebeln, Brühe, Sojasauce, restlichen Reiswein, Zucker und die Hälfte des Reisessigs dazugeben. Zum Kochen bringen, Hitze reduzieren und 30 Sekunden köcheln lassen. Fischwürfel hinzufügen und 2 Minuten sanft kochen. Zuerst die Chilischote, dann den restlichen Reisessig hineingeben. Die Speisestärke in Wasser anrühren, unter die Sauce rühren und köcheln lassen, bis sie eingedickt ist.

VOR DEM SERVIEREN den Fisch mit Sesamöl beträufeln und mit Koriander dekorieren.

Wenn im Wok frittiert wird, muss er ganz stabil auf dem Rechaud stehen. Beim Drahtsieb läuft viel mehr Öl ab als beim Schaum-löffel, und der Ausbackteig kann weniger Fett aufsaugen.

Getrockneter Fisch auf dem Markt in Guangzhou

Vorsichtig den Fisch ins heiße Öl
gleiten lassen. Sie können die
Einschnitte auch mit einer Fisch-
kelle öffnen, damit das Öl besser
eindringen kann.

Mädchen mit traditionellem Kopf-
schmuck in Dali, Yunnan

豆醬金目鱸

GANZER FISCH MIT GELBER BOHNENSAUCE

1 ganzer Fisch (750 g–1 kg), wie
   z. B. Karpfen, Brasse, Zacken-
   oder Seebarsch
1 EL helle Sojasauce
1 EL Shaoxing-Reiswein
Öl zum Frittieren
1 EL in dünne Stifte geschnittener
   Ingwer
2 Frühlingszwiebeln, in dünne
   Stifte geschnitten
1 TL Zucker
1 EL dunkle Sojasauce
2 EL gelbe Bohnensauce
125 ml Hühner-Fleisch-Brühe
   (Seite 281)
1/2 TL Sesamöl

FÜR 4 PERSONEN

BEIM KAUF eines lebend frischen Fisches bitten
Sie den Fischhändler, ihn über die Kiemen auszunehmen. Das ist schwieriger als über den Bauch,
lässt den Fisch aber als Ganzen erscheinen. Wenn
Sie ihn selbst ausnehmen, schneiden Sie ihn vom
Schlund bis zur Afteröffnung auf, und ziehen Sie
die Eingeweide aus der Bauchhöhle. Die Schuppen
entfernen Sie mit einem Fischschupper. Spülen
Sie den Fisch unter fließendem, kaltem Wasser,
und lassen Sie ihn in einem Sieb gut abtropfen.

DEN FISCH nun auf beiden Seiten diagonal im
Abstand von 2 cm bis auf die Mittelgräte einritzen.
In eine tiefe Schüssel legen und in der hellen
Sojasauce und dem Reiswein 10–15 Minuten
marinieren. Fisch herausnehmen, abtropfen lassen,
Marinade zurückbehalten.

DEN WOK zu einem Viertel mit Öl füllen und auf
190 °C erhitzen (bis ein Brotwürfel in 10 Sekunden goldbraun wird). Den Fisch am Schwanz
halten und vorsichtig ins Öl gleiten lassen. Den
Körper biegen, sodass sich die Einschnitte öffnen.
5 Minuten frittieren, bis er goldbraun ist; den Wok
neigen, damit der Fisch vollständig vom Öl bedeckt
ist. Herausnehmen und auf Küchenpapier abtropfen lassen. Bei schwacher Hitze im Backofen
warm halten. Das Öl bis auf 1 1/2 EL abgießen.

ÜBRIGES ÖL stark erhitzen. Ingwer, Frühlingszwiebeln, Zucker, dunkle Sojasauce, Bohnensauce und Marinade dazugeben. Einige Sekunden
umrühren. Brühe angießen und zum Kochen bringen. Fisch hinzufügen, 4–5 Minuten kochen; dabei
ständig begießen. Nach 2 Minuten wenden.

DEN FISCH wieder umdrehen und mit Sesamöl
beträufeln. Sauce darübergießen, sofort servieren.

蒸虾奶油羹

GARNELENSOUFFLÉ

4 Eier
300 ml Hühnerbrühe (Seite 281)
16 Garnelen
1 Frühlingszwiebel, fein gehackt
1 EL helle Sojasauce
1 EL Öl

FÜR 4 PERSONEN

DIE EIER in der Hühnerbrühe verquirlen, salzen und pfeffern. Garnelen aus der Schale brechen, Darm entfernen. Das Garnelenfleisch grob hacken.

AUF VIER feuerfeste Schälchen verteilen und mit der Eimasse begießen. In einen Dämpfkorb stellen und über köchelndem Wasser im Wok zugedeckt 10 Minuten dämpfen. Die Soufflés sollten dann fest sein. Vorsichtig schütteln, um die Konsistenz in der Mitte zu prüfen; übergarte Soufflés schmecken gummiartig.

DIE SOUFFLÉS mit Frühlingszwiebeln bestreuen und mit Sojasauce beträufeln. Öl im Wok stark erhitzen und über die Soufflés gießen. (Es zischt beim Auftreffen auf die Oberfläche.) Sofort servieren.

豆豉蒸蚌

MIESMUSCHELSOUFFLÉ

450 g Miesmuscheln
2 EL Shaoxing-Reiswein
1 EL fein gehackter Ingwer
6 Eier
1 TL Salz

FÜR 6 PERSONEN

DIE MUSCHELN bürsten und die Bärte entfernen. Alle Muscheln wegwerfen, die sich nicht schließen, wenn man sie leicht gegen die Arbeitsoberfläche klopft. Die Muscheln mit 250 ml Wasser, Reiswein und Ingwer in den Wok geben. Erhitzen und bei geschlossenem Deckel 1 Minute kochen. Hitze stark reduzieren, Muscheln zugedeckt 2 Minuten köcheln. Pfanne schütteln, damit sie gleichmäßig gar werden. Geschlossene Muscheln aussortieren.

MUSCHELN mit einem Drahtsieb oder Schaumlöffel herausnehmen und abkühlen lassen, Flüssigkeit zurückbehalten. Muscheln aus den Schalen lösen und auf sechs feuerfeste Schälchen verteilen. Eier, Salz und 250 ml der Flüssigkeit schaumig schlagen und über die Muscheln gießen.

SCHÄLCHEN im Dämpfkorb über köchelndem Wasser im Wok zugedeckt 10 Minuten dämpfen; die Soufflés sollten dann fest sein. Vorsichtig schütteln, um die Konsistenz in der Mitte zu prüfen; übergarte Soufflés schmecken gummiartig. Sofort servieren.

MIESMUSCHELSOUFFLÉ

Wenn man den Fisch einschnei-
det, kann die Hitze wesentlich
besser eindringen.

Renmin-Park in Chengdu

川 式 辣 焖 鱼

SICHUAN-SCHMORFISCH IN PIKANTER SAUCE

1 ganzer Fisch (1,75 kg), wie z. B.
　Karpfen, Brasse, Zacken- oder
　Seebarsch
2¹/₂ EL Shaoxing-Reiswein
2¹/₂ EL fein gehackter Ingwer
¹/₂ TL Salz
15 g getrocknete Wolkenohrpilze
Öl zum Frittieren
2 Frühlingszwiebeln, fein gewürfelt
4 Knoblauchzehen, fein gehackt
1¹/₂ TL Chili-Bohnenpaste
　(Toban Jiang)
500 ml Hühnerbrühe (Seite 281)
1¹/₂ EL helle Sojasauce
2 TL Zucker
1 EL chinesischer dunkler Essig
1 EL Speisestärke
2 Frühlingszwiebeln, nur der
　grüne Teil, in Ringe geschnitten

FÜR 6 PERSONEN

BEIM KAUF eines lebend frischen Fisches bitten
Sie den Fischhändler, ihn über die Kiemen auszu-
nehmen. Das ist schwieriger als über den Bauch,
lässt den Fisch aber als Ganzen erscheinen. Wenn
Sie ihn selbst ausnehmen, schneiden Sie ihn vom
Schlund bis zur Afteröffnung auf, und ziehen Sie die
Eingeweide aus der Bauchhöhle. Die Schuppen
entfernen Sie mit einem Fischschupper. Spülen
Sie den Fisch unter fließendem, kaltem Wasser,
und lassen Sie ihn in einem Sieb gut abtropfen.

DEN FISCH auf beiden Seiten diagonal im Abstand
von 2 cm bis auf die Mittelgräte einritzen. 1 EL Reiswein, 2 TL Ingwer und das Salz verrühren. Den
Fisch in eine Schüssel legen, außen mit der Marinade einreiben, auch etwas in die Einschnitte träufeln. 30 Minuten marinieren, dann abtropfen lassen.

DIE PILZE in kaltem Wasser 20 Minuten einweichen,
abtropfen lassen, ausdrücken und klein schneiden.

DEN WOK zu einem Viertel mit Öl füllen und auf
190 °C erhitzen (bis ein Brotwürfel in 10 Sekunden
goldbraun wird). Den Fisch am Schwanz halten
und vorsichtig ins Öl gleiten lassen. Den Körper
biegen, sodass sich die Einschnitte öffnen. 5 Minuten frittieren, bis er goldbraun ist; dabei den
Wok neigen, damit der Fisch vollständig vom Öl
bedeckt ist. Herausnehmen, auf Küchenpapier
abtropfen lassen. Bei schwacher Hitze im Backofen warm halten. Öl bis auf 1¹/₂ EL abgießen.

DAS ÖL stark erhitzen. Frühlingszwiebeln, restlichen Ingwer, Knoblauch und Bohnenpaste
10 Sekunden pfannenrühren. Pilze, übrigen Reiswein, Brühe, Sojasauce, Zucker und Essig hinzufügen und zum Kochen bringen. Fisch dazugeben,
erneut zum Kochen bringen. Hitze reduzieren und
bei geschlossenem Deckel 12 Minuten köcheln
lassen, bis das Fleisch beim Hineindrücken der
Haut nachgibt oder die Rückenflosse sich leicht
löst. Fisch herausnehmen.

DIE SAUCE abschäumen, zum Kochen bringen.
Speisestärke in Wasser anrühren, in die Sauce
gießen und köcheln lassen, bis sie eingedickt ist.
Fisch beträufeln, mit Frühlingszwiebeln bestreuen.

椒盐软壳蟹

WEICHSCHALENKRABBEN MIT SALZ UND PFEFFER

DIESE KRABBEN SIND EINE WAHRE KÖSTLICHKEIT, DENN AN IHNEN IST ALLES GENIESSBAR. MAN ISST

SIE, WENN SIE GERADE IHRE ALTE SCHALE ABGELEGT HABEN UND DIE NEUE NOCH WEICH IST.

4 lebende Weichschalenkrabben
1 EL Shaoxing-Reiswein
1 TL pikante Salz-Pfeffer-Mischung
   (Seite 285)
1 Ei, verquirlt
1 EL Mehl
Öl zum Frittieren
1 Frühlingszwiebel, in Ringe
   geschnitten
2 kleine rote Chilischoten, gehackt

FÜR 4 PERSONEN

UM KRABBEN human zu töten, sollte man sie 1 Stunde ins Gefrierfach legen. Dann Wasser in einem großen Topf zum Kochen bringen und die Krabben 1 Minute ins sprudelnde Wasser geben. Kalt abschrecken. Reiswein salzen und pfeffern und die Krabben 10–15 Minuten darin marinieren. Durchs Ei ziehen und mit Mehl bestäuben.

DEN WOK zu einem Viertel mit Öl füllen und auf 190 °C erhitzen (bis ein Brotwürfel in 10 Sekunden goldbraun wird). Krabben 3–4 Minuten frittieren. Herausnehmen und gut abtropfen lassen, Öl zurückbehalten. Die Krabben mit dem Messer halbieren und auf einer Platte anrichten.

FRÜHLINGSZWIEBEL und Chilischoten 2 Minuten ins heiße Öl geben (bei abgeschalteter Herd-platte). Mit einem Drahtsieb oder Schaumlöffel herausnehmen und über die Krabben streuen.

KRABBENFLEISCH FURONG

250 g Krabbenfleisch, ausgelöst
1/2 TL Salz
4 Eiweiße, verquirlt
1 EL Speisestärke
4 EL Milch
Öl zum Frittieren
125 ml Hühner-Fleisch-Brühe
   (Seite 281)
1/2 Frühlingszwiebel, in feine Ringe
   geschnitten
1/2 TL Ingwerpulver
2 EL Erbsen
1 TL Shaoxing-Reiswein
1/4 TL Sesamöl
Koriandergrün

FÜR 4 PERSONEN

DAS KRABBENFLEISCH auslösen und mit Salz, Eiweiß, Speisestärke und Milch vermengen.

DEN WOK zu einem Viertel mit Öl füllen und auf 190 °C erhitzen (bis ein Brotwürfel in 10 Sekunden goldbraun wird). Das Fleisch in mehreren Lagen hineingeben. Nicht umrühren, sonst fällt es ausei-nander; nur das Öl vorsichtig im Wok hin und her schwenken, damit das »Furong« an die Oberfläche steigt. Jede Lage herausnehmen, sobald sie fertig ist; das Fleisch darf nicht zu braun werden. Gut abtropfen lassen. Öl abgießen, Wok auswischen.

DEN WOK stark erhitzen, Brühe hineingießen, zum Kochen bringen. Frühlingszwiebel, Ingwer, Erbsen und Reiswein dazugeben. Sesamöl angießen. Über das Furong verteilen, mit Koriander dekorieren.

KRABBENFLEISCH FURONG

酱油炒干贝

JAKOBSMUSCHELN MIT SCHWARZER BOHNENSAUCE

1 kg große Jakobsmuscheln
2 EL gesalzene, fermentierte
　　schwarze Bohnen, gewaschen
　　und zerdrückt
2 Knoblauchzehen, zerdrückt
3 TL fein gehackter Ingwer
2 TL Zucker
2 TL helle Sojasauce
2 EL Austernsauce
2 EL Öl
2 Frühlingszwiebeln, in 2 cm lange
　　Stücke geschnitten

FÜR 6 PERSONEN

DEN HARTEN MUSKEL an jeder Jakobsmuschel wegschneiden und etwaige Häutchen entfernen. Waschen, abtropfen lassen und auf Wunsch den Rogen entfernen.

BOHNEN, Knoblauch, Ingwer, Zucker, Soja- und Austernsauce in einer Schüssel gut vermengen.

DEN WOK stark erhitzen, Öl heiß werden lassen. Jakobsmuscheln mit Rogen 2 Minuten pfannenrühren, bis die Muscheln gar und undurchsichtig sind. Kurz vor Garende die Frühlingszwiebeln hinzufügen. Alles in einem Sieb abtropfen lassen.

DEN WOK bei mittlerer Hitze heiß werden lassen. Die Bohnenmischung 1–2 Minuten pfannenrühren, bis sie duftet. Jakobsmuscheln und Frühlingszwiebeln dazugeben und unterrühren.

JAKOBSMUSCHELN MIT
SCHWARZER BOHNENSAUCE

海鲜沙锅

MEERESFRÜCHTEEINTOPF

8 Jakobsmuscheln
12 Garnelen
12 hartschalige Venusmuscheln
8 Austern, aus der Schale gelöst
4 Scheiben Ingwer
2 EL Shaoxing-Reiswein
1 TL Sesamöl
150 g Glasnudeln
150 g Chinakohl
1 Frühlingszwiebel, in dünne Ringe
　　geschnitten
300 ml Hühnerbrühe (Seite 281)
Korianderzweiglein

FÜR 4 PERSONEN

DEN HARTEN MUSKEL an jeder Jakobsmuschel wegschneiden und etwaige Häutchen entfernen. Waschen, abtropfen lassen, auf Wunsch Rogen entfernen. Garnelen aus der Schale brechen, den Darm entfernen. Die Muscheln mehrmals in kaltem Wasser reinigen, zwischendurch kurz ruhen lassen, damit sich der Sand absetzen kann. Sauber bürsten, offene aussortieren. Abtropfen lassen.

JAKOBSMUSCHELN, Garnelen, Venusmuscheln und Austern in Ingwer, Reiswein und Sesamöl 30 Minuten marinieren. Glasnudeln in heißem Wasser 10 Minuten einweichen; abtropfen lassen.

CHINAKOHL in kleine Quadrate schneiden, mit der Frühlingszwiebel in einen Tontopf füllen und mit Glasnudeln bedecken. Ingwer aus der Marinade nehmen, die Meeresfrüchte mit der Flüssigkeit über die Nudeln geben. Brühe angießen, langsam zum Kochen bringen, 10 Minuten zugedeckt köcheln lassen. Umrühren, würzen und 8 Minuten kochen. Mit Koriander bestreuen und im Topf servieren.

酸甜鲤鱼

FISCH SÜSSSAUER

HÄUFIG WIRD ANGENOMMEN, SÜSSSAURE GERICHTE KÄMEN AUS KANTON. TATSACHE IST, DASS KÖCHE

IM TAL DES GELBEN FLUSSES DEN SCHLAMMGESCHMACK VON KARPFEN DAMIT ÜBERDECKEN WOLLTEN.

DIESES REZEPT ZEIGT, WIE DIE »SÜSSSAURE SAUCE« IM ORIGINAL GESCHMECKT HABEN KÖNNTE.

1 ganzer Fisch (750 g–1 kg),
    wie z. B. Seebarsch, Karpfen,
    Zackenbarsch oder Brasse
1 TL Salz
2 EL Mehl
20 g getrocknete Wolkenohrpilze
3–4 geschälte Wasserkastanien
Öl zum Frittieren
2 EL Öl extra
1/2 TL gehackter Knoblauch
1 EL in schmale Stifte geschnittener
    Ingwer
2 Frühlingszwiebeln, in schmale
    Stifte geschnitten
60 g frische Bambussprossen
    oder aus der Dose, gewaschen
    und abgetropft, in schmale Stifte
    geschnitten
3 EL Reisessig
150 ml Hühner-Fleisch-Brühe
    (Seite 281)
3 EL Zucker
2 EL helle Sojasauce
2 EL Shaoxing-Reiswein
2 TL Speisestärke
Koriandergrün

FÜR 4 PERSONEN

BEIM KAUF eines lebend frischen Fisches bitten Sie den Fischhändler, ihn über die Kiemen auszunehmen. Das ist schwieriger als über den Bauch, lässt den Fisch aber als Ganzen erscheinen. Wenn Sie ihn selbst ausnehmen, schneiden Sie ihn vom Schlund bis zur Afteröffnung auf, und ziehen Sie die Eingeweide aus der Bauchhöhle. Die Schuppen entfernen Sie mit einem Fischschupper. Spülen Sie den Fisch gründlich unter fließendem, kaltem Wasser, und lassen Sie ihn in einem Sieb abtropfen.

DEN FISCH auf beiden Seiten diagonal im Abstand von 2 cm bis auf die Mittelgräte einritzen. Außenseite des Fisches, auch die Einschnitte, zuerst salzen, dann leicht mit Mehl bestäuben. Übriges Mehl in einen großen Teller geben und den Fisch darin wenden. Wolkenohrpilze 20 Minuten in kaltem Wasser einweichen, fest ausdrücken und in kleine Stücke schneiden. Wasserkastanien in einem Topf mit kochend heißem Wasser 1 Minute blanchieren, dann in kaltem Wasser abschrecken. Abtropfen lassen, trockentupfen und grob zerteilen.

DEN WOK zu einem Viertel mit Öl füllen und auf 190 °C erhitzen (bis ein Brotwürfel in 10 Sekunden darin goldbraun wird). Den Fisch am Schwanz halten und vorsichtig ins Öl gleiten lassen. Dabei den Körper biegen, damit sich die Einschnitte öffnen. 5 Minuten frittieren, bis er goldbraun ist. Herausnehmen und auf Küchenpapier abtropfen lassen. Bei schwacher Hitze im Backofen warm halten. Das Öl abgießen, den Wok auswischen.

DEN WOK stark erhitzen, das Extra-Öl darin sehr heiß werden lassen. Knoblauch, Ingwer, Frühlingszwiebeln, Bambussprossen, Kastanien und Pilze 30 Sekunden darin pfannenrühren. Essig, Brühe, Zucker, Sojasauce und Reiswein hinzufügen. Die Speisestärke in Wasser anrühren, in die Sauce gießen und köcheln lassen, bis sie eingedickt ist. Über den Fisch träufeln, Koriander darüberstreuen.

Beim Schälen der Wasserkastanien mit dem Küchenbeil

Mit Mehl bestäubter Fisch saugt jede Flüssigkeit auf und wird beim Frittieren wunderbar knusprig.

米酒蘑菇蒸比目鱼

SEEZUNGE MIT PILZEN UND REISWEIN

DAS GERICHT ÄHNELT STARK DER FRANZÖSISCHEN »BONNE FEMME«, SEEZUNGE MIT PILZEN UND WEINSAUCE. DIE CHINESISCHE VARIANTE IST JEDOCH VIEL EINFACHER ZUZUBEREITEN. STATT PLATT-FISCH EIGNET SICH AUCH JEDER WEISSFISCH.

450 g Filets von einem Plattfisch,
   wie z. B. Seezunge, Scholle,
   Flunder oder Glattbutt
1 Eiweiß, verquirlt
1 EL Speisestärke
250 g Champignons
Öl zum Frittieren
1 Knoblauchzehe, in dünne
   Stifte geschnitten
2 Frühlingszwiebeln, in dünne
   Stifte geschnitten
1 TL in dünne Stifte geschnittener Ingwer
1 TL Salz
1 TL Zucker
1 EL helle Sojasauce
2 EL Shaoxing-Reiswein
1 EL chinesischer Schnaps
   (Mou Tai) oder Brandy
125 ml Hühner-Fleisch-Brühe
   (Seite 281)
1/2 TL Sesamöl
Koriandergrün

FÜR 4 PERSONEN

DIE WEICHEN GRÄTEN an den Rändern des Fisches wegschneiden, jedoch nicht die Haut entfernen. Große Filets in 3–4 Stücke, kleine in 2–3 Stücke teilen. Das Eiweiß mit der Hälfte der Speisestärke und 1 TL Wasser vermengen. Die Fischstücke darin eintauchen. Die Pilze in dünne Scheiben schneiden.

DEN WOK zu einem Viertel mit Öl füllen und auf 180 °C erhitzen (bis ein Brotwürfel darin in 15 Sekunden goldbraun wird). Die Fischstücke 1 Minute frittieren, bis sie goldbraun sind. Vorsichtig umrühren, damit sie nicht zusammenkleben. Herausnehmen und auf Küchenpapier gut abtropfen lassen. Im Backofen bei niedriger Hitze warm halten. Vom Öl 2 EL zurückbehalten, den Rest abgießen.

DIESES ÖL erneut stark im Wok erhitzen und Knoblauch, Frühlingszwiebeln, Ingwer und Pilze 1 Minute pfannenrühren. Salz, Zucker, Sojasauce, Reiswein, Schnaps und Brühe hinzufügen und zum Kochen bringen. Die Fischstücke in die Sauce legen, vorsichtig umrühren und 1 Minute köcheln lassen.

RESTLICHE SPEISESTÄRKE in Wasser anrühren, in die Sauce gießen und köcheln lassen, bis sie eingedickt ist. Fisch mit Sesamöl beträufeln und mit Koriander bestreuen.

Zu Neujahr werden bunte Bilder von Göttern an die Haustüren gehängt, die Glück und Erfolg bringen sollen.

GEFLÜGEL

Getrocknete chinesische Datteln

Eine Frau hackt Ingwer vor einem
Laden in Chengdu.

云南气锅鸡

HÄHNCHEN IM YUNNAN-TOPF

DER YUNNAN-TOPF IST EIN TRADITIONELLER SUPPENTOPF AUS STEINGUT MIT INNENKAMIN. DARIN
WERDEN DIE ZUTATEN »GESCHLOSSEN GEDÄMPFT«, DIE BRÜHE WIRD KLARER UND AROMATISCHER.
STATTDESSEN KANN MAN AUCH EINEN TON- ODER SCHMORTOPF IN DEN DÄMPFKORB STELLEN.

25 getrocknete chinesische Datteln
1 Hähnchen (etwa 1,5 kg)
6 Scheiben getrocknete Angelikawurzel *(Dang Gui),* hauchdünn
   geschnitten
6 Scheiben Ingwer, mit der flachen
   Seite des Küchenbeils zerdrückt
6 Frühlingszwiebeln, Enden entfernt,
   mit der flachen Seite des Küchenbeils zerdrückt
60 ml Shaoxing-Reiswein
1/2 TL Salz

FÜR 6 PERSONEN

DIE DATTELN 20 Minuten in heißem Wasser einweichen, abtropfen lassen und entsteinen.

DAS HÄHNCHEN waschen, trockentupfen und
das Fett aus der Bauchhöhle und rund um die
Halsöffnung entfernen. Bürzel abschneiden und
wegwerfen. Hähnchen mit einem Küchenbeil in
4 cm große Quadrate teilen. Die Fleischstücke in
einem Topf mit kochend heißem Wasser 1 Minute
blanchieren. Abschrecken und abtropfen lassen.

FLEISCH, Datteln, Angelikawurzel, Ingwer und
Frühlingszwiebeln in einen Ton- oder Schmortopf
von etwa 24 cm Durchmesser füllen. Mit Reiswein
und 1 Liter heißem Wasser begießen und salzen.
Abdecken. Falls nötig, vorher eine Lage nasses
Musselin zwischen Gefäß und Deckel geben,
damit alles gut abgedichtet ist. Topf anschließend
in einen Dämpfkorb stellen.

ETWA 2 STUNDEN in einem geschlossenen Wok
über köchelndem Wasser dämpfen. Immer wieder
Wasser nachfüllen.

DEN TOPF aus dem Dämpfkorb nehmen, das Fett
mit einem Schaumlöffel abschäumen. Angelikawurzel, Ingwer und Frühlingszwiebeln entfernen.
Hähnchen abschmecken und im Topf servieren.

TAUBENKÜKEN AUF SALAT

BEI DIESEM GERICHT HANDELT ES SICH UM DEN KANTONESISCHEN KLASSIKER SAN CHOY BAU. DIE PÄCKCHEN AUS KALTEM SALAT UND EINER WARMEN FÜLLUNG SIND EIN GEDICHT. FALLS SIE KEINE TAUBENKÜKEN BEKOMMEN, KÖNNEN SIE AUCH STUBENKÜKEN ODER HÄHNCHEN NEHMEN.

12 weiche Salatblätter, z. B. Eisbergsalatblätter
250 g Taubenküken- oder Taubenbrustfleisch
450 g Schweinelende, pariert
80 ml helle Sojasauce
3 1/2 EL Shaoxing-Reiswein
2 1/2 TL Sesamöl
8 getrocknete Shiitake-Pilze
250 g geschälte Wasserkastanien
125 ml Öl
2 Frühlingszwiebeln, fein gehackt
2 EL fein gehackter Ingwer
1 TL Salz
1 TL Zucker
1 TL Speisestärke

FÜR 6 PERSONEN

Auch Tauben werden lebend auf dem Markt verkauft – so besteht in puncto Frische kein Zweifel.

SALAT waschen, die Blätter abzupfen. Gründlich abtropfen lassen und die Salatblätter mit der flachen Seite des Küchenbeils leicht platt klopfen. Auf eine Servierplatte legen und beiseitestellen.

DAS TAUBENFLEISCH in der Küchenmaschine zerkleinern oder mit einem scharfen Messer sehr fein hacken. Auf die gleiche Weise mit dem Schweinefleisch verfahren. Die beiden Fleischsorten in einer Schüssel vorsichtig mit 2 EL Sojasauce, 1 1/2 EL Reiswein und 1 TL Sesamöl vermischen. 20 Minuten im Kühlschrank marinieren.

DIE PILZE in kochend heißem Wasser 30 Minuten einweichen, abtropfen lassen und gut ausdrücken. Stiele entfernen und wegwerfen, Hüte hacken. Die Wasserkastanien 1 Minute in einem Topf mit heißem Wasser blanchieren, dann abschrecken. Abtropfen lassen, trockentupfen und grob hacken.

DEN WOK erhitzen und 3 EL Öl sehr heiß werden lassen. Die Fleischmischung darin pfannenrühren, bis die bröselige Masse braun ist. Herausnehmen und abtropfen lassen. Den Wok erneut erhitzen, weitere 3 EL Öl hinzufügen und sehr heiß werden lassen. Frühlingszwiebeln und Ingwer unter ständigem Wenden 20 Sekunden pfannenrühren. Die Pilze dazugeben und 5 Sekunden, dann die Wasserkastanien 15 Sekunden darin pfannenrühren. Restliche Sojasauce, Reiswein und Sesamöl sowie Salz, Zucker, Speisestärke und 125 ml Wasser hinzufügen. Die Sauce so lange rühren, bis sie eingedickt ist. Das Fleisch hineingeben und vorsichtig unter die Sauce mischen.

EINE KLEINE PORTION Fleisch auf je ein Salatblatt setzen, aufrollen und essen.

In einem Restaurant in Peking

In einer Küche in Peking werden Frühlingszwiebeln geputzt.

Gemüseverkauf in Yunnan

香菇蒸鸡

GEDÄMPFTES HÄHNCHEN MIT PILZEN

FÜR DAS GERICHT WIRD TRADITIONELL FLEISCH MIT HAUT UND KNOCHEN VERWENDET. NATÜRLICH KANN MAN AUCH HÄHNCHENFILET NEHMEN – DAS FLEISCH DER SCHENKEL IST AROMATISCHER ALS DAS BRUSTFLEISCH.

450 g Hähnchenschenkelfilet, ohne Haut, oder 1 Hähnchen (etwa 1,5 kg)
1 TL Salz
1/2 TL Zucker
1 EL Shaoxing-Reiswein
1 TL Speisestärke
3–4 getrocknete Shiitake-Pilze
Butter für die Auflaufform
1 EL in feine Stifte geschnittener Ingwer
1 Prise gemahlene Szechuan-Pfefferkörner
1 TL Sesamöl

FÜR 4 PERSONEN

DAS FILET in mundgerechte Stücke schneiden. Ein ganzes Hähnchen gründlich waschen und abtropfen lassen, das Fett aus der Bauchhöhle und rund um die Halsöffnung entfernen. Bürzel abschneiden. Das Fleisch mit dem Küchenbeil in 4 cm große Quadrate teilen und mit Salz, Zucker, Reiswein und Speisestärke vermengen.

DIE PILZE in kochend heißem Wasser 30 Minuten einweichen, abtropfen lassen und gut ausdrücken. Stiele entfernen und wegwerfen, Hüte zerkleinern.

EINE FLACHE AUFLAUFFORM mit Butter ausstreichen, das Fleisch hineinlegen. Pilze, Ingwer, Pfeffer und Sesamöl darüber verteilen. Die Form in den Dämpfkorb stellen, über köchelndem Wasser im Wok abgedeckt 20 Minuten dämpfen.

芹菜炒鸡丝

HÄHNCHEN MIT BLEICHSELLERIE

250 g Hühnerbrustfilet, ohne Haut
1/4 Eiweiß, verquirlt
2 TL Speisestärke
3 Stangen Bleichsellerie
2 Frühlingszwiebeln; 400 ml Öl
1 EL in feine Streifen geschnittener Ingwer
1 rote Chilischote, in Streifen geschnitten (nach Belieben)
1 TL Salz; 1/2 TL Zucker
1 EL helle Sojasauce
1 EL Shaoxing-Reiswein
2 EL Hühner-Fleisch-Brühe (Seite 281)
1/4 TL Sesamöl

FÜR 4 PERSONEN

DAS FLEISCH in streichholzgroße Stifte schneiden und mit einer Prise Salz, Eiweiß und Speisestärke vermengen. Sellerie und Frühlingszwiebeln stifteln.

DEN WOK erhitzen und das Öl darin heiß werden lassen. Herdplatte ausschalten. Das Fleisch 1 Minute blanchieren. Umrühren, damit es nicht zusammenklebt. Herausnehmen und gut abtropfen lassen. Das Öl bis auf 2 EL abgießen.

DAS ZURÜCKBEHALTENE ÖL erneut stark erhitzen. Ingwer, Frühlingszwiebeln, Bleichsellerie und Chilischote 1 Minute darin pfannenrühren. Salzen und zuckern, dann Fleisch sowie Sojasauce, Reiswein und Brühe dazugeben. Alles gut umrühren und 1 Minute pfannenrühren. Mit Sesamöl beträufeln und servieren.

Geflügelbraterei in Kunming

脆 皮 鸭

ENTE MIT KNUSPRIGER HAUT

DIE KÖCHE IM NORDEN HABEN IHRE BERÜHMTE PEKING-ENTE, IN SICHUAN IST ENTE MIT KNUSPRIGER

HAUT GENAUSO BELIEBT. DAS GERICHT KANN AUCH AUS ENTENBRÜSTEN OHNE KNOCHEN ZUBEREI-

TET WERDEN. DAZU SCHMECKEN MANDARIN-PFANNKUCHEN ODER GEDÄMPFTE BRÖTCHEN.

1 Ente (etwa 2,25 kg)

8 Frühlingszwiebeln, Enden entfernt,
   mit der flachen Seite des Küchenbeils zerdrückt

8 Scheiben Ingwer, mit der flachen
   Seite des Küchenbeils zerdrückt

2 EL Salz

2 TL Szechuan-Pfefferkörner

1 ganzer Sternanis, mit der flachen
   Seite des Küchenbeils zerdrückt

3 EL Shaoxing-Reiswein

2 EL helle Sojasauce

125 g Speisestärke

Öl zum Frittieren

Hoisin-Sauce

Mandarin-Pfannkuchen (Seite 277)
   oder gedämpfte Hefebrötchen
   (siehe Seite 46)

FÜR 6 PERSONEN

ENTE waschen und trocknen, Fett aus der Bauchhöhle und vom Hals entfernen. Bürzel wegschneiden. Frühlingszwiebeln, Ingwer, Salz, Pfeffer und
Sternanis unter den Reiswein rühren, Ente außen
und innen damit einreiben. Übrige Marinade in
eine Schüssel geben, Ente mit der Brustseite nach
unten hineinlegen, 1 Stunde in den Kühlschrank
stellen. Ente mit der Brust nach oben und Marinade auf einer feuerfesten Platte in einen Dämpfkorb geben; sie kann auch halbiert oder geviertelt
und auf mehrere Dämpfkörbe verteilt werden.

DEN WOK abdecken und über köchelndem Wasser 1½ Stunden dämpfen; immer wieder heißes
Wasser nachgießen. Ente herausnehmen, abkühlen lassen. Marinade wegschütten. Ente mit Sojasauce einreiben und mit Speisestärke bestäuben.
Vorsichtig andrücken. Ente einige Stunden in den
Kühlschrank stellen, bis alles eingetrocknet ist.

EINEN WOK zu einem Viertel mit Öl füllen und auf
190 °C erhitzen (so lange, bis ein Brotwürfel darin
in 10 Sekunden goldbraun wird). Ente hineingeben
und frittieren, bis die Haut knusprig braun ist;
dabei unentwegt mit Öl begießen.

DIE ENTE abtropfen lassen und mit einem Küchenbeil zerteilen. Mit Hoisin-Sauce und Pfannkuchen
oder Brot servieren.

Wenn die Ente zuerst gedämpft
und dann frittiert wird, bleibt das
Fleisch saftig, und die Aromen
der Marinade können gut einziehen. Geflügel wird traditionell in
mundgerechte Stücke gehackt
und nicht am Gelenk zerlegt,
damit man das Fleisch mit Stäbchen essen kann.

Der Spinat wird nur ganz kurz pfannengerührt, damit er seine satte, grüne Farbe behält.

Hier wird das Sesamöl vor einem Laden in Chengdu geröstet und dann verkauft.

宫保鸡丁

HÄHNCHEN KUNG PAO

KUNG PAO IST EINE KLASSISCHE SCHARFSAURE SAUCE AUS SICHUAN UND WIRD MIT MEERESFRÜCHTEN, SCHWEINEFLEISCH, GEMÜSE ODER HÄHNCHEN PFANNENGERÜHRT. DURCH DAS ANBRATEN DER WÜRZMITTEL IM HEISSEN ÖL WIRD ES AROMATISIERT UND DIE SCHÄRFE INTENSIVIERT.

350 g Hühnerbrustfilet, ohne Haut
3 EL helle Sojasauce
3 EL Shaoxing-Reiswein
2 TL Sesamöl
1 EL Speisestärke
120 g geschälte Wasserkastanien
3 EL Öl
450 g junger Spinat (Frühlingsspinat)
1/2 TL Salz
3 Knoblauchzehen, fein gehackt
120 g ungesalzene Erdnüsse
1 Frühlingszwiebel, fein gewürfelt
1 EL fein gehackter Ingwer
1 TL Chilisauce
1 EL Zucker
1 TL dunkler Reisessig
60 ml Hühnerbrühe (Seite 281)

FÜR 6 PERSONEN

DAS HÜHNERBRUSTFILET in 2,5 cm große Würfel schneiden, in eine Schüssel geben und mit 2 EL Sojasauce, 2 EL Reiswein, 1 TL Sesamöl und 2 TL Speisestärke vorsichtig vermengen. In den Kühlschrank stellen und mindestens 20 Minuten marinieren.

DIE KASTANIEN in heißem Wasser blanchieren und kalt abschrecken. Abtropfen lassen, trockentupfen und in dünne Scheiben schneiden.

DEN WOK stark erhitzen, 1 TL Öl hineingeben und sehr heiß werden lassen. Spinat, Salz, 2 TL Knoblauch und 2 TL Reiswein so lange pfannenrühren, bis der Spinat zusammenzufallen beginnt. Sofort aus dem Wok nehmen; rund um den Rand einer Servierplatte dekorativ anrichten. Abdecken und warm stellen.

DEN WOK erneut auf den Herd stellen, 1 EL Öl sehr heiß werden lassen. Die Hälfte des Fleisches pfannenrühren, bis es gar ist. Mit einem Drahtsieb oder Schaumlöffel herausnehmen und abtropfen lassen. Den Vorgang mit 1 EL Öl und übrigem Hähnchenfleisch wiederholen. Wok auswischen.

DIE ERDNÜSSE im Wok oder in einem Topf goldbraun rösten.

DEN WOK nochmals stark erhitzen und das restliche Öl sehr heiß werden lassen. Frühlingszwiebeln, Ingwer, restlichen Knoblauch und Chilisauce 10 Sekunden darin pfannenrühren, bis es aromatisch zu duften beginnt. Die Wasserkastanien 15 Sekunden pfannenrühren, bis sie erwärmt sind. Zucker, Essig und Brühe mit dem Rest von Sojasauce, Reiswein, Sesamöl und Speisestärke verrühren, in die Sauce gießen und köcheln lassen, bis sie eingedickt ist. Fleisch und Erdnüsse vorsichtig unterheben. Alles in der Mitte der Platte anrichten und servieren.

海 南 鸡 饭

HÄHNCHEN HAINAN

DIESES GERICHT BESTEHT AUS HÄHNCHEN, REIS UND SUPPE. DAZU WIRD FRÜHLINGSZWIEBEL- ODER CHILISAUCE GEGESSEN. EINWANDERER HABEN ES VON DER INSEL HAINAN IM SÜDEN CHINAS NACH SINGAPUR GEBRACHT, WO ES HEUTE EIN KLASSIKER IST.

1 Hähnchen (etwa 1,2 kg)
2 Frühlingszwiebeln, in 5 cm lange
   Stücke geschnitten
5 Korianderzweige
3/4 TL Salz
4 Scheiben Ingwer, mit der flachen
   Seite des Küchenbeils zerdrückt
1/4 TL schwarze Pfefferkörner
1 Frühlingszwiebel, fein gehackt

FÜR DIE DIPSAUCEN
2 Frühlingszwiebeln, in Ringe
   geschnitten
1 EL fein gehackter Ingwer
1 TL Salz
3 EL Öl
3 EL helle Sojasauce
1–2 rote Chilischoten, in Ringe
   geschnitten

FÜR 4 PERSONEN

DAS HÄHNCHEN waschen und trocknen, Fett aus der Bauchhöhle und vom Hals entfernen. Bürzel wegschneiden. Das Hähnchen in einen großen Ton- oder Kochtopf geben. Frühlingszwiebelstücke, Koriander, Salz, Ingwer und Pfefferkörner hinzufügen und das Hähnchen mit Wasser bedecken. Abdecken und das Wasser zum Kochen bringen. Die Hitze reduzieren, das Hähnchen 30 Minuten weiterköcheln lassen. Anschließend bei ausgeschalteter Herdplatte das Hähnchen 10 Minuten ziehen lassen, herausnehmen und gut abtropfen lassen. Die Brühe abschäumen und durch ein Sieb abgießen.

FÜR DIE DIPSAUCEN Frühlingszwiebelringe mit Ingwer und Salz in einer kleinen feuerfesten oder metallenen Schüssel vermengen.

DEN WOK erhitzen, das Öl darin sehr heiß werden lassen. Wenn es etwas abgekühlt ist, die gewürzten Frühlingszwiebeln hineingeben und verrühren. Vorsicht, es spritzt! In einer anderen Schüssel Sojasauce und Chilischoten vermischen.

DAS HÄHNCHEN mit dem Küchenbeil durch die Knochen hindurch in mundgerechte Stücke zerteilen. Die Brühe in Suppenschalen füllen und mit den fein gehackten Frühlingszwiebeln bestreuen. Zusammen mit Reis und den Dipsaucen servieren.

Die Ente wird so tranchiert, dass an jedem Stück zartes Fleisch und etwas knusprige Haut ist. Diese kann man aber auch allein mit Pfannkuchen essen und das Fleisch zu Pfannengerührtem.

北京烤鸭

PEKING-ENTE

IHR RUF BERUHT WENIGER AUF DER ZUBEREITUNGSMETHODE ALS DARAUF, DASS DIE ENTE KUNST-VOLL TRANCHIERT UND IN PFANNKUCHEN GEROLLT GEGESSEN WIRD. RESTAURANTS BRATEN SIE IN SPEZIALBACKÖFEN, DIESES REZEPT WURDE JEDOCH EINER NORMALEN KÜCHE ANGEPASST.

1 Ente (etwa 2,5 kg)
2 EL Malzzucker oder Honig, in
   2 EL Wasser aufgelöst
125 ml Hoisin- oder Pflaumensauce
24 Mandarin-Pfannkuchen
   (Seite 277)
6–8 Frühlingszwiebeln, in Streifen
   geschnitten
1/2 Gurke, in Stifte geschnitten

FÜR 6 PERSONEN

DIE FLÜGELSPITZEN der Ente mit einer Geflügel-schere abschneiden. Die Ente waschen und abtropfen lassen, das Fett aus der Bauchhöhle und vom Hals entfernen. Den Bürzel wegschnei-den. Die Ente 2–3 Minuten in heißes Wasser tau-chen, damit sich die Haut strafft. Herausnehmen, abtropfen lassen und gut trockentupfen.

SOLANGE die Haut warm ist, mit der Malzzucker- oder Honiglösung einreiben. Dann mindestens 6 Stunden, besser über Nacht, zum Trocknen an einem kühlen, luftigen Ort aufhängen oder nicht abgedeckt in den Kühlschrank stellen.

DEN BACKOFEN auf 200 °C vorheizen. Die Ente mit der Brust nach oben 1 1/2 Stunden auf dem Rost (über der Fettpfanne) braten, ohne sie zu begießen oder umzudrehen. Die Ente darf nicht zu dunkel werden. Falls doch, lose mit Alufolie abdecken.

DIE KNUSPRIGE HAUT mit einem scharfen Messer von der Ente abtrennen und in Stücke schneiden. Das Fleisch zerteilen und alles auf einer Servierplatte anrichten.

ZUM ESSEN gibt man 1 TL Hoisin- oder Pflau-mensauce in die Pfannkuchenmitte, außerdem einige Streifen Frühlingszwiebeln, Gurke, Enten-haut und -fleisch, rollt den Pfannkuchen auf und hält die Nahtstelle nach oben, damit der Inhalt nicht herausfällt.

Pfannkuchen sind frisch oder tief-gekühlt in Asienläden oder in Res-taurants erhältlich, die Enten und Gegrilltes an der Straße verkaufen.

IN PEKING gehören die Peking-Enten-Restaurants von Quanjude mit zu den berühmtesten ihrer Art. Sie wurden 1864 gegründet, und ihr Name bedeutet »Alles in einem«. Diese Lokale sind heute auf Gerichte rund um die Ente spezialisiert. Früher gab es vier Standardgerichte: gebratene Ente, gefüllten Entenhals, Entensuppe und pfannengerührte Ente. Bei Quanjude kann man heutzutage unter mehr als 200 Gerichten

PEKING-ENTE

ENTENGERICHTE SIND SCHON IMMER KLASSIKER IN CHINAS KÜCHE: ENTEN ISST MAN GEBRATEN IN GUANGZHOU, MIT KAMPFER UND TEE GERÄUCHERT IN SICHUAN UND GEPRESST IN NANJING. DAS BERÜHMTESTE GERICHT CHINAS, DIE PEKING-ENTE, KOMMT AUS DER HAUPTSTADT.

Nur die weiß gefederten Stockenten liefern die Original-Peking-Enten. Sie werden auf Farmen rund um Peking in nur wenigen Monaten gezüchtet und mit Körnern gemästet, damit ihr Fleisch zart wird.

ZUBEREITUNG DER PEKING-ENTE

Das Gericht wird zwar in jedem Restaurant anders zubereitet, dennoch gelten ein paar Grundregeln. Nach dem Rupfen der Ente wird zuerst Luft zwischen Haut und Körper gepumpt, dann wird sie in heißem Wasser blanchiert. Die knusprige Haut entsteht, weil die Ente mit einer Malzzuckerlösung abgewaschen und an einem kühlen Platz zum Trocknen aufgehängt wird. Malzzucker besteht aus fermentierter Gerste und nimmt beim Kochen eine dunkelrotbraune Farbe an. Dadurch wirkt das Fleisch wie lackiert.

Nun wird die Ente innen mit heißem Wasser gedämpft und anschließend in einem dörrofenähnlichen Backofen gebraten. Relativ kurz bei sehr hoher Hitze hängt sie entweder senkrecht darin, oder sie steckt an einem Bratspieß über Fruchtholz. So wird die Haut wundervoll knusprig, ohne dass das Fleisch austrocknet.

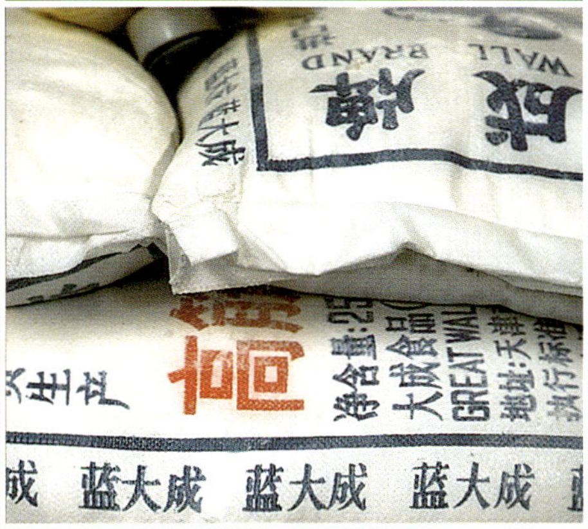

auswählen. Angeboten wird jeder nur denkbare Teil der Ente, angefangen von frittierten Herzen, über Schwimmhäute mit Senfsauce bis hin zu geschmorten Zungen. In der Filiale in Wangfujing gibt es neben zwei Enten- und Pfannkuchenküchen zwei Großküchen für ein Restaurant mit 800 Plätzen. Die Köche müssen drei Jahre die Pekinger Kochschule besuchen und sich dann erst einmal in der Küche hocharbeiten.

DIE PERFEKTE PEKING-ENTE

Viel wichtiger als die Aromatisierung der Peking-Ente ist ihre Qualität. Deshalb wird sie speziell gezüchtet und mit Körnern gefüttert. Manche Restaurants aromatisieren die Ente noch, indem sie die Zutaten für die Malzzuckerlösung variieren oder Aromastoffe ins heiße Wasser in der Bauchhöhle geben. Die Peking-Ente darf jedoch kein pikantes oder süßes Aroma besitzen, es sollen die natürlichen Aromen des Fleischsaftes und die knusprige Haut dominieren.

Bei einer perfekten Peking-Ente ist die knusprige Haut entscheidend. Sie erreicht man dadurch, dass die Haut vom Fleisch gelöst und gründlich vor dem Kochen getrocknet wird. Mithilfe des holzbefeuerten Backofens wird die Haut bei starker Hitze schnell gebraten. Dadurch schmilzt das meiste Fett und läuft heraus. Die Flüssigkeit aus der Bauchhöhle dämpft das Fleisch innen und hält es feucht.

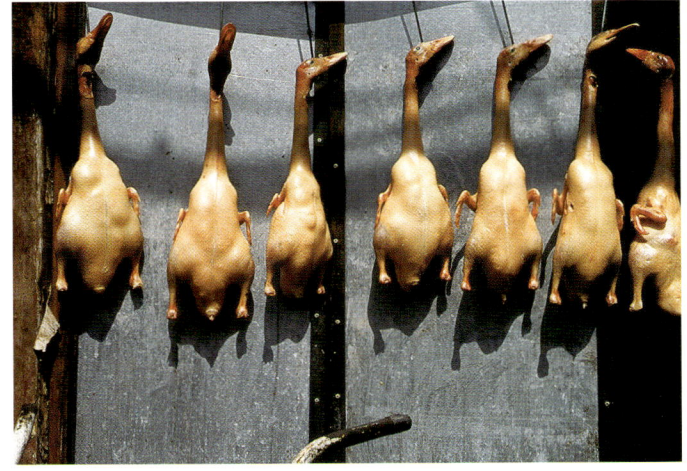

Das Wetter spielt eine wichtige Rolle bei Peking-Enten und gebratenen Enten. Bei Kälte und Trockenheit sieht man überall in China die Enten draußen hängen. Damit die Haut knusprig wird, müssen sie bei geringer Luftfeuchtigkeit trocknen, bis die Haut wie Papier ist.

盐锅鸡

HÄHNCHEN, IN SALZ GEBACKEN

EINE WEITERE SPEZIALITÄT AUS KANTON MIT EINER ETWAS UNGEWÖHNLICHEN ZUBEREITUNGSART:

DAS HÄHNCHEN WIRD IN EIN TUCH GESCHLAGEN UND IN SALZ GEBACKEN. DIES HAT EINE ÄHNLICHE

WIRKUNG WIE EIN BACKOFEN – DIE HITZE WIRD BEWAHRT, UND DAS FLEISCH BLEIBT SAFTIG.

Jeder Teil des Hähnchens muss mit Salz bedeckt sein, damit das Aroma eingeschlossen wird. Der Geschmack des Hähnchens wird durch das Salz nicht beeinträchtigt – das Tuch und die Haut halten es vom Fleisch ab.

1 Hähnchen (etwa 1,5 kg)
2 EL helle Sojasauce
2 kg Meersalz oder grobes Salz

FÜR DIE FÜLLUNG
1 Frühlingszwiebel, gehackt
1 TL Ingwerpulver
2 Sternanis, zerdrückt
1/2 TL Salz
4 EL Rosenschnaps (Mei Kuei
  Lu Chiew) oder Brandy

FÜR DIE DIPSAUCE
1 EL Öl
1 Frühlingszwiebel, gehackt
1 TL gehackter Ingwer
1/2 TL Salz
50 ml Hühner-Fleisch-Brühe
  (Seite 281)

FÜR 4 PERSONEN

DAS HÄHNCHEN waschen und trockentupfen. Das Fett aus der Bauchhöhle und rund um die Halsöffnung entfernen. Bürzel abschneiden. Das Hähnchen in einem Topf mit kochendem Wasser 2–3 Minuten blanchieren, kalt abschrecken und trockentupfen. Mit der Sojasauce einreiben und einige Stunden zum Trocknen an einem kühlen, luftigen Ort aufhängen oder nicht abgedeckt in den Kühlschrank stellen.

INZWISCHEN die Füllung zubereiten. Dafür Frühlingszwiebel, Ingwer, Sternanis und Salz gut mit dem Schnaps vermischen, die Bauchhöhle damit füllen. Das Hähnchen fest in ein großes Tuch aus Mull oder feinem Musselin wickeln.

DAS SALZ in einem großen Ton- oder Schmortopf sehr langsam erhitzen, bis es sehr heiß ist. Die Herdplatte ausschalten und etwa die Hälfte des Salzes entfernen. Eine Vertiefung in die Mitte des Restes drücken und das Hähnchen mit der Brust nach oben hineinlegen. Mit der anderen Salzhälfte bedecken. Deckel auf den Topf setzen, das Hähnchen bei mittlerer Hitze 15–20 Minuten braten. Hitze stark reduzieren, das Hähnchen weitere 45–50 Minuten braten, dann 15–20 Minuten ruhen lassen. (Das Salz kann wiederverwendet werden.)

FÜR DIE DIPSAUCE Öl in einem kleinen Wok oder Topf erhitzen. Frühlingszwiebel und Ingwer 1 Minute darin anbraten, dann Salz und Brühe dazugeben. Zum Kochen bringen, die Hitze reduzieren, alles einige Minuten köcheln lassen.

DAS HÄHNCHEN aus dem Topf nehmen und auswickeln. Danach mit einem Küchenbeil in mundgerechte Stücke teilen. Auf einer Servierplatte anrichten und heiß oder kalt mit der Dipsauce servieren.

Tischtennisspieler in einem Freizeitzentrum in Peking

ROT GESCHMORTES
HÄHNCHEN

Sojasauce und Zucker in der
Marinade färben die Hähnchen-
haut beim Kochen dunkelbraun.

红烧鸡

ROT GESCHMORTES HÄHNCHEN

SUD ZUM ROTSCHMOREN
2 Zimt- oder Kassiastangen
1½ Sternanis
2 getrocknete Mandarinen- oder
   Orangenschalen, etwa 5 cm lang
½ TL Fenchelsamen
375 ml dunkle Sojasauce
90 g Zucker
125 ml Shaoxing-Reiswein

1 Hähnchen (etwa 1,5 kg)
1 EL Sesamöl

FÜR 6 PERSONEN

DIE ZUTATEN für den Sud zum Rotschmoren in
einen Ton- oder Schmortopf mit 1,5 Liter Wasser
geben und zum Kochen bringen. Die Hitze reduzieren und den Sud 30 Minuten köcheln lassen.

DAS HÄHNCHEN waschen und gut abtropfen
lassen, das Fett aus der Bauchhöhle und rund um
die Halsöffnung entfernen. Bürzel abschneiden und
wegwerfen. Hähnchen mit der Brust nach unten
1½ Stunden in der Flüssigkeit kochen; zwei- bis
dreimal wenden. Herdplatte ausschalten, Hähnchen nach 30 Minuten aus dem Topf nehmen. Mit
Sesamöl einreiben, mit dem Küchenbeil in mundgerechte Stücke teilen. Etwas Kochsud darüberträufeln, das Hähnchen heiß oder kalt servieren.

DIE SAUCE kann als »Meistersauce« (Seite 290)
wiederverwendet werden.

卤鸡

MARINIERTES HÄHNCHEN

1 Hähnchen (etwa 1,5 kg)
1 EL gemahlene Szechuan-
   Pfefferkörner
2 EL Ingwerpulver
2 EL Zucker
3 EL Shaoxing-Reiswein
300 ml dunkle Sojasauce
175 ml helle Sojasauce
650 ml Öl
450 ml Hühner-Fleisch-Brühe
   (Seite 281)
2 TL Sesamöl

FÜR 4 PERSONEN

DAS HÄHNCHEN waschen und abtropfen lassen,
Fett aus der Bauchhöhle und rund um die Halsöffnung entfernen. Bürzel abschneiden. Hähnchen
innen und außen mit Pfeffer und Ingwer einreiben.
Zucker in Reiswein und den beiden Sojasaucen
auflösen. Hähnchen darin mindestens 3 Stunden
im Kühlschrank marinieren. Gelegentlich wenden.

DEN WOK erhitzen, Öl darin sehr heiß werden
lassen. Hähnchen abtropfen lassen, Marinade
zurückbehalten, 8 Minuten braten. In einen Ton-
oder Schmortopf mit der Marinade und der Brühe
geben. Zum Kochen bringen und 35–40 Minuten
köcheln lassen. Herdplatte abschalten und
2–3 Stunden stehen lassen. Wieder in den Kühlschrank stellen. Dann Hähnchen abtropfen lassen,
mit Sesamöl einreiben und 1 Stunde kühlen.

HÄHNCHEN mit dem Küchenbeil in mundgerechte
Stücke teilen, einige Esslöffel Sauce darüberträufeln.

DIE SAUCE kann als »Meistersauce« (Seite 290)
wiederverwendet werden.

椒盐炸鹌鹑

WACHTELN, PIKANT GESALZEN

FÜR DIESES REZEPT SIND FRISCHE WACHTELN AM BESTEN. DAS FLEISCH VON TIEFGEFRORENEN KANN

TROCKEN WERDEN; HIER IST JEDOCH ZARTES, SAFTIGES FLEISCH EIN UNBEDINGTES MUSS.

Erhai-See in Yunnan

4 Wachteln
1 TL pikante Salz-Pfeffer-Mischung
  (Seite 285)
1 TL Zucker
1 EL helle Sojasauce
1 EL Shaoxing-Reiswein
2–3 EL Mehl
Öl zum Frittieren
1 Frühlingszwiebel, fein gehackt
1 rote Chilischote, fein gehackt

FÜR 4 PERSONEN

DIE WACHTELN längs in der Mitte teilen und waschen. Salz-Pfeffer-Mischung, Zucker, Sojasauce und Reiswein verrühren und das Fleisch 2–3 Stunden im Kühlschrank marinieren; ab und zu wenden. Jede Wachtelhälfte in Mehl wenden.

DEN WOK zu einem Viertel mit Öl füllen und auf 190 °C erhitzen (bis ein Brotwürfel in 10 Sekunden darin goldbraun wird). Die Hitze reduzieren, das Fleisch auf jeder Seite 2–3 Minuten braten. Herausnehmen, auf Küchenpapier gut abtropfen lassen.

FRÜHLINGSZWIEBEL und Chilischote 2 Minuten (bei ausgeschalteter Herdplatte) im heißen Öl dünsten. Mit Drahtsieb oder Schaumlöffel herausnehmen und über das Fleisch streuen. Heiß servieren.

Die Wachteln lange marinieren, damit das Aroma gut ins Fleisch ziehen kann.

油烧乳鸽

GLACIERTE TAUBENKÜKEN

BEI DIESER ZUBEREITUNGSART BEKOMMT DIE HAUT EINEN ROTBRAUNEN GLANZ. DURCH DAS

KÖCHELN ENTWICKELT SICH DAS AROMA, UND DAS FRITTIEREN MACHT DIE HAUT KNUSPRIG.

2 Taubenküken (à 500 g)
4 Scheiben Ingwer
4 Frühlingszwiebeln, gehackt
4 EL helle Sojasauce
3 EL dunkle Sojasauce
3 EL Shaoxing-Reiswein
4 EL Kandiszucker
1 TL Salz
2 Zimtstangen
2 Sternanis
1 l Hühnerbrühe (Seite 281)
Öl zum Frittieren

FÜR 4 PERSONEN

DIE KÜKEN 2 Minuten in heißem Wasser blanchieren, herausnehmen und abtropfen lassen.

RESTLICHE ZUTATEN außer Öl in einem Ton- oder Schmortopf zum Köcheln bringen. Küken hineingeben, Deckel aufsetzen, Küken 20 Minuten köcheln lassen. Vom Herd nehmen, Küken herausnehmen und mindestens 1 Stunde trocknen lassen.

EINEN WOK zu einem Viertel mit Öl füllen und auf 190 °C erhitzen (bis ein Brotwürfel in 10 Sekunden darin goldbraun wird). Die Taubenküken knusprig goldbraun frittieren. Gut auf Küchenpapier abtropfen lassen und mit Salz bestreuen. Die Küken mit einem Küchenbeil in mundgerechte Stücke teilen.

GLACIERTE TAUBENKÜKEN

Hähnchenverkäufer
in Chengdu

In China wird der Reiswein direkt
aus den Steintöpfen verkauft, in
denen er gereift ist.

柠檬鸡

ZITRONENHÄHNCHEN

ZITRONENHÄHNCHEN IST EIN BELIEBTES GERICHT AUS KANTON, BEI DEM DAS FRITTIERTE FLEISCH
MIT EINER HERBSAUREN ZITRONENSAUCE GLACIERT WIRD. SELBST GEMACHT, WIE IN DIESEM REZEPT,
SCHMECKT DIE SAUCE BESONDERS GUT. CHICKENWINGS UND ENTE PASSEN AUCH GUT DAZU.

500 g Hühnerbrustfilet, ohne Haut
1 EL helle Sojasauce
1 EL Shaoxing-Reiswein
1 Frühlingszwiebel, fein gehackt
1 EL fein gehackter Ingwer
1 Knoblauchzehe, fein gehackt
1 Ei, leicht verquirlt
100 g Speisestärke
Öl zum Frittieren

FÜR DIE ZITRONENSAUCE
2 EL Zitronensaft
2 TL Zucker
1/2 TL Salz
1/2 TL Sesamöl
3 EL Hühnerbrühe (Seite 281)
   oder Wasser
1/2 TL Speisestärke

FÜR 6 PERSONEN

FLEISCH in Scheiben schneiden. In einer Schüssel
mit Sojasauce, Reiswein, Frühlingszwiebel, Ingwer
und Knoblauch vermischen. Mindestens 1 Stunde
oder über Nacht im Kühlschrank marinieren.

DAS Ei vorsichtig unter die Marinade ziehen.
Überschüssige Eiflüssigkeit abgießen und die
Fleischscheiben in der Speisestärke wenden;
dazu das Fleisch und die Speisestärke in eine
Plastiktüte geben und fest schütteln.

DEN WOK zu einem Viertel mit Öl füllen und auf
190 °C erhitzen (so lange, bis ein Brotwürfel darin
in 10 Sekunden goldbraun wird). Die Hälfte der
Fleischscheiben einzeln hineingeben und unter
ständigem Rühren 3½–4 Minuten anbraten. Mit
dem Drahtsieb oder Schaumlöffel herausnehmen
und abtropfen lassen. Vorgang mit dem restlichen
Fleisch wiederholen. Den Wok erneut erhitzen und
das gesamte Fleisch darin knusprig braun braten.
Herausnehmen, auf Küchenpapier abtropfen lassen, das Öl abgießen und den Wok auswischen.

FÜR DIE ZITRONENSAUCE Zitronensaft, Zucker,
Salz, Sesamöl, Brühe und Speisestärke verrühren.

DEN WOK bei mittlerer Hitze heiß werden lassen.
Die Sauce so lange rühren, bis sie eindickt. Fleisch
in der Sauce schwenken, sodass es bedeckt ist.

醉鸡

BESCHWIPSTES HÄHNCHEN

ES GIBT DIE VERSCHIEDENSTEN VARIANTEN ZU DIESEM GERICHT. HIER WIRD DAS HÄHNCHEN IN DER
»BESCHWIPSTEN SAUCE« GEDÄMPFT UND BEIM SERVIEREN DAMIT BEGOSSEN.

1 Hähnchen (etwa 1,5 kg)
150 ml Shaoxing-Reiswein
3 EL chinesischer Schnaps
  (Mou Tai) oder Brandy
3 Scheiben Ingwer
3 Frühlingszwiebeln, in kurze
  Stücke geschnitten
2 TL Salz
1/4 TL frisch gemahlener
  schwarzer Pfeffer
Koriandergrün

FÜR 4 PERSONEN

DAS HÄHNCHEN waschen, abtropfen lassen und
Fett aus der Bauchhöhle und rund um die Halsöffnung entfernen. Bürzel abschneiden. Das Hähnchen 2–3 Minuten in heißem Wasser blanchieren,
dann kalt abschrecken.

MIT DER BRUST nach unten in eine Schüssel
legen. Reiswein, Schnaps, Ingwer, Frühlingszwiebeln und 1 TL Salz dazugeben. In einen Dämpfkorb
stellen, Deckel auf die Schüssel setzen. 1 1/2 Stunden im Wok dämpfen, ab und zu heißes Wasser
nachgießen. Hähnchen mit der Brust nach oben auf
einen Teller legen, Kochflüssigkeit zurückbehalten.

DIE HÄLFTE der Flüssigkeit in einen Wok oder Topf
gießen, restliches Salz und den Pfeffer dazugeben.
Zum Kochen bringen. Hähnchen mit der Sauce
begießen, dann mit dem Küchenbeil in mundgerechte Stücke teilen. Mit Koriandergrün dekorieren.

BESCHWIPSTES HÄHNCHEN

三杯鸡

DREI-TASSEN-HÄHNCHEN

DAS DREI-TASSEN-HÄHNCHEN WIRD SO GENANNT, WEIL DAS ORIGINALREZEPT JE EINE TASSE REIS-
WEIN, SOJASAUCE UND SCHWEINESCHMALZ VORSIEHT. CHRISTINE YAN VOM YMING-RESTAURANT IN
LONDON ERSETZT DAS SCHMALZ DURCH BRÜHE; DAMIT WIRD DAS GERICHT GESÜNDER.

450 g Hähnchenoberschenkel,
  ohne Haut und Knochen
1 EL Speisestärke; 1 EL Öl
2 Frühlingszwiebeln, gehackt
4 kleine Stücke Ingwer
3 EL Shaoxing-Reiswein
3 EL helle Sojasauce
125 ml Hühner-Fleisch-Brühe
  (Seite 281)
1/2 TL Sesamöl

FÜR 4 PERSONEN

DAS FLEISCH in 2 cm große Würfel schneiden.
Die Speisestärke in Wasser anrühren, die Fleischwürfel sorgfältig darin wenden.

DAS ÖL in einem Ton- oder Kochtopf erhitzen,
das Fleisch mit Frühlingszwiebeln und Ingwer
anbraten. Reiswein, Sojasauce und Brühe angießen. Zum Kochen bringen, Hitze reduzieren
und 20–25 Minuten abgedeckt köcheln lassen.
Es sollte noch etwas Flüssigkeit vorhanden sein.
Überschüssige Flüssigkeit abgießen. Das Gericht
mit Sesamöl beträufeln und heiß im Topf servieren.

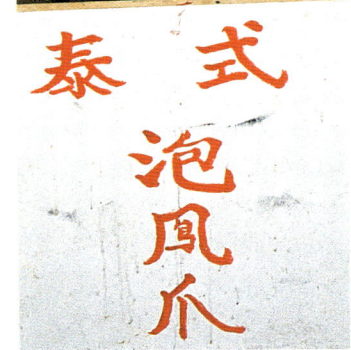
泰式
泡凤爪

Das Schild an dieser Imbissbude
in Chengdu bietet »Hühnerfüße
nach Thai-Art« an.

Die gerupften Enten werden zum Trocknen aufgehängt.

上海酱鸭

MARINIERTE SHANGHAI-ENTE

DIESE ENTE WIRD WIE DAS KANTONESISCHE MARINIERTE HÄHNCHEN TRADITIONELL RAUMTEMPERIERT ALS ERSTER GANG SERVIERT, EIGNET SICH ABER EBENSO ALS WARMES ODER KALTES HAUPTGERICHT. MAN KANN AUCH ENTENSCHENKEL ODER -BRÜSTE VERWENDEN; DANN ABER DIE GARZEIT VERRINGERN!

1 Ente (etwa 2,25 kg)
2 TL Salz
4 Frühlingszwiebeln, jede zu einem Knoten gebunden
4 Ingwerscheiben, (1 cm dick), mit der flachen Seite des Küchenbeils zerdrückt
6 Sternanis
3 Zimt- oder Kassiastangen
1 EL Szechuan-Pfefferkörner
100 ml Shaoxing-Reiswein
200 ml helle Sojasauce
100 ml dunkle Sojasauce
100 g Kandiszucker

FÜR 4 PERSONEN

DIE ENTE waschen und abtropfen lassen, das Fett aus der Bauchhöhle und rund um die Halsöffnung entfernen. Bürzel abschneiden. Die Ente 2–3 Minuten in heißem Wasser blanchieren, dann in kaltem Wasser abschrecken und trockentupfen. Die Bauchhöhle mit Salz einreiben.

MIT DER BRUST nach oben in einen Ton- oder Schmortopf legen. Frühlingszwiebeln, Ingwer, Sternanis, Zimt, Pfefferkörner, Reiswein, Sojasaucen sowie Kandiszucker hinzufügen und mit genügend Wasser bedecken. Zum Kochen bringen, die Hitze reduzieren und die Ente abgedeckt 40–45 Minuten köcheln lassen. Die Herdplatte ausschalten und die Ente im Kochsud 2–3 Stunden stehen lassen; wenn sie weit genug abgekühlt ist, den Topf in den Kühlschrank stellen. (Die Ente kann über Nacht im Kochsud liegen und am nächsten Tag serviert werden.)

DIE ENTE aus dem Kochsud nehmen, gut abtropfen lassen und zum Servieren mit einem Küchenbeil in mundgerechte Stücke teilen.

TRADITIONELL wird das Gericht raumtemperiert serviert. Soll es jedoch heiß gegessen werden, den Tontopf mit der Ente und der Flüssigkeit noch einmal auf dem Herd erhitzen. 10 Minuten köcheln lassen, bis die Ente vollständig erwärmt ist.

DIE SAUCE kann als »Meistersauce« (Seite 290) wiederverwendet werden.

HÄHNCHEN BANG BANG

DIE SICHUANESISCHE KALTE PLATTE AUS HÄHNCHEN, GURKEN UND GLASNUDELN WIRD MIT EINEM NUSSIGEN DRESSING VERFEINERT. DAS ORIGINALGERICHT VERLANGT EIN SESAMDRESSING, DIE ERDNUSSVARIANTE SCHMECKT ABER AUCH SEHR FEIN.

1 1/2 Gurken
1 TL Salz
30 g Glasnudeln
1 TL Sesamöl
250 g gekochtes Hähnchenfleisch, in Streifen geschnitten
2 Frühlingszwiebeln, nur der grüne Teil, in feine Ringe geschnitten

SESAMDRESSING
1/4 TL Szechuan-Pfefferkörner
3 Knoblauchzehen
1 Stück Ingwer (2 cm)
1/2 TL Chilisauce
3 EL geröstete Sesampaste
2 EL Sesamöl
2 1/2 EL helle Sojasauce
1 EL Shaoxing-Reiswein
1 EL dunkler Reisessig
1 EL Zucker
3 EL Hühnerbrühe (Seite 281)

ODER

ERDNUSSDRESSING
60 g weiche Erdnussbutter
1 TL helle Sojasauce
1 1/2 EL Zucker
2 TL dunkler Reisessig
1 EL Shaoxing-Reiswein
1 EL Sesamöl
1 Frühlingszwiebel, fein gehackt
1 EL fein gehackter Ingwer
1 TL Chilisauce
2 1/2 EL Hühnerbrühe (Seite 281)

FÜR 6 PERSONEN

DIE GURKEN der Länge nach halbieren und möglichst viele Kerne entfernen. Jede Hälfte quer in Drittel teilen und diese in 5 cm lange und 1 cm breite Stücke schneiden. Alles in eine Schüssel geben, salzen, gut verrühren und 20 Minuten beiseitestellen. Danach das Wasser abgießen, das sich angesammelt hat.

FÜR DAS SESAMDRESSING die Pfefferkörner in einer Bratpfanne bei mittlerer Hitze unter gelegentlichem Rühren 7–8 Minuten anbraten, bis sie goldbraun sind und zu duften beginnen. Kurz abkühlen lassen, dann zermahlen. Knoblauch, Ingwer, Chilisauce, Sesampaste und -öl, Sojasauce, Reiswein, Essig, Zucker und Brühe im Mixer, in der Küchenmaschine oder im Mörser zu einer glatten Sauce schlagen. Pfeffer gut unterrühren. Das Ganze in eine Schüssel umfüllen und beiseitestellen.

FÜR DAS ERDNUSSDRESSING Erdnussbutter, Sojasauce, Zucker, Essig, Reiswein, Sesamöl, Frühlingszwiebel, Ingwer, Chilisauce und Brühe im Mixer, in der Küchenmaschine oder im Mörser zu einer sahnigen, dicken Creme schlagen. Falls nötig, etwas Wasser hinzufügen. Das Ganze in eine Schüssel umfüllen und beiseitestellen.

DIE GLASNUDELN 10 Minuten in heißem Wasser einweichen, dann abtropfen lassen und in 8 cm lange Stücke schneiden. Die Nudeln in einem Topf mit kochend heißem Wasser 3 Minuten blanchieren, dann in kaltem Wasser abschrecken und erneut abtropfen lassen. Kurz im Sesamöl schwenken und auf einer großen Platte anrichten. Die Gurkenstücke darauflegen. Kurz vor dem Servieren das Hähnchen mit Sesam- oder Erdnussdressing beträufeln und mit Frühlingszwiebeln bestreuen.

Beim Knoblauchschälen
in Sichuan

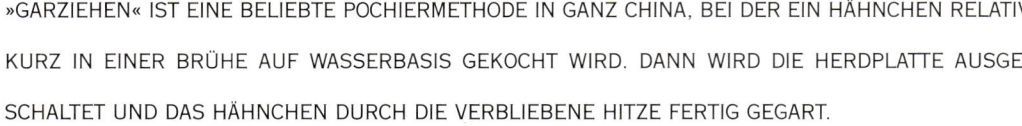

GARGEZOGENES HÄHNCHEN

»GARZIEHEN« IST EINE BELIEBTE POCHIERMETHODE IN GANZ CHINA, BEI DER EIN HÄHNCHEN RELATIV KURZ IN EINER BRÜHE AUF WASSERBASIS GEKOCHT WIRD. DANN WIRD DIE HERDPLATTE AUSGE- SCHALTET UND DAS HÄHNCHEN DURCH DIE VERBLIEBENE HITZE FERTIG GEGART.

Viele alte Männer nehmen ihre Singvögel mit, wenn sie im Park einen Plausch mit ihren Freunden halten. Die Käfige werden aufge- hängt, sodass die Vögel zusam- men singen können.

1 Hähnchen (etwa 1,25 kg)
2 Frühlingszwiebeln, jede zu einem Knoten gebunden
3 Scheiben Ingwer, mit der flachen Seite des Küchenbeils zerdrückt
3 EL Shaoxing-Reiswein
1 EL Salz

FÜR DIE DIPSAUCE
4 EL dunkle Sojasauce
1 EL Zucker
1 Frühlingszwiebel, fein gehackt
1 Knoblauchzehe, fein gehackt
1 TL fein gehackter Ingwer
1 TL Sesamöl

FÜR 4 PERSONEN

DAS HÄHNCHEN waschen und abtropfen lassen, das Fett aus der Bauchhöhle und rund um den Hals entfernen. Bürzel wegschneiden. In einem Ton- oder Kochtopf 1,5 Liter Wasser zum Kochen bringen und das Hähnchen mit der Brustseite nach oben hineinlegen. Frühlingszwiebeln, Ingwer und Reiswein dazugeben, nochmals aufkochen. Alles salzen und bei geschlossenem Deckel 15 Minuten köcheln lassen.

DIE HERDPLATTE ausschalten und das Hähn- chen 5–6 Stunden im Kochsud abkühlen lassen. Nicht den Deckel abnehmen!

ETWA 30 MINUTEN vor dem Servieren das Häh- chen herausnehmen, abtropfen lassen und mit dem Küchenbeil in mundgerechte Stücke teilen.

FÜR DIE DIPSAUCE Sojasauce, Zucker, Frühlings- zwiebel, Knoblauch, Ingwer und Sesamöl mit etwas Kochsud verrühren. Für jede Person ein Schüsselchen mit Sauce füllen. Jedes Fleisch- stück wird vor dem Verzehr in die Sauce gedippt.

ALTERNATIV kann die Sauce vor dem Servieren über das Fleisch gegossen werden. In diesem Fall sollte man helle statt dunkle Sojasauce verwenden, damit sich das Fleisch nicht verfärbt.

FLEISCH

Das Fleisch lässt sich leichter in dünne Scheiben schneiden, wenn man es vorher 15 Minuten ins Gefrierfach legt.

木薯炒肉

SCHWEINEFLEISCH MU SHU

DA IN NORDCHINA HAUPTSÄCHLICH WEIZEN ANGEBAUT WIRD, ISST MAN DORT ZU FLEISCH- UND GEMÜSEGERICHTEN NICHT REIS, SONDERN GEDÄMPFTES BROT ODER PFANNKUCHEN. DIESES GERICHT AUS PEKING WIRD IN MIT HOISIN-SAUCE BETRÄUFELTEN MANDARIN-PFANNKUCHEN SERVIERT.

250 g Schweinelende, pariert
60 ml helle Sojasauce
2 1/2 EL Shaoxing-Reiswein
1/2 TL Sesamöl
2 TL Speisestärke
5 getrocknete Shiitake-Pilze
20 g Wolkenohrpilze (Mu-err-Pilze)
4 EL Öl
2 Eier, leicht verquirlt
4 Knoblauchzehen, fein gehackt
2 EL fein gehackter Ingwer
1 Stange Lauch, nur der weiße Teil,
   in feine Streifen geschnitten
1/4 kleiner Chinakohl, Blattrippen
   und Blätter getrennt, Blätter in
   feine Streifen geschnitten
1/2 TL Zucker
1/4 TL frisch gemahlener schwarzer
   Pfeffer
80 ml Hoisin-Sauce
12 Mandarin-Pfannkuchen
   (Seite 277)

FÜR 4 PERSONEN

DAS FLEISCH gegen die Faser zuerst in etwa 5 mm dicke Scheiben, dann in 2 cm lange, streichholzdicke Stifte schneiden. Diese in eine Schüssel geben, 1 EL Sojasauce, 1 EL Reiswein, das Sesamöl sowie 1 TL Speisestärke hinzufügen und alles gut verrühren. Die Schüssel mit Frischhaltefolie abdecken und das Fleisch 30 Minuten im Kühlschrank marinieren.

SHIITAKE-PILZE 30 Minuten in heißem Wasser einweichen, abtropfen lassen und gut ausdrücken. Die Stiele entfernen und die Hüte in Streifen schneiden. Die Wolkenohrpilze 20 Minuten in kaltem Wasser einweichen, abtropfen lassen und gut ausdrücken. Dann in Streifen schneiden.

DEN WOK erhitzen und 2 EL Öl darin heiß werden lassen. Das Fleisch 2–3 Minuten pfannenrühren, bis es angebräunt und gar ist. Mit einem Drahtsieb oder Schaumlöffel herausnehmen und abtropfen lassen. Öl abgießen und Wok auswischen.

DEN WOK auf den Herd stellen und 1 EL Öl darin sehr heiß werden lassen. Die Eimasse pfannenrühren, bis sie gestockt ist, und an den Rand des Wok schieben. 1 EL Öl im Wok erhitzen und Knoblauch, Ingwer sowie die Shiitake- und Wolkenohrpilze 10 Sekunden pfannenrühren, bis alles zu duften beginnt. Den Lauch hinzufügen, 1 1/2 Minuten dünsten, dann die Blattrippen des Chinakohls 30 Sekunden dazugeben und pfannenrühren. Als Nächstes die Chinakohlblätter 1 Minute darin dünsten. Danach 1 1/2 EL Sojasauce, restlichen Reiswein und übrige Speisestärke, Zucker, Pfeffer und Fleisch unter die Sauce rühren und köcheln lassen, bis sie eingedickt ist.

HOISIN-SAUCE, restliche Sojasauce und 1 1/2 EL Wasser in einem Schüsselchen verrühren. Die Sauce mit den Pfannkuchen zum Fleisch servieren.

Paksoi-Ernte in Liugan

狮子头肉丸

LÖWENKOPF-FLEISCHKLÖSSE

DIE FLEISCHKLÖSSE HEISSEN SO, WEIL SIE ANGEBLICH EINEM LÖWENKOPF ÄHNLICH SEHEN, DESSEN
MÄHNE HIER AUS PAKSOI BESTEHT. URSPRÜNGLICH WAR IHRE KONSISTENZ GRÖBER, DA MAN SIE
GERNE AUS SCHWEINEFLEISCH UND -FETT ZUBEREITETE.

450 g Schweinehackfleisch
1 Eiweiß
4 Frühlingszwiebeln, fein gehackt
1 EL Shaoxing-Reiswein
1 TL Ingwerpulver
1 EL helle Sojasauce
2 TL Zucker
1 TL Sesamöl
300 g Paksoi
1 EL Speisestärke
Öl zum Frittieren
500 ml Hühner-Fleisch-Brühe
   (Seite 281)

FÜR 4 PERSONEN

DAS HACKFLEISCH entweder mit dem Eiweiß in
der Küchenmaschine kurz zu einer luftigen Masse
schlagen oder in einer Schüssel zerdrücken,
Eiweiß unterziehen und dann kräftig schlagen,
damit die Masse locker wird. Frühlingszwiebeln,
Reiswein, Ingwer, Sojasauce, Zucker und Sesamöl dazugeben, salzen, pfeffern und nochmals
in die Küchenmaschine geben oder gründlich
vermengen. Eine kleine Portion vorab braten.
Falls nötig, nachwürzen. Dann den Fleischteig
zu walnussgroßen Kugeln rollen.

DIE PAKSOIBLÄTTER abtrennen und den Boden
eines Ton- oder Schmortopfes damit auslegen.

DIE FLEISCHKLÖSSE mit Speisestärke bestäuben.
Den Wok erhitzen und 1 cm Öl darin heiß werden
lassen. Die Hackbällchen nacheinander rundum
braun braten. Gut abtropfen lassen und in einer
Lage in den Tontopf schichten. Das Öl abgießen
und den Wok auswischen.

DEN WOK erneut stark erhitzen und die Brühe
darin zum Kochen bringen. Über die Fleischklöße
gießen, den Deckel aufsetzen und langsam aufkochen lassen. 1¹/₂ Stunden bei halb geöffnetem
Topf sanft köcheln lassen, bis die Hackbällchen
gar sind. Dieses Gericht wird im Topf auf den
Tisch gestellt.

Den Fleischteig mit den Hand-
flächen zu Bällchen rollen und
dann mit Speisestärke bestäuben, damit sie beim Kochen nicht
zusammenkleben.

Stand mit Pickles in Sichuan

Das Schweinefleisch wird beim Frittieren außen schön knusprig braun und bleibt innen wunderbar zart.

酸甜肉

SCHWEINEFLEISCH SÜSSSAUER

DAS GERICHT IST TATSÄCHLICH CHINESISCH, AUCH WENN ES OFT FÜR EINE WESTLICHE ERFINDUNG GEHALTEN WIRD. IN DER ORIGINALVERSION IST DAS FLEISCH HELL UND KNUSPRIG UND WIRD IN EINER PIKANTEN SÜSSSAUREN SAUCE SERVIERT. WER MAG, KANN 300 GRAMM ANANASWÜRFEL DAZUGEBEN.

600 g Schweinelende, pariert
1 Ei
100 g Speisestärke
1 EL Öl
1 Zwiebel, grob gehackt
1 rote Paprikaschote, in Würfel oder in kleine Dreiecke geschnitten
2 Frühlingszwiebeln, in 2 cm lange Stücke geschnitten
150 g chinesische Pickles
250 ml klarer Reisessig
80 ml Ketchup (oder Tomatensauce)
300 g Zucker
Öl zum Frittieren

FÜR 4 PERSONEN

DAS FLEISCH in 2 cm dicke Würfel schneiden, in einer Schüssel mit Ei, 75 g Speisestärke sowie 2 TL Wasser verrühren und die Würfel gut im Backteig wenden.

DEN WOK erhitzen, das Öl darin heiß werden lassen. Die Zwiebel 1 Minute pfannenrühren. Paprikaschote und Frühlingszwiebeln dazugeben, 1 Minute dünsten. Die Pickles hinzufügen und alles gut verrühren. Reiswein, Ketchup und Zucker hinzufügen und bei niedriger Hitze rühren, bis der Zucker sich aufgelöst hat. Aufkochen und 3 Minuten köcheln lassen.

RESTLICHE SPEISESTÄRKE in 80 ml Wasser auflösen und unter die Sauce rühren. Köcheln lassen, bis sie eingedickt ist, und beiseitestellen.

DEN WOK zu einem Viertel mit Öl füllen und auf 180 °C erhitzen (bis ein Brotwürfel darin in 15 Sekunden goldbraun wird). Die Fleischwürfel nacheinander goldbraun frittieren. Dann das gesamte Fleisch nochmals kurz knusprig braten, mit einem Drahtsieb oder Schaumlöffel herausnehmen und abtropfen lassen. Die Fleischwürfel unter die Sauce heben, vorsichtig umrühren und kurz aufkochen lassen.

红烧排骨

ROT GESCHMORTES SCHWEINEFLEISCH

»ROTSCHMOREN«, ODER DAS SCHMOREN IN EINER SAUCE AUF BASIS VON SOJASAUCE, IST IN GANZ

CHINA BELIEBT. SO WERDEN HÄHNCHEN, FLEISCH UND FISCH FEIN UND ZART.

1,5 kg Schweinshachse, mit
   Knochen und Schwarte
4 Frühlingszwiebeln, jede zu einem
   Knoten gebunden
4 Scheiben Ingwer, mit der flachen
   Seite des Küchenbeils zerdrückt
175 ml dunkle Sojasauce
4 EL Shaoxing-Reiswein
1 EL Fünfgewürzpulver
50 g Würfelzucker

FÜR 8 PERSONEN

DIE BORSTEN von der Schwarte entfernen. Die
Hachse 4–5 Minuten in einem Topf mit kochend
heißem Wasser blanchieren, waschen und in
einen Ton- oder Schmortopf mit 600 ml Wasser,
Frühlingszwiebeln, Ingwer, Sojasauce, Reiswein,
Fünfgewürzpulver und Zucker geben. Aufkochen,
die Hitze reduzieren und bei geschlossenem
Deckel 2¹/₂–3 Stunden köcheln lassen, bis das
Fleisch so zart ist, dass es sich vom Knochen
löst. Gelegentlich wenden.

FALLS DIE SAUCE zu flüssig ist, Hachse herausnehmen und die Sauce 10–15 Minuten reduzieren.
Das Fleisch in Scheiben schneiden, die Sauce
darüberträufeln und alles sofort servieren.

ROT GESCHMORTES
SCHWEINEFLEISCH

SCHWEINEFLEISCH DONG PO

DAS SCHWEINEFLEISCH IST NACH EINEM GOURMET UND STAATSMANN DER SONG-DYNASTIE BENANNT.

ZUERST WIRD ES KNUSPRIG ANGEBRATEN, DANN LANGSAM WEICH UND ZART GEKOCHT.

1 kg Schweinebauch mit Schwarte
2 EL Öl
6 Frühlingszwiebeln, in Ringe
   geschnitten
8 Scheiben Ingwer
100 g Würfelzucker
2¹/₂ EL dunkle Sojasauce
2¹/₂ EL helle Sojasauce
125 ml Shaoxing-Reiswein

FÜR 6 PERSONEN

DIE BORSTEN an der Schwarte entfernen. Das
Fleisch in einem Topf mit heißem Wasser 10 Minuten blanchieren, dann abtropfen lassen und gut
mit Küchenpapier trockentupfen.

DEN WOK erhitzen und das Öl darin sehr heiß
werden lassen. Das Fleisch anbraten, bis es
rundum knusprig braun ist. Gut abtropfen lassen.

FRÜHLINGSZWIEBELN, Ingwer, Zucker, Sojasaucen, Reiswein und 125 ml Wasser in einem Ton-
oder Schmortopf aufkochen und rühren, damit
der Zucker sich auflöst. Fleisch hineinlegen, abdecken und 2¹/₂–3 Stunden köcheln lassen.
Herausnehmen, abtropfen lassen und Kochsud
abseihen. Das Fleisch in sehr dünne Scheiben
schneiden und mit der Sauce servieren.

Vorsicht: Wenn das Fleisch nicht
stark genug angebräunt wird und
die Schwarte nicht richtig knusprig ist, weicht es bei der zweiten
Garphase durch.

CHAR SIU

CHAR SIU, GEGRILLTES SCHWEINEFLEISCH, IST EINE KANTON-SPEZIALITÄT, DIE MAN OFT IN CHINA-RESTAURANTS SIEHT. *CHAR SIU* BEDEUTET »ÜBERS FEUER GEHÄNGT« UND IST ROT GEFÄRBT.

FÜR DIE MARINADE
1 EL Würfelzucker
1 EL gelbe Bohnensauce
1 EL Hoisin-Sauce
1 EL Austernsauce
1 EL vergorener roter Tofu
1 EL chinesischer Schnaps
   (Mou Tai) oder Cognac
1/2 TL Sesamöl

750 g Schweinelende, pariert, in
   4 Teile von je 20 cm geschnitten
2 EL Malzzucker oder Honig, in
   etwas Wasser aufgelöst

FÜR 4 PERSONEN

DIE MARINADE aus den angegebenen Zutaten zubereiten. Die vier Fleischstränge hineinlegen und mindestens 6 Stunden in den Kühlschrank stellen.

BACKOFEN auf 220 °C vorheizen. Eine Auflaufform mit 650 ml heißem Wasser hineinstellen. Fleisch abtropfen lassen, Marinade auffangen. Im heißen Ofen jeden Strang an einem Fleischerhaken befestigen; diesen oben am Rost einhängen.

DAS FLEISCH nach 10–15 Minuten mit Marinade begießen. Hitze auf 180 °C reduzieren, das Fleisch weitere 8–10 Minuten braten. 2–3 Minuten abkühlen lassen, mit der Zuckerlösung einreiben und unter dem Grill 4–5 Minuten leicht bräunen. Drehen, damit die Ränder verkohlt wirken.

FLEISCH in Scheiben schneiden. 175 ml Kochflüssigkeit in die Marinade gießen, aufkochen, 2 Minuten kochen lassen. Abseihen, übers Fleisch gießen.

Das Fleisch hängt über einem Wassergefäß und wird durch den Dampf, der im Backofen entsteht, feucht gehalten. Viele Chinesen besitzen keinen Backofen und kaufen *Char Siu* an Straßenständen.

SCHWEINEFLEISCH KNUSPRIG-PIKANT

750 g Schweinebauch
   mit Schwarte
1 TL Salz
1 TL Fünfgewürzpulver

FÜR DIE DIPSAUCE
2 EL helle Sojasauce
1 EL dunkle Sojasauce
1 EL Chilisauce (nach Belieben)

FÜR 6 PERSONEN

DIE BORSTEN an der Schwarte entfernen. Das Fleisch trockentupfen, dann mit Salz und Fünfgewürzpulver einreiben. Nicht abgedeckt mindestens 2 Stunden in den Kühlschrank stellen.

DIE DIPSAUCE aus den angegebenen Zutaten zubereiten.

DEN BACKOFEN auf 240 °C vorheizen. Den Rost über eine Fettpfanne schieben und das Fleisch, mit der Schwarte nach oben, 20 Minuten braten. Die Hitze auf 200 °C reduzieren, das Fleisch in 40–45 Minuten knusprig braten. In Stücke schneiden und mit der Sauce servieren.

SCHWEINEFLEISCH
KNUSPRIG-PIKANT

芥菜焖三尖肉

GESCHMORTER SCHWEINEBAUCH MIT SENFKOHL

BAUCHFLEISCH MUSS LANGE UND SEHR LANGSAM GEGART WERDEN, DAMIT ES SCHÖN ZART WIRD. DER ROTE TOFU UND DER SENFKOHL PASSEN GUT ZU DEM DEFTIGEN FLEISCH, DA SIE BEIDE EIN INTENSIVES AROMA BESITZEN.

200 g Senfkohl, frisch oder
    aus der Dose
1 kg Schweinebauch mit Schwarte
2 EL dunkle Sojasauce
Öl zum Frittieren

FÜR DIE SAUCE
1 1/2 Stücke vergorener roter Tofu
1 EL gelbe Bohnensauce
1 1/2 EL Austernsauce
2 EL dunkle Sojasauce
2 TL Zucker
4 Sternanis
2 EL Öl
2 Knoblauchzehen, zerdrückt
4 Scheiben Ingwer, mit der flachen
    Seite des Küchenbeils zerdrückt

FÜR 6 PERSONEN

FRISCHEN SENFKOHL 4 Stunden in kaltem Wasser einweichen. Abtropfen lassen, putzen und gründlich waschen, bis kein Sand mehr im Wasser ist. Erneut abtropfen lassen und in kurze Stücke schneiden. Senfkohl aus der Dose abtropfen lassen und in Stücke schneiden.

DIE BORSTEN von der Schwarte entfernen. Wasser in einem großen Ton- oder Kochtopf zum Kochen bringen und den Schweinebauch hineingeben. Den Topf abdecken und das Fleisch in 40 Minuten sanft garköcheln. Abtropfen lassen und, wenn es etwas abgekühlt ist, die Schwarte mit der Gabel einstechen. Danach mit der Sojasauce einreiben.

EINEN WOK mit Deckel erhitzen und 2 cm Öl darin heiß werden lassen. Das Fleisch mit der Schwarte nach unten hineinlegen und 5–8 Minuten anbraten, bis die Schwarte knusprig ist. Dann wenden und auf der anderen Seite bräunen. Zum Schutz gegen das spritzende Fett den Deckel halb aufsetzen. Das Fleisch 30 Minuten in eine Schüssel mit heißem Wasser legen, damit die Schwarte weich wird und Blasen wirft. Aus der Schüssel nehmen und in 2 cm breite Streifen schneiden; beiseitestellen.

FÜR DIE SAUCE Tofu, Bohnen-, Austern- und Sojasauce sowie Zucker und Sternanis in eine Schüssel geben. Den Wok erhitzen, das Öl darin heiß werden lassen. Den Knoblauch 30 Sekunden darin anbraten, dann die Sauce und den Ingwer hinzufügen. 1–2 Minuten kochen lassen, bis sich die Aromen verbunden haben.

DAS FLEISCH hineinlegen, 750 ml Wasser angießen und verrühren. Abgedeckt das Ganze aufkochen, Hitze reduzieren, das Fleisch 40 Minuten köcheln lassen. Den Senfkohl hineingeben und 15 Minuten mitkochen. Falls die Sauce zu dünn ist, bei offenem Wok einige Minuten eindicken lassen.

Räucherfleischladen in Guangzhou

Schweinefüße müssen mehrere Stunden gekocht werden, damit das Bindegewebe zerstört wird; erst dann werden sie weich.

烟 猪 蹄

SAUER EINGELEGTE SCHWEINEFÜSSE

DAS GERICHT WIRD STILLENDEN MÜTTERN SERVIERT, WEIL ES ANGEBLICH DIE MILCHPRODUKTION ANREGT UND WEIL INGWER ALS STÄRKUNGSMITTEL ANGESEHEN WIRD. DIE HART GEKOCHTEN EIER SYMBOLISIEREN DAS LEBEN UND KÖNNEN ZUM FLEISCH GEGESSEN WERDEN.

450 g junger Ingwer, geschält und in 2,5 cm große Stücke geschnitten
1,5 kg Schweinefüße, Vorder- und Hinterfüße
1 l dunkler Reisessig
100 g Würfelzucker
6 ungeschälte hart gekochte Eier (nach Belieben)

FÜR 6 PERSONEN

DEN INGWER in einer Schüssel mit Wasser einweichen. Inzwischen im Wok oder Kochtopf Wasser zum Kochen bringen, Schweinefüße aufkochen, herausnehmen und gut abtropfen lassen. Borsten von der Schwarte entfernen, Schweinefüße mit dem Küchenbeil in je drei oder vier Stücke teilen.

INGWER abtropfen lassen und jedes Stück mit der Seite des Küchenbeils leicht zerdrücken. In einem Topf mit heißem Wasser 2 Minuten blanchieren, abschrecken und abkühlen lassen.

ESSIG und Zucker im Wok oder im Kochtopf unter Rühren aufkochen, sodass sich der Zucker auflöst. Schweinefüße und Ingwer abgedeckt 2 Stunden, dann ohne Deckel 1–2 Stunden köcheln lassen. Eier 5 Minuten mitkochen. Abkühlen lassen und über Nacht in den Kühlschrank stellen. Fett abschöpfen. Alles aufkochen, heiß oder kalt servieren.

HELL GEKOCHTES SCHWEINEFLEISCH

水 晶 猪 肉

HELL GEKOCHTES SCHWEINEFLEISCH

1 kg Schweinshachse, mit Knochen und Schwarte
2 Knoblauchzehen, fein gehackt
1 Frühlingszwiebel, fein gehackt
1 TL Zucker
4 EL helle Sojasauce
1 TL Sesamöl
1 TL Chiliöl (nach Belieben)

FÜR 8 PERSONEN

BORSTEN von der Schwarte entfernen. Hachse wie ein Paket verschnüren, damit sie die Form behält. In einen Ton- oder Kochtopf mit heißem Wasser geben, aufkochen lassen und abschäumen. Abgedeckt 45–50 Minuten sanft köcheln lassen.

HERDPLATTE ausschalten, die Hachse im Wasser abgedeckt mindestens 4 Stunden abkühlen lassen. Den Topf in den Kühlschrank stellen. Die Hachse aus dem Kochsud nehmen und 2–3 Stunden mit der Schwarte nach oben abtropfen lassen.

DIE SCHWARTE abschneiden, eine dünne Fettschicht stehen lassen. Fleisch gegen die Faser dünn aufschneiden. Restliche Zutaten vermischen, über das Fleisch gießen.

Fleischstand auf einem Markt in Sichuan

酸甜红烧排骨

SPARERIBS MIT SÜSSSAURER SAUCE

DIESES KÖSTLICHE GERICHT IST KANTONESISCHEN URSPRUNGS. DIE SAUCE SOLLTE GLÄNZEND UND DURCHSICHTIG SEIN, DAS FLEISCH ZART UND SAFTIG, DER GESCHMACK NICHT ZU SÜSS UND NICHT ZU SAUER. SIE KÖNNEN AUCH SCHWEINELENDE DAFÜR VERWENDEN.

Chinesische Spirituosen sind fantasievoll verpackt – hier etwa Wuliangye, ein Schnaps aus fünf Getreidearten: Sorghum, Mais, Weizen und zwei Sorten Reis.

500 g Spareribs, auf chinesische
   Art zerteilt
1/4 TL Salz
1/4 TL frisch gemahlener
   schwarzer Pfeffer
1 TL Zucker
1 EL chinesischer Schnaps
   (Mou Tai) oder Cognac
1 Eigelb, verquirlt
1 EL Speisestärke
Öl zum Frittieren

FÜR DIE SAUCE
1 EL Öl
1 kleine grüne Paprikaschote,
   in Streifen geschnitten
3 EL Zucker
2 EL klarer Reisessig
1 EL helle Sojasauce
1 EL Tomatenmark
1/4 TL Sesamöl
2 1/2 EL Hühner-Fleisch-Brühe
   (Seite 281)
2 TL Speisestärke

FÜR 4 PERSONEN

DIE SPARERIBS vom Metzger quer in 4–5 cm lange Stücke hacken lassen oder mit dem Küchenbeil zerkleinern. Dann längs durchschneiden, um die Rippchen voneinander zu lösen. Rippchen in eine Schüssel mit Salz, Pfeffer, Zucker und Schnaps legen und mindestens 35 Minuten im Kühlschrank marinieren; gelegentlich wenden.

DAS EIGELB mit der Speisestärke und genügend Wasser zu einem dünnen Ausbackteig verrühren. Die Spareribs aus der Marinade nehmen und gründlich im Teig wenden.

DEN WOK zu einem Viertel mit Öl füllen und auf 180 °C erhitzen (bis ein Brotwürfel in 15 Sekunden goldbraun wird). Die Spareribs nacheinander je 5 Minuten frittieren, bis sie knusprig sind; darauf achten, dass sie nicht aneinanderkleben. Herausnehmen und abtropfen lassen. Das Öl nochmals heiß werden lassen und die Spareribs 1 Minute frittieren, damit sie nachdunkeln. Herausnehmen und mit Küchenpapier trockentupfen. Warm halten.

FÜR DIE SAUCE den Wok erhitzen, das Öl hineingießen und sehr heiß werden lassen. Paprikastreifen einige Sekunden pfannenrühren, dann Zucker, Reisessig, Sojasauce, Tomatenmark, Sesamöl und Brühe hinzufügen und zum Kochen bringen. Die Speisestärke in etwas Wasser anrühren, in die Sauce geben und so lange köcheln lassen, bis sie eingedickt ist. Danach die Spareribs hineinlegen und heiß servieren.

Teeverkäufer in Guangzhou

豆瓣炒牛肉

RINDFLEISCH MIT PAPRIKA UND BOHNENSAUCE

MAGERES RINDERSTEAK IST IDEAL ZUM PFANNENRÜHREN GEEIGNET. DIE TRADITIONELLE VERSION DIESES KANTONESISCHEN GERICHTS SCHREIBT AUSSCHLIESSLICH GRÜNE PAPRIKASCHOTEN VOR, DOCH MIT VERSCHIEDENFARBIGEN SIEHT DAS ESSEN NOCH APPETITLICHER AUS.

750 g Rumpsteak oder Sirloin-
    Steak, pariert
1 EL helle Sojasauce
2 TL Shaoxing-Reiswein
1/2 TL Sesamöl
1 TL Speisestärke
250 ml Öl

FÜR DIE SCHWARZE
BOHNENSAUCE
1 EL Öl
30 g Frühlingszwiebeln, fein gehackt
1 EL fein gehackter Knoblauch
1 EL gesalzene, vergorene
    schwarze Bohnen, gewaschen
    und grob gehackt
1 EL fein gehackter Ingwer
1 grüne Paprikaschote, in Streifen
    geschnitten
1 rote Paprikaschote, in Streifen
    geschnitten
1 orange oder gelbe Paprikaschote,
    in Streifen geschnitten
2 TL helle Sojasauce
1 EL Shaoxing-Reiswein
1 TL Zucker
2 EL Hühnerbrühe (Seite 281)
1/2 TL Sesamöl
2 TL Speisestärke

FÜR 6 PERSONEN

DAS RINDFLEISCH gegen die Faser in 1 mm dicke Scheiben und diese dann in dünne Streifen schneiden. In einer Schüssel mit Sojasauce, Reiswein, Sesamöl, Speisestärke und 1 EL Wasser vermischen und 30 Minuten im Kühlschrank marinieren. Das Fleisch gut abtropfen lassen.

DEN WOK erhitzen und das Öl sehr heiß werden lassen. Ein Drittel des Fleisches unter ständigem Rühren 1 Minute braten, bis es braun ist. Mit einem Drahtsieb oder einem Schaumlöffel herausnehmen und abtropfen lassen. Die übrigen zwei Drittel Fleisch nacheinander auf die gleiche Art braun braten.

FÜR DIE SCHWARZE Bohnensauce einen Wok erhitzen und das Öl darin sehr heiß werden lassen. Frühlingszwiebeln, Knoblauch, schwarze Bohnen und Ingwer 10 Sekunden pfannenrühren. Die Paprikastreifen hinzufügen und 1 Minute pfannenrühren, bis sie gar sind.

SOJASAUCE, Reiswein, Zucker, Brühe, Sesamöl und Speisestärke verrühren, in die Sauce geben und köcheln lassen, bis sie eingedickt ist. Das Fleisch unter die Sauce heben.

红烧牛肉

ROT GESCHMORTES RINDFLEISCH

EIGENTLICH IST ES EIN EINTOPF, DER IN EINEM KOCHSUD AUS SOJASAUCE, REISWEIN UND INGWER LANGSAM VOR SICH HINKÖCHELT. VIELLEICHT FINDET MAN ES DESHALB ÖFTER IN DER HÄUSLICHEN KÜCHE ALS AUF DER SPEISEKARTE VON RESTAURANTS.

500 g Rinderhachse oder
   Rindfleisch zum Kochen oder
   Schmoren, pariert
3 EL Snaoxing-Reiswein
3 Scheiben Ingwer
3 EL dunkle Sojasauce
50 g Würfelzucker
300 g Karotten
1 TL Salz

FÜR 4 PERSONEN

DAS FLEISCH in 1,5 cm große Würfel schneiden und in einem Ton- oder Kochtopf mit Wasser bedecken. Mit Reiswein und Ingwer aufkochen und abschäumen. Abgedeckt 35–40 Minuten köcheln lassen. Sojasauce und Zucker hinzufügen und 10–15 Minuten weiterköcheln lassen.

DIE KAROTTEN in gleich große Würfel wie das Fleisch schneiden, in den Topf geben, salzen und 20–25 Minuten garen.

ROT GESCHMORTES
RINDFLEISCH

五香牛肉

FÜNFGEWÜRZ-RINDFLEISCH

DIESES RINDFLEISCHGERICHT IST EINFACH ZUZUBEREITEN. DIE BRÜHE, IN DER DAS FLEISCH GEGART WIRD, KANN ZUM KOCHEN FÜR ANDERES FLEISCH ODER GEFLÜGEL VERWENDET WERDEN; SIE IST ALS *LUSHUI ZHI* – ODER »MEISTERSAUCE« – BEKANNT.

750 g Rinderhachse oder
   Rindfleisch zum Kochen oder
   Schmoren, pariert
2 Frühlingszwiebeln, jede zu einem
   Knoten gebunden
3 Scheiben Ingwer, mit der flachen
   Seite des Küchenbeils zerdrückt
4 EL chinesischer Schnaps
   (Mou Tai) oder Cognac
1,5 l Hühner-Fleisch-Brühe
   (Seite 281)
4 EL helle Sojasauce
3 EL dunkle Sojasauce
1 TL Salz, 1 EL Fünfgewürzpulver
150 g Würfelzucker
1 Frühlingszwiebel, in feine Ringe
   geschnitten
1 TL Sesamöl

FÜR 8 PERSONEN

DAS FLEISCH in zwei bis drei lange Stränge schneiden und mit Frühlingszwiebeln, Ingwer, Schnaps und Brühe in einem Ton- oder Kochtopf aufkochen lassen. Falls nötig, abschäumen. Abgedeckt 15–20 Minuten köcheln lassen.

SOJASAUCEN, Salz, Fünfgewürzpulver und Zucker ans Fleisch geben, aufkochen und abgedeckt weitere 25–30 Minuten köcheln lassen.

DAS FLEISCH 1 Stunde in der Brühe abkühlen und dann abtropfen lassen. 3–4 Stunden kühl stellen. Vor dem Servieren gegen die Faser dünn aufschneiden. Mit Frühlingszwiebelringen und Sesamöl anrichten.

DIE BRÜHE kann als »Meistersauce« (Seite 290) wiederverwendet werden.

Durch das Verknoten wird das Zellgewebe der Frühlingszwiebeln zerstört, und die Aromen können sich entfalten.

蒙古火锅

MONGOLISCHER FEUERTOPF

DIE MONGOLEN BRACHTEN DEN FEUERTOPF NACH NORDCHINA; DORT WAR ER BALD SO BELIEBT, DASS REGIONALE VARIANTEN ENTSTANDEN. TRADITIONELL VERWENDET MAN LAMM- ODER RINDFLEISCH, WIE AUCH IN DIESEM LEICHT ABGEWANDELTEN REZEPT.

Die Chinesische Mauer

350 g Rumpsteak oder Sirloin-
    Steak, pariert
1 EL helle Sojasauce
80 ml Shaoxing-Reiswein
1/2 TL Sesamöl
250 g Chinakohl, Blattrippen ent-
    fernt und Blätter in 5 cm große
    Quadrate geschnitten
1 EL Öl
2 Knoblauchzehen, mit der flachen
    Seite des Küchenbeils zerdrückt
750 ml Hühnerbrühe (Seite 281)
1/2 TL Salz
30 g Glasnudeln
225 g chinesische Pilze (Shiitake-
    Pilze) oder Champignons
180 g junger Spinat (Frühlingsspinat)

FÜR DIE DIPSAUCE
2 EL helle Sojasauce
1 EL Shaoxing-Reiswein
1 TL dunkler Reisessig
1 TL Zucker
1/2 TL Chilisauce oder getrocknete
    gemahlene Chilischoten (nach
    Belieben)
1/2 Frühlingszwiebel, fein gehackt
1 TL fein gehackter Ingwer
1 Knoblauchzehe, fein gehackt

FÜR 6 PERSONEN

DAS RINDFLEISCH gegen die Faser in hauch-dünne Scheiben schneiden und in einer Schüssel mit Sojasauce, 1 EL Reiswein und Sesamöl vorsichtig wenden. Dann die Scheiben auf einem Teller anrichten.

DIE HÄRTEREN TEILE des Chinakohls von den Blättern trennen. Den Wok erhitzen und das Öl darin sehr heiß werden lassen. Zuerst die harten Kohlteile und den Knoblauch einige Minuten pfannenrühren. Dabei 1 EL Wasser angießen. Danach die Kohlblätter ebenfalls einige Minuten pfannenrühren. Restlichen Reiswein und die Brühe angießen, salzen und aufkochen. Hitze reduzieren, alles 20 Minuten köcheln lassen.

DIE GLASNUDELN 10 Minuten in heißem Wasser einweichen, gut abtropfen lassen und auf 15 cm Länge zuschneiden. Pilze, Spinat und Nudeln auf verschiedenen Tellern anrichten und rund um einen heißen Mongolischen Feuertopf auf den Tisch stellen. (Ein Topf und eine heiße Platte oder eine elektrische Bratpfanne oder ein elektrischer Wok tun es auch.)

DIE DIPSAUCE aus den Zutaten zubereiten und auf sechs kleine Schüsseln verteilen; jeder am Tisch bekommt eine eigene.

DIE BRÜHE mit dem Chinakohl in den Feuertopf gießen und zum Kochen bringen. Nun nimmt jeder eine Scheibe Fleisch, hält es zuerst in die heiße Brühe, bis es gar ist, dippt es danach in die Sauce und isst es. Pilze, Nudeln und Spinat werden auf die gleiche Weise gegart und in die Sauce getunkt. Für die Nudeln sollten kleine Drahtsiebe mitserviert werden. Pilze und Nudeln brauchen 5–6 Minuten zum Garen, der Spinat hingegen nur 1 Minute. Zum Schluss, wenn alle Zutaten verzehrt sind, isst man die Suppe.

Feuertopf-Restaurant in Yunnan

香脆牛肉片

KNUSPRIGES GESCHNETZELTES RINDFLEISCH

DIE URSPRÜNGE DIESES GERICHTS LIEGEN IM DUNKLEN, ANGEBLICH STAMMT ES AUS SICHUAN ODER

HUNAN – WEGEN SEINER SCHÄRFE. WICHTIG IST, DASS DAS FLEISCH KNUSPRIG IST!

400 g Rumpsteak oder Sirloin-
   Steak, pariert
2 Eier, verquirlt
1/2 TL Salz; 4 EL Speisestärke
Öl zum Frittieren
2 Karotten, in feine Streifen
   geschritten
2 Frühlingszwiebeln, in Streifen
   geschnitten
1 Knoblauchzehe, fein gehackt
2 rote Chilischoten, in Streifen
   geschnitten
80 g Zucker
3 EL dunkler Reisessig
2 EL helle Sojasauce

FÜR 4 PERSONEN

DAS FLEISCH in dünne Streifen schneiden. Eier, Salz und Speisestärke zu einem Ausbackteig verrühren und die Streifen darin wenden.

DEN WOK zu einem Viertel mit Öl füllen und auf 180 °C erhitzen (bis ein Brotwürfel darin in 15 Sekunden goldbraun wird). Das Fleisch 3–4 Minuten unter ständigem Rühren frittieren, herausnehmen und gut abtropfen lassen. Die Karotten 1 1/2 Minuten frittieren, herausnehmen und abtropfen lassen. Das Öl bis auf 1 EL abgießen.

DAS ÖL stark erhitzen und Frühlingszwiebeln, Knoblauch und Chilischoten einige Sekunden darin pfannenrühren. Fleisch, Karotten, Zucker, Essig und Sojasauce hinzugeben und unterrühren.

KNUSPRIGES GESCHNETZEL-
TES RINDFLEISCH

青葱炒牛肉

RINDERPFANNE MIT FRÜHLINGSZWIEBELN

DIESES GERICHT AUS DEM NORDEN BESTEHT AUS ZARTEM RINDFLEISCH MIT EINER SOJASAUCEN-

ZUCKER-GLASUR UND FRÜHLINGSZWIEBELN. DAZU PASSEN MANDARIN-PFANNKUCHEN ODER REIS.

500 g Rumpsteak oder Sirloin-
   Steak, pariert
2 Knoblauchzehen, fein gehackt
2 EL helle Sojasauce
1 EL Shaoxing-Reiswein
2 TL Zucker; 1 EL Speisestärke
3 EL Öl
5 Frühlngszwiebeln, nur der grüne
   Teil, in dünne Streifen geschnitten

FÜR D.E SAUCE
3 EL helle Sojasauce
2 TL Zucker
1/2 TL Sesamöl

FÜR 6 PERSONEN

DAS FLEISCH gegen die Faser in 2 mm dicke Scheiben, dann in mundgerechte Stücke schneiden. Mit Knoblauch, Sojasauce, Reiswein, Zucker und Speisestärke vermengen. 1 Stunde im Kühlschrank marinieren. Abtropfen lassen.

DIE SAUCE aus den Zutaten zubereiten.

DEN WOK stark erhitzen, das Öl heiß werden lassen. Fleisch 1 1/2 Minuten anbraten, bis es braun ist. Herausnehmen und abtropfen lassen. Vom Öl 1 EL zurückbehalten, den Rest abgießen.

DAS ÖL erneut sehr heiß werden lassen, die Frühlingszwiebeln 1 Minute pfannenrühren. Fleisch dazugeben und alles mit der Sauce überziehen.

RINDFLEISCH MIT AUSTERNSAUCE

300 g Rumpsteak oder Sirloin-
　Steak, pariert
1 TL Zucker
1 EL dunkle Sojasauce
2 TL Shaoxing-Reiswein
2 TL Speisestärke
4 getrocknete Shiitake-Pilze
Öl zum Frittieren
4 Scheiben Ingwer
1 Frühlingszwiebel, klein geschnitten
75 g Zuckerschoten, Enden abge-
　schnitten
1 kleine Karotte, in dünne Scheiben
　geschnitten
1/2 TL Salz
2–3 EL Hühner-Fleisch-Brühe
　(Seite 281)
2 EL Austernsauce

FÜR 4 PERSONEN

FLEISCH gegen die Faser in dünne, mundgerechte Streifen schneiden und mit 1/2 TL Zucker, Sojasauce, Reiswein, Stärke und 2 EL Wasser mischen. Einige Stunden im Kühlschrank marinieren.

DIE PILZE 30 Minuten in heißem Wasser einweichen, abtropfen lassen und gut ausdrücken. Die Stiele entfernen und wegwerfen, die Hüte halbieren, sehr große vierteln.

DEN WOK zu einem Viertel mit Öl füllen und auf 180 °C erhitzen (bis ein Brotwürfel in 15 Sekunden goldbraun wird). Fleisch 45–50 Sekunden frittieren; ständig rühren, damit es nicht zusammenklebt. Herausnehmen, sobald es Farbe anzunehmen beginnt. In einem Sieb gut abtropfen lassen. Vom Öl 2 EL zurückbehalten, den Rest abgießen.

DAS ÖL erneut im Wok erhitzen, Ingwer und Frühlingszwiebel 1 Minute pfannenrühren. Zuckerschoten, Pilze und Karotte ebenfalls 1 Minute pfannenrühren. Salz, Brühe und restlichen Zucker hinzufügen und 1 Minute aufkochen. Zum Schluss das Fleisch und die Austernsauce untermischen.

GEDÄMPFTES RINDFLEISCH
MIT REISMEHL

GEDÄMPFTES RINDFLEISCH MIT REISMEHL

450 g Rumpsteak oder Sirloin-
　Steak, pariert
2 EL Sojasauce
1 EL Chili-Bohnenpaste (Toban Jiang)
1 EL Shaoxing-Reiswein
1 EL fein gehackter Ingwer
1/4 TL frisch gemahlener weißer
　Pfeffer
1 EL Öl
125 g glutenhaltiges Reismehl
1/2 TL gemahlener Zimt
1 TL Sesamöl
1 Frühlingszwiebel, in Streifen
　geschnitten

FÜR 4 PERSONEN

DAS FLEISCH in 2 mm dünne Scheiben, dann in mundgerechte Stücke schneiden und mit Sojasauce, Chili-Bohnenpaste, Reiswein, Ingwer, Pfeffer und Öl vermengen. 30 Minuten im Kühlschrank marinieren.

DAS REISMEHL im trockenen Wok anrösten, bis es braun ist und zu duften beginnt. Zimt zugeben. Fleisch abtropfen lassen, im Reismehl wenden.

EINEN DÄMPFKORB mit gelochtem Butterbrotpapier auslegen und das Fleisch hineingeben. 20 Minuten im Wok über köchelndem Wasser abgedeckt dämpfen. Mit Sesamöl beträufeln und mit Frühlingszwiebeln garnieren.

蒙古羊肉

MONGOLISCHES LAMMFLEISCH

300 g Lammfilet
2 TL fein gehackter Ingwer
1 Frühlingszwiebel, gehackt
2 TL gemahlene Szechuan-
  Pfefferkörner
1 TL Salz
2 EL helle Sojasauce
1 EL gelbe Bohnensauce
100 ml Hoisin-Sauce
1 TL Fünfgewürzpulver
2 EL Shaoxing-Reiswein
Öl zum Frittieren
Knackige Salatblätter
1/2 Gurke, in Streifen geschnitten
6 Frühlingszwiebeln, in Streifen
  geschnitten

FÜR 4 PERSONEN

DAS FILET gegen die Faser in sechs Stränge schneiden. Mit Ingwer, Frühlingszwiebel, Pfeffer, Salz, Sojasauce, gelber Bohnensauce, 1 EL Hoisin-Sauce, Fünfgewürzpulver und Reiswein mischen. 2 Stunden im Kühlschrank marinieren. Alles in einem feuerfesten Gefäß in den Dämpfkorb stellen. Abdecken und 2½–3 Stunden über köchelndem Wasser im Wok dämpfen, ab und zu heißes Wasser nachfüllen. Filet herausnehmen, abtropfen lassen.

DEN WOK zu einem Viertel mit Öl füllen und auf 180 °C erhitzen (bis ein Brotwürfel in 15 Sekunden goldbraun wird). Das Filet 3–4 Minuten braten, herausnehmen und abtropfen lassen. Danach in mundgerechte Stücke schneiden.

DAS FLEISCH portionsweise mit etwas Hoisin-Sauce, Gurke und Frühlingszwiebelstreifen auf Salatblättern anrichten und zu Paketen zusammengerollt servieren.

Verkaufsstand mit Brot und Pfann-kuchen in Peking

韭菜炒羊肉

PFANNENGERÜHRTES LAMMFLEISCH MIT LAUCH

300 g Lammfilet
1/4 TL gemahlene Szechuan-
  Pfefferkörner
1/2 TL Zucker
1 EL helle Sojasauce
2 TL Shaoxing-Reiswein
2 TL Speisestärke
1/2 TL Sesamöl
3 EL getrocknete Wolkenohrpilze
  (Mu-err-Pilze)
600 ml Öl
4 kleine Stücke Ingwer
200 g junger Lauch, nur der weiße
  Teil, in kleine Stücke geschnitten
2 EL gelbe Bohnensauce

FÜR 4 PERSONEN

DAS FILET in dünne Scheiben schneiden und mit Pfefferkörnern, Zucker, Sojasauce, Reiswein, Speisestärke und Sesamöl vermischen. Mindestens 2 Stunden im Kühlschrank marinieren.

GETROCKNETE PILZE 20 Minuten in kaltem Wasser einweichen, abtropfen lassen. Gut ausdrücken.

DEN WOK erhitzen und das Öl darin sehr heiß werden lassen. Das Filet 1 Minute pfannenrühren oder bis es die Farbe ändert. Herausnehmen und abtropfen lassen. Das Öl bis auf 2 EL abgießen.

DAS ÖL nochmals stark erhitzen und Ingwer, Lauch sowie die Pilze 1 Minute pfannenrühren. Die Bohnensauce dazugeben und alles gut vermischen. Zum Schluss das Filet untermischen und noch 1 Minute weiterrühren.

PFANNENGERÜHRTES
LAMMFLEISCH MIT LAUCH

TOFU

香菇燜豆腐

GESCHMORTER TOFU MIT SHIITAKE-PILZEN

TOFU ALLEIN GILT ALS FADE – DOCH MIT DIESEN AROMATISCHEN PILZEN ERGIBT ER EIN AUSGEWOGENES

GERICHT, DAS KONTRASTREICH IN PUNCTO FARBE, DUFT, GESCHMACK UND KONSISTENZ IST.

300 g fester Tofu, abgetropft
50 g getrocknete Shiitake-Pilze
4 EL Öl
1 TL Salz
1 TL Zucker
1 EL Shaoxing-Reiswein
1/2 TL Sesamöl
1 TL Speisestärke
1 EL helle Sojasauce

FÜR 4 PERSONEN

DEN TOFU in Streifen schneiden. Die Pilze 30 Minuten in kochend heißem Wasser einweichen, abtropfen lassen, gut ausdrücken und das Einweichwasser aufheben. Die Stiele entfernen und wegwerfen, die Hüte halbieren.

DEN WOK erhitzen, das Öl darin sehr heiß werden lassen. Pilze 35 Sekunden pfannenrühren, 125 ml Einweichwasser angießen und zum Kochen bringen. Tofu, Salz, Zucker und Reiswein dazugeben und vorsichtig unterrühren. 2 Minuten mitschmoren lassen; darauf achten, dass genügend Flüssigkeit vorhanden ist, damit der Tofu nicht am Wok anhaftet. Danach mit Sesamöl beträufeln.

DIE SPEISESTÄRKE mit der Sojasauce und etwas Einweichwasser anrühren. In die Sauce geben und köcheln lassen, bis sie hell und klar glänzt.

EINGELEGTER TOFU MIT
ASIATISCHEM GEMÜSE

青菜炒腐酱

EINGELEGTER TOFU MIT ASIATISCHEM GEMÜSE

HIERFÜR KÖNNEN SIE JEDES ASIATISCHE GEMÜSE VERWENDEN: CHOISUM, PAKSOI, CHINAKOHL, CHINESISCHEN BROKKOLI ODER WASSERSPINAT. VERGORENER WEISSER TOFU SCHMECKT INTENSIV, VOR ALLEM, WENN ER CHILI ENTHÄLT. LASSEN SIE SICH ALSO NICHT DAZU HINREISSEN, NACHZUWÜRZEN!

600 g Choisum
250 g Paksoi
1 EL Öl
3 Knoblauchzehen, zerdrückt
3 EL vergorener weißer Tofu
1 TL helle Sojasauce
3 EL Austernsauce
1 TL Sesamöl
2 TL Zucker

FÜR 4 PERSONEN

CHOISUM horizontal in Drittel, Paksoi in Drittel und danach in Viertel schneiden. Wurzeln entfernen, die die Teile zusammenhalten. Gemüse waschen und sorgfältig trockentupfen.

DEN WOK erhitzen, das Öl darin sehr heiß werden lassen. Knoblauch und Tofu 1 Minute pfannenrühren. Die Choisum-Blattrippen eine weitere Minute pfannenrühren. Die Blätter dazugeben und den Paksoi 1–2 Minuten pfannenrühren, bis das Gemüse zusammenfällt. Soja- und Austernsauce sowie Sesamöl angießen, zuckern und verrühren.

Imbissstand in Yunnan

麻婆豆腐

MA PO DOUFU

DIESES GERICHT AUS SICHUAN IST VERMUTLICH NACH EINER ALTEN FRAU MIT POCKENNARBIGEM GESICHT BENANNT, DIE ES EINST IN IHREM RESTAURANT SERVIERTE: *MA PO DOUFU* BEDEUTET »TOFU DER POCKENNARBIGEN GROSSMUTTER«. TRADITIONELL WIRD WEICHER TOFU DAFÜR VERWENDET.

750 g weicher oder fester Tofu, abgetropft
250 g Rinder- oder Schweinehackfleisch
2 EL dunkle Sojasauce
1 1/2 EL Shaoxing-Reiswein
1/2 TL Sesamöl
2 TL Szechuan-Pfefferkörner
1 EL Öl
2 Frühlingszwiebeln, fein gehackt
2 Knoblauchzehen, fein gehackt
2 TL fein gehackter Ingwer
1 EL Chili-Bohnenpaste *(Toban Jiang)* oder zum Abschmecken
250 ml Hühner-Fleisch-Brühe (Seite 281)
1 1/2 TL Speisestärke
1 Frühlingszwiebel, in feine Streifen geschnitten

FÜR 6 PERSONEN

DEN TOFU in Würfel schneiden. Das Hackfleisch in einer Schüssel mit 2 TL Sojasauce, 2 TL Reiswein und Sesamöl vermischen. Die Pfefferkörner im Wok oder einer Pfanne rösten, bis sie braun sind und aromatisch zu duften beginnen. Dann leicht zerdrücken und beiseitestellen.

DEN WOK erhitzen und das Öl darin heiß werden lassen. Das Hackfleisch pfannenrühren, bis die bröselige Masse gebräunt ist. Danach mit einem Drahtsieb oder Schöpflöffel herausnehmen und das Öl erhitzen, bis die Flüssigkeit vom Fleisch verdunstet ist. Frühlingszwiebeln, Knoblauch und Ingwer 10 Sekunden pfannenrühren, bis es zu duften beginnt. Die Bohnenpaste dazugeben und alles 5 Sekunden pfannenrühren.

DEN REST der Sojasauce und des Reisweins in die Brühe geben und im Wok zum Kochen bringen. Den Tofu mit dem Fleisch hineingeben. Das Ganze aufkochen, auf mittlere Hitze schalten und 5 Minuten kochen lassen, bis die Sauce um ein Viertel eingekocht ist. Bei weichem Tofu nicht umrühren, sonst zerfällt er.

DIE SPEISESTÄRKE in etwas Wasser anrühren, in die Sauce geben und köcheln lassen, bis sie eingedickt ist. Bei Bedarf nachwürzen. Mit Frühlingszwiebeln und Pfefferkörnern bestreut servieren.

Frischer Tofu und Chilipasten sind in China auf dem Markt erhältlich.

焖豆腐

GESCHMORTER TOFU

TOFU NIMMT DAS AROMA DER MITGEGARTEN ZUTATEN AN. DAS GEMÜSE SOLLTE UNBEDINGT GAR-
GEKOCHT, ALLERDINGS NICHT WEICH UND MATSCHIG SEIN.

GESCHMORTER TOFU

8 getrocknete Shiitake-Pilze
150 g Chinakohl oder Choisum
230 g fester Tofu, abgetropft
100 g Karotten
100 g Babymaiskolben
3–4 EL Öl
2 EL helle Soja- oder Austernsauce
1 TL Salz
1/2 TL Zucker
1 EL Shaoxing-Reiswein
2 Frühlingszwiebeln, in kleine
   Stücke geschnitten
1 TL Sesamöl

FÜR 4 PERSONEN

DIE PILZE 30 Minuten in heißem Wasser einweichen, abtropfen lassen und fest ausdrücken. Das
Einweichwasser zurückbehalten. Die Stiele entfernen und wegwerfen, die Hüte halbieren.

DEN CHINAKOHL in große Stücke, den Tofu in
12 Würfel teilen. Die Karotten schräg in Scheiben
schneiden. Große Babymaiskolben zerkleinern.

EINEN TON-, Schmor- oder Kochtopf mit Kohl-
blättern auslegen, 2 1/2 EL Einweichwasser angießen. Den Wok erhitzen, die Hälfte des Öls
sehr heiß werden lassen. Den Tofu 2–3 Minuten
hellbraun anbraten, dann in den Topf geben und
die Soja- oder Austernsauce dazugießen.

DEN WOK erneut erhitzen, das restliche Öl sehr
heiß werden lassen. Karotten, Mais und Pilze
1 Minute pfannenrühren. Salz, Zucker und Reiswein hinzufügen, gut verrühren und in den Topf
geben. Aufkochen, Frühlingszwiebeln oben darauflegen und dann abgedeckt 15–20 Minuten köcheln
lassen. Zum Schluss mit Sesamöl beträufeln.

小葱辣椒拌豆腐

WEICHER TOFU MIT CHILI UND FRÜHLINGSZWIEBELN

HIER BETONT DAS SCHARFE, SEHR PIKANTE DRESSING DIE WEICHE, KÜHLE ZARTHEIT DES TOFUS. REIS
UND PFANNENGERÜHRTES GEMÜSE ALS BEILAGE MACHEN DAS GERICHT BESONDERS GESUND.

Weicher Tofu wird in Geschäften
und mobilen Verkaufsständen als
Snack angeboten, hier etwa mit
Honig beträufelt.

250 g weicher Tofu, abgetropft
2 Frühlingszwiebeln, in Ringe
   geschnitten
1 rote Chilischote, in dünne Ringe
   geschnitten
2 EL gehacktes Koriandergrün
2 EL Sojasauce
80 ml neutrales Öl; 1 TL Sesamöl

FÜR 4 PERSONEN

DEN TOFU würfeln und auf einer feuerfesten
Platte anrichten.

FRÜHLINGSZWIEBELN, Chilischote, Koriandergrün und Sojasauce dekorativ über dem Tofu
verteilen. Die Öle in einem kleinen Topf sehr stark
erhitzen und sofort über die Tofuwürfel gießen.

DIE CHINESISCHE FIRMA LEE KUM KEE in Xinhui stellt Sojasauce auf traditionelle Art her. Sie verwendet hochwertige Sojabohnen, Weizenmehl und eigene einmalige Startkulturen (links) statt Chemikalien. Die Sojasauce wird vor dem Einfüllen in Flaschen von einem Meister auf ihre Qualität hin geprüft. Vor der Herstellung müssen die Bohnen gesäubert, eingeweicht, entfettet und gedämpft werden (Mitte und rechts).

SOJA

SOJABOHNEN WERDEN MEISTENS NICHT FRISCH GEGESSEN, SONDERN ZU SOJASAUCE, TOFU, SOJAMILCH, PFLANZENÖL, VERGORENEN BOHNEN UND BOHNENPASTEN VERARBEITET ODER ZU NUDELN GEFORMT. SOJAPRODUKTE SPIELEN EINE WESENTLICHE ROLLE IN DER CHINESISCHEN KÜCHE.

Sojabohnen werden in China seit etwa 5000 Jahren angebaut und haben sich von dort über den Rest Asiens verbreitet. In einem Land mit Zeiten fleischarmer Kost sind sie ein wertvoller Eiweißlieferant. Man lässt sie zu Sprossen keimen, die beim Garen ein starkes Aroma entwickeln. Manchmal werden sie als Imbiss direkt aus der Hülse gegessen oder zu Pfannengerührtem gegeben, doch ihr Eiweiß kommt im Allgemeinen nur durch die Verarbeitung der relativ unverdaulichen Bohnen zum Tragen.

SOJASAUCE

Die Sojasauce *(Jiang You)* wurde vor etwa 2000 Jahren in China erfunden und ist neben Tee, Salz, Öl, Essig, Reis und Feuerholz eine der traditionellen sieben notwendigen Dinge eines chinesischen Haushalts. Sojabohnen gelangten erstmals im 17. Jahrhundert nach Europa und wurden nach der Sauce benannt (nicht umgekehrt). Streng genommen handelt sich gar nicht um eine Sauce, sondern um ein aus vergorenen Bohnen extrahiertes Würzmittel. Dafür vermischt man die Bohnen mit Weizenmehl zu einer Paste, die man mit zwei *Aspergillus*-Schimmelpilzen gären lässt; am Ende wird die Sauce abgeseiht und in Flaschen abgefüllt. Durch die Gärung entsteht ein Mix aus Aromen: Salz, Aminosäuren, Zucker, Säuren, Essigäther und Alkohol. Die geschmackliche Endkontrolle nimmt der Sojasaucenmeister vor.

IN DER TOFUFABRIK KUNG WO in Sham Shui Po in Hongkong werden täglich 100 kg Bohnen fünf Stunden eingeweicht, dann mit Wasser zu Sojamilch vermahlen. Die Milch wird gekocht, dann lässt man sie setzen und trennt sie vom Bodensatz. Nach dem Gerinnen (links außen) kommt der Tofu in eine Form, wo er abläuft und schließlich einen Block bildet (Mitte). Seidentofu wird zum Setzen in Fässer gegeben, in

Nachdem sie mit Startkultur besprüht und mit Weizenmehl bestäubt wurden *(links)*, lässt man sie einige Tage gären. Dann kommt die Mischung für drei Monate in einen Gärtank mit Salzlake *(Mitte)*. Dabei lässt man sie zirkulieren, indem man Flüssigkeit vom Boden abzieht und die Oberfläche damit besprüht *(rechts)*. Das rohe Soja wird abgezogen, der Bodensatz bleibt. Die Sauce wird analysiert, gefiltert, sterilisiert und abgefüllt.

Man verwendet helle und dunkle Sojasauce. Die helle *(Shengchou)* stammt aus der ersten Pressung und hat ein feines, salziges Aroma. Sie wird oft einfach als Sojasauce bezeichnet und passt zu weißem Fleisch, Fisch und Gemüse. Dunkle Sojasauce *(Laochou)* reift länger, dadurch erhält sie eine bräunlichschwarze Farbe und eine dickere Konsistenz. Manchmal fügt man ihr Karamell hinzu. Man nimmt sie für rotes Fleisch oder zum Rotschmoren. Chinesisches Essen wird in der Küche gewürzt, deshalb kommen in den Rezepten oft beide Arten vor. Nur in Guangzhou wird Sojasauce immer zum Essen auf den Tisch gestellt.

TOFU

Tofu isst man in ganz China. Frischer Tofu hat keinen ausgeprägten Eigengeschmack und ist vielseitig verwendbar. Er verträgt jede Garmethode und nimmt die Aromen und Gewürze der mitgegarten Zutaten an. Die Chinesen schätzen auch seine einzigartige Konsistenz. Tofu stellt man ähnlich wie Käse her: Die getrockneten Bohnen werden eingeweicht und mit Wasser zu Sojamilch zerstoßen, welche gekocht wird und gerinnt. Diese Masse lässt man wie frischen Käse ablaufen und fest werden. Seidentofu enthält noch viel Feuchtigkeit, festen Tofu lässt man länger trocknen. Gepresster Tofu enthält fast keine Flüssigkeit mehr.

TOFUPRODUKTE

Tofu kann auch anderweitig verarbeitet werden:
EINGELEGTER TOFU Eine Würzzutat aus vergorenen, getrockneten Tofuwürfeln: mariniert mit Chilischoten, Gewürzen und Alkohol (weißer Tofu), serviert als pikante Beilage, oder mit rotem Reis (roter Tofu) gefärbt und als kräftiges Würzmittel für Congee geschätzt.
SCHIMMELTOFU Ranziger Tofu mit intensivem Geschmack und einer blauen Äderung oder einer pelzartigen, weißen Rinde. Es wird als pikante Zutat zum Kochen verwendet.
TOFUHAUT entsteht durch Abschöpfen und Trocknen der Haut, die sich beim Kochen der Sojamilch bildet. Die spröden Blätter und gerollten Stäbchen müssen eingeweicht werden.

Schüsseln geschöpft *(rechts)* und mit Sirup warm zum Frühstück serviert. Tagsüber serviert man gekühlten Tofu in Schalen als pikanten oder süßen Snack *(links)*; nach dem Kochen abgesiehte, noch nicht geronnene Sojamilch gibt es als kühles Getränk *(Mitte)*. Die Sojaböcke *(rechts)* werden nach Gewicht verkauft oder an Imbissständen zu vergorenem Tofu, frittiertem Pufftofu und gebratenem, gefülltem Tofu verarbeitet.

Transportmittel für Tofu in Hangzhou

Tempel des Himmels in Peking

北方豆腐

TOFU NACH ART DES NORDENS

DIE KAISERINWITWE TZU-HSI HAT DAS GERICHT IM 19. JAHRHUNDERT ANGEBLICH SEHR GESCHÄTZT; NOCH HEUTE IST ES EIN BELIEBTER KLASSIKER IN CHINA. DER TOFU WIRD ZUERST GEBRATEN, DANN SANFT GEKÖCHELT UND ZERGEHT AUF DER ZUNGE.

1 kg fester Tofu, abgetropft
Öl zum Frittieren
125 g Speisestärke
2 Eier, leicht verquirlt
1 EL fein gehackter Ingwer
350 ml Hühnerbrühe (Seite 281)
2 EL Shaoxing-Reiswein
1 TL Salz oder nach Belieben
1/2 TL Zucker
1 1/2 TL Sesamöl
2 Frühlingszwiebeln, nur der grüne
   Teil, fein gehackt

FÜR 6 PERSONEN

JEDEN TOFUBLOCK mit dem Küchenbeil zuerst horizontal halbieren, dann die Stücke in 3 cm große Quadrate schneiden.

DEN WOK zu einem Viertel mit Öl füllen und auf 190 °C erhitzen (so lange, bis ein Brotwürfel darin in 10 Sekunden goldbraun wird). Jedes Tofustück zuerst in der Speisestärke wenden, dann durch das Ei ziehen. Den Tofu portionsweise 3–4 Minuten auf jeder Seite frittieren, bis er goldbraun ist. Mit einem Drahtsieb oder Schaumlöffel herausnehmen und in einem Sieb abtropfen lassen. Vom Öl 1 TL zurückbehalten, den Rest abgießen.

DAS ÖL stark erhitzen, den Ingwer 5 Sekunden darin pfannenrühren. Brühe und Reiswein angießen, mit Salz und Zucker abschmecken und zum Kochen bringen. Den frittierten Tofu hineingeben und die Stücke mit einer Gabel einstechen, damit sie die Kochflüssigkeit aufnehmen. Bei mittlerer Hitze 20 Minuten kochen lassen, bis die ganze Flüssigkeit eingezogen ist. Den Tofu mit Sesamöl beträufeln und vorsichtig unterheben. Frühlingszwiebeln darüberstreuen und servieren.

Straßenfriseur in Peking

Die Farce fest in den Schlitz des Tofustückes drücken. Die Tasche bleibt offen, damit die Füllung zu sehen ist.

TOFU IN GELBER BOHNENSAUCE

豆干包

GEFÜLLTER TOFU

ES GIBT MEHRERE VARIANTEN DIESES HÖCHST BELIEBTEN GERICHTS, DAS VON DEN HAKKAS IM SÜD-OSTEN CHINAS STAMMEN SOLL. DIE FÜLLUNG BESTEHT AUS GARNELEN UND SCHWEINEHACKFLEISCH. AUCH WENN DAS REZEPT EIN WENIG KOMPLIZIERT ERSCHEINT – DIE MÜHE LOHNT SICH.

6 Stücke fester Tofu (5 x 5 cm), abgetropft
2 getrocknete Shiitake-Pilze
50 g Garnelen
50 g Schweinehackfleisch
1 Prise Salz
1/2 Eiweiß, verquirlt
1 TL Shaoxing-Reiswein
1 TL helle Sojasauce
1–2 TL Speisestärke
3–4 EL Öl
2 1/2 EL Hühner-Fleisch-Brühe (Seite 281)
2 EL Austernsauce
1 Frühlingszwiebel, in Ringe geschnitten

FÜR 4 PERSONEN

DIE TOFUSTÜCKE 2–3 Minuten in einem Topf mit sprudelnd kochendem Salzwasser hart werden und danach gut abtropfen lassen. Jedes Stück diagonal teilen und einen Schlitz hineinschneiden.

DIE PILZE 30 Minuten in kochend heißem Wasser einweichen, abtropfen lassen und fest ausdrücken. Die Stiele entfernen und wegwerfen, die Hüte fein hacken. Garnelen aus der Schale brechen, Darm entfernen, Garnelen ebenfalls fein hacken. Pilze und Garnelen in eine Schüssel mit Hackfleisch, Salz, Eiweiß, Reiswein, Sojasauce und genügend Speisestärke geben, damit die Masse zusammen-hält. Die Tasche jedes Tofustückes damit füllen. (Die Stücke klaffen dadurch auseinander.)

DEN WOK erhitzen, das Öl sehr heiß werden las-sen. Tofudreiecke auf jeder Seite in 2 Minuten gold-braun braten. Öl abgießen. Brühe und Austern-sauce angießen, aufkochen, Tofu 5–6 Minuten schmoren lassen. Mit Frühlingszwiebel bestreuen.

豆瓣酱炒豆腐

TOFU IN GELBER BOHNENSAUCE

400 g fester Tofu, abgetropft
2 EL Öl
1 Knoblauchzehe, zerdrückt
1 1/2 EL gelbe Bohnensauce
2 TL Austernsauce
2 TL Zucker
2 TL Speisestärke
1 Frühlingszwiebel, in 2 cm lange Stücke geschnitten
5 Korianderzweige

FÜR 4 PERSONEN

DEN TOFU in mundgerechte Stücke schneiden. Den Wok mittelstark erhitzen und das Öl darin heiß werden lassen. Den Tofu auf beiden Seiten goldbraun braten.

KNOBLAUCH, Bohnen- und Austernsauce sowie Zucker dazugeben und gut verrühren. Speisestärke in 175 ml Wasser anrühren, mit der Frühlings-zwiebel in die Sauce geben und köcheln lassen, bis sie eingedickt und die Frühlingszwiebelstücke bissfest sind. Falls die Sauce zu dick ist, etwas Wasser zugeben. Mit Korianderzweigen garnieren.

焖 面 筋

GESCHMORTES GLUTEN

WÄSCHT MAN DIE STÄRKE AUS EINEM WEIZENMEHLTEIG, WIRD ER SCHWAMMIG UND PORÖS – ÄHN-

LICH WIE TOFU, NUR VIEL FESTER. GLUTEN LÄSST SICH AUF DIE GLEICHE ART ZUBEREITEN WIE

FLEISCH. FÜR DIESES REZEPT KÖNNEN SIE AUCH 300 GRAMM FERTIGES GLUTEN VERWENDEN.

1 kg Mehl
1½ TL Salz
Öl zum Frittieren
1 TL Zucker
1 EL helle Sojasauce
3–4 EL Gemüsebrühe (Seite 281)
¼ TL Sesamöl

FÜR 4 PERSONEN

DAS MEHL mit 1 TL Salz in eine Schüssel sieben. Nach und nach 550 ml warmes Wasser dazugeben und zu einem glatten Teig kneten. Mit einem feuchten Tuch abdecken und 55–60 Minuten an einem warmen Ort gehen lassen.

DEN TEIG unter kaltes Wasser halten und unter Ziehen, Drücken und Pressen mit den Händen die gesamte Stärke herauswaschen. Nach 10–15 Minuten sollten etwa 300 g Gluten übrig bleiben. So viel Wasser wie möglich aus dem Teig herausdrücken, damit er hart wird. Anschließend in mundgerechte Stücke schneiden. Gut trocknen lassen.

DEN WOK zu einem Viertel mit Öl füllen und auf 180 °C erhitzen (so lange, bis ein Brotwürfel darin in 15 Sekunden goldbraun wird). Die Glutenstücke 3 Minuten frittieren, bis sie goldbraun sind. Herausnehmen und abtropfen lassen. Vom Öl 1 TL zurückbehalten, den Rest abgießen.

DAS ÖL erneut stark erhitzen. Gluten, restliches Salz, Zucker, Sojasauce und Brühe hineingeben. Aufkochen und 2–3 Minuten schmoren lassen, bis die Flüssigkeit verdampft ist. Mit Sesamöl beträufeln und heiß oder kalt servieren.

Die Stärke unter fließendem Wasser gründlich aus dem Gluten herauswaschen. Am Ende sollte das Glutenstück schnittfest sein.

Buddhistischer Tempel in Sichuan

In der Umgebung von Tempeln werden Weihrauch und Opfergaben auf der Straße verkauft.

FALSCHE ENTE

IN CHINAS VEGETARISCHER KÜCHE ERSETZT GLUTEN DAS FLEISCH. DIESES GERICHT SIEHT NICHT NUR WIE ENTE AUS, ES WIRD AUCH SO ZUBEREITET. SIE KÖNNEN DAS GLUTEN SELBST HERSTELLEN ODER 300 GRAMM GEBRAUCHSFERTIGES KAUFEN UND WIE ENTENSTÜCKE FORMEN.

1 kg Mehl
1 TL Salz
1½ EL Speisestärke
2 EL Öl
1 grüne Paprikaschote, in Würfel geschnitten
125 ml Gemüsebrühe (Seite 281)
2 EL helle Sojasauce
2 TL Shaoxing-Reiswein
1 TL Zucker
1 TL Sesamöl

FÜR 4 PERSONEN

DAS MEHL in eine Schüssel sieben, das Salz dazugeben. Nach und nach 550 ml warmes Wasser dazugeben und alles zu einem glatten Teig kneten. Feucht abdecken und 55–60 Minuten an einem warmen Ort gehen lassen.

DEN TEIG unter kaltes Wasser halten und unter Ziehen, Drücken und Pressen mit den Händen die gesamte Stärke herauswaschen. Nach 10–15 Minuten sollten etwa 300 g Gluten übrig bleiben. So viel Wasser wie möglich aus dem Teig herausdrücken, damit er hart wird. Anschließend in mundgerechte Stücke schneiden. Gut trocknen lassen.

GLUTEN mit 1 EL Speisestärke bestäuben. Den Wok stark erhitzen und das Öl darin sehr heiß werden lassen. Gluten ganz kurz pfannenrühren, bis es rundum braun ist, dann aus dem Wok nehmen. Die Paprikawürfel pfannenrühren, bis die Ränder braun zu werden beginnen, dann herausnehmen. Das Öl abgießen.

BRÜHE, Sojasauce, Reiswein und Zucker in den Wok geben und aufkochen lassen. Gluten und Paprikaschote 1 Minute darin mitköcheln.

RESTLICHE SPEISESTÄRKE in etwas kaltem Wasser anrühren, in die Sauce geben und köcheln lassen, bis sie eingedickt ist. Mit Sesamöl beträufeln und servieren.

GEMÜSE

Lilienknospen werden auch Goldnadeln genannt. Nach dem Einweichen ähneln sie weichen Sojasprossen.

Besucher eines buddhisti-
schen Tempels entzünden
Opferkerzen.

佛跳墙

BUDDHAS ENTZÜCKEN

DAS ORIGINALREZEPT DIESES BEKANNTEN VEGETARISCHEN GERICHTS SCHREIBT 18 VERSCHIEDENE
ZUTATEN VOR – SIE REPRÄSENTIEREN DIE 18 BUDDHAS. HEUTE SIND ALLGEMEIN ZWISCHEN SECHS
UND ACHT ZUTATEN ÜBLICH.

25 g Lilienknospen (Goldnadeln)
6–8 getrocknete Shiitake-Pilze
10 g getrocknete Wolkenohrpilze
    (Mu-err-Pilze)
150 g geschmortes Gluten
    (Seite 199) oder gebrauchsfertiges
    geschmortes Gluten, abgetropft
50 g Pufftofu (frittierte Tofuwürfel)
100 g Sojasprossen
1 Karotte
4 EL Öl
50 g Zuckerschoten, Enden
    abgeschnitten
1 TL Salz
1/2 TL Zucker
4 EL Gemüsebrühe (Seite 281)
2 EL helle Sojasauce
1/2 TL Sesamöl

FÜR 4 PERSONEN

LILIENKNOSPEN 30 Minuten in kochend heißem
Wasser einweichen. Waschen und gut abtropfen
lassen; die Wurzeln entfernen, wenn sie hart sind.
Die Shiitake-Pilze 30 Minuten in heißem Wasser
einweichen, dann abtropfen lassen und gut ausdrücken. Die Stiele entfernen und wegwerfen, die
Hüte je nach Größe halbieren oder vierteln. Die
Wolkenohrpilze 20 Minuten in kaltem Wasser einweichen, abtropfen lassen und gut ausdrücken;
große Wolkenohrpilze halbieren.

GLUTEN und Tofu in kleine Stücke schneiden.
Die Sojasprossen waschen, Hülsen und lose End-
stücke entfernen und gründlich trockentupfen. Die
Karotte diagonal in dünne Scheiben schneiden.

DEN WOK erhitzen und Öl darin sehr heiß werden
lassen. Die Karottenstücke 30 Sekunden pfannenrühren. Zuckerschoten und Sojasprossen dazugeben und 1 Minute pfannenrühren. Dann Gluten,
Tofu, Lilienknospen, Shiitake- und Wolkenohrpilze,
Salz, Zucker, Brühe und Sojasauce hinzufügen.
Alles gut verrühren, abdecken und 2 Minuten
sanft schmoren lassen.

ZUM SCHLUSS das Sesamöl unterrühren und
das Gericht heiß oder kalt servieren.

炒生菜

PFANNENGERÜHRTER GRÜNER SALAT

GRÜNER SALAT WIRD IN CHINA NORMALERWEISE GEGART UND IST IN VIELEN VARIANTEN ERHÄLTLICH. ER DIENT ALS SUPPENEINLAGE, KOMMT IN PFANNENGERICHTE UND EINTÖPFE ODER WIRD SEPARAT ALS GEMÜSEBEILAGE SERVIERT. FÜR DIESES REZEPT EIGNET SICH JEDER KNACKIGE SALAT.

750 g knackiger grüner Salat
1 EL Öl
4 EL Austernsauce
1 TL Sesamöl

FÜR 4 PERSONEN

DEN SALAT halbieren und in breite Streifen schneiden. Eventuell Wurzeln oder Strunk entfernen. Salatstreifen gründlich waschen und gut trockentupfen. (Wenn sie zu nass sind, garen sie später nur im Dampf, braten aber nicht.)

DEN WOK erhitzen und das Öl darin sehr heiß werden lassen. Den Salat pfannenrühren, bis er zusammenzufallen beginnt. Die Austernsauce angießen und alles gut miteinander vermischen. Sesamöl darüberträufeln, würzen und servieren.

炒豆芽

PFANNENGERÜHRTE BOHNENSPROSSEN

UNTER BOHNENSPROSSEN VERSTEHT MAN SOJA- ODER MUNGBOHNENSPROSSEN; IN DIESEM REZEPT WERDEN BEIDE VERWENDET. SOJASPROSSEN SIND ETWAS GRÖSSER UND WESENTLICH ROBUSTER BEIM GAREN. IN CHINA ERFREUEN SIE SICH GRÖSSTER BELIEBTHEIT.

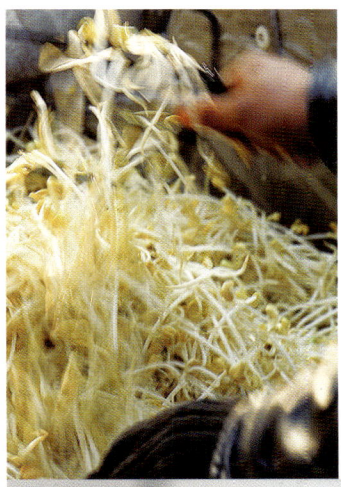

200 g Mungbohnensprossen
200 g Sojasprossen
1 EL Öl
1 rote Chilischote, fein gehackt
1 Frühlingszwiebel, fein gehackt
2 EL helle Sojasauce

FÜR 4 PERSONEN

DIE SPROSSEN waschen. Hülsen und lose Endstücke entfernen und gründlich abtropfen lassen.

DEN WOK erhitzen und das Öl darin sehr heiß werden lassen. Chilischote und Frühlingszwiebel 30 Sekunden pfannenrühren, die Sprossen hinzufügen und rühren, bis sie zusammenfallen. Sojasauce angießen, 1 Minute weiterrühren, würzen und servieren.

PFANNENGERÜHRTE
BOHNENSPROSSEN

Frische Bambussprossen

炒双冬

PFANNENGERÜHRTER ZWILLINGSWINTER

DIESES EINFACHE GERICHT WIRD »ZWILLINGSWINTER« GENANNT, WEIL SOWOHL DIE PILZE ALS AUCH DIE BAMBUSSPROSSEN IN DEN WINTERMONATEN AM BESTEN SCHMECKEN. BEI EINER VARIANTE DES REZEPTS, DEM »DREIERWINTER«, KOMMT NOCH KOHL DAZU.

12 getrocknete Shiitake-Pilze
300 g frische Bambussprossen
    oder aus der Dose, gewaschen
    und abgetropft
3 EL Öl
2 EL helle Sojasauce
2 TL Zucker
2 TL Speisestärke
1/2 TL Sesamöl

FÜR 4 PERSONEN

DIE PILZE 30 Minuten in kochend heißem Wasser einweichen, gut abtropfen lassen und gut ausdrücken. Das Einweichwasser zurückbehalten. Die Stiele entfernen und die Hüte je nach Größe halbieren oder vierteln. Die Bambussprossen auf die gleiche Größe wie die Pilze schneiden.

DEN WOK erhitzen, das Öl darin sehr heiß werden lassen. Pilze und Bambussprossen 1 Minute pfannenrühren. Sojasauce mit dem Zucker hinzufügen, kurz umrühren, dann 125 ml vom Einweichwasser angießen. Aufkochen und 2 Minuten unter ständigem Rühren schmoren lassen.

SPEISESTÄRKE in Wasser anrühren, zur Sauce geben und köcheln lassen, bis sie eingedickt ist. Mit Sesamöl beträufeln, gut mischen und servieren.

PFANNENGERÜHRTER
CHINAKOHL

炒包菜

PFANNENGERÜHRTER CHINAKOHL

CHINAKOHL WIRD IN DER KALTEN JAHRESZEIT GEERNTET, IST HEUTE JEDOCH DAS GANZE JAHR ÜBER ERHÄLTLICH. ES GIBT ZWEI SORTEN: EINE HAT HELLGRÜNE BLÄTTER, DIE ANDERE HELLGELBE.

30 g getrocknete Garnelen
1 EL Öl
400 g Chinakohl, in 1 cm große
    Streifen geschnitten
1 EL helle Sojasauce
2 TL Zucker
1 EL klarer Reisessig
2 TL Sesamöl

FÜR 4 PERSONEN

DIE GARNELEN 1 Stunde in heißem Wasser einweichen, dann abtropfen lassen.

DEN WOK erhitzen, das Öl darin sehr heiß werden lassen. Den Chinakohl 2 Minuten pfannenrühren, bis er zusammenfällt. Garnelen, Sojasauce, Zucker und Reisessig hinzufügen und 1 Minute köcheln lassen. Das Sesamöl darüberträufeln; das Gericht sofort servieren.

Stand mit eingelegtem Senfkohl (unten, zweiter von links) in Peking

回锅长豆

ZWEIFACH GEGARTE SCHLANGENBOHNEN

DAS REZEPT AUS SICHUAN HEISST SO, WEIL DIE BOHNEN ZUERST GEBRATEN, DANN MIT GEWÜRZEN IN

SAUCE GESCHMORT WERDEN. TRADITIONELL VERWENDET MAN SCHLANGENBOHNEN, AUCH SPARGEL-

BOHNEN GENANNT. SIE SIND IM ASIALADEN ERHÄLTLICH. GRÜNE BOHNEN SCHMECKEN EBENFALLS GUT.

1 kg Schlangenbohnen (Spargel-
   bohnen) oder grüne Bohnen,
   geputzt
150 g Schweine- oder Rinderhack-
   fleisch
2 EL helle Sojasauce
1¹/₂ EL Shaoxing-Reiswein
¹/₂ TL Sesamöl
Öl zum Frittieren
5 EL fein gehackter eingelegter
   Senfkohl
3 Frühlingszwiebeln, fein gehackt
1¹/₂ TL Zucker

FÜR 6 PERSONEN

DIE BOHNEN diagonal in 5 cm lange Stücke schneiden. Das Hackfleisch mit einem Küchenbeil hacken, damit die Konsistenz lockerer wird. Danach in einer Schüssel mit 1 TL Sojasauce, 1 TL Reiswein und dem Sesamöl kräftig zu einem glatten Fleischteig vermischen.

DEN WOK zu einem Viertel mit Öl füllen und auf 180 °C erhitzen (so lange, bis ein Brotwürfel darin in 15 Sekunden goldbraun wird). Ein Drittel der Bohnen hineingeben und den Wok sofort abdecken, damit das Öl nicht spritzt. Die Bohnen unter ständigem Rühren 3¹/₂–4 Minuten frittieren, bis sie weich und an den Rändern goldbraun sind. Mit einem Drahtsieb oder einem Schaumlöffel herausnehmen und gut abtropfen lassen. Das Öl noch einmal heiß werden lassen und den Vorgang mit den restlichen Bohnen wiederholen. Vom Öl 1 EL zurückbehalten, den Rest abgießen.

DAS ÖL wieder erhitzen. Das Hackfleisch darin pfannenrühren, bis sich die Farbe der bröseligen Masse zu ändern beginnt. Das Fleisch an den Rand des Woks schieben. Den Senfkohl und die Frühlingszwiebeln hinzufügen und bei starker Hitze 15 Sekunden pfannenrühren. Die Bohnen mit der restlichen Sojasauce und dem Reiswein sowie den Zucker und 1 EL Wasser dazugeben. Dann das Fleisch wieder in die Mitte der Pfanne zurückschieben und verrühren, damit sich die Bohnen mit der Sauce überziehen.

Auf dem Markt wird Schweine-
hack mit zwei Küchenbeilen von
Hand hergestellt.

蚝油炒西兰菜

CHINESISCHER BROKKOLI IN AUSTERNSAUCE

CHINESISCHER BROKKOLI BESITZT LÄNGERE STIELE UND KLEINERE RÖSCHEN ALS SEIN WESTLICHER VERWANDTER; AUSSERDEM SCHMECKT ER LEICHT BITTER. MEIST IST ER GRÜN, MANCHE VARIANTEN SIND ABER AUCH VIOLETT. ER IST IN ASIALÄDEN ERHÄLTLICH.

1 kg Chinesischer Brokkoli (Gai Lan)
1¹/₂ EL Öl
2 Frühlingszwiebeln, fein gehackt
1¹/₂ EL Ingwerpulver
3 Knoblauchzehen, fein gehackt
3 EL Austernsauce
1¹/₂ EL helle Sojasauce
1 EL Shaoxing-Reiswein
1 TL Zucker; 1 TL Sesamöl
125 ml Hühnerbrühe (Seite 281)
2 TL Speisestärke

FÜR 6 PERSONEN

DEN BROKKOLI gut waschen und alle holzig aussehenden Stiele entfernen. Den Rest diagonal in 2 cm große Stücke schneiden. In einem Topf mit kochend heißem Wasser 2 Minuten blanchieren, bis die Stiele und Blätter weich sind. Danach abschrecken und gut trockentupfen.

DEN WOK erhitzen und das Öl darin sehr heiß werden lassen. Frühlingszwiebeln, Ingwer und Knoblauch 10 Sekunden pfannenrühren. Dann Brokkoli dazugeben und warten, bis er erwärmt ist. Die restlichen Zutaten vermischen, in den Wok geben und rühren, bis die Sauce eingedickt ist. Der Brokkoli sollte vollständig davon umhüllt sein.

四川鱼香茄子

PIKANTE AUBERGINEN NACH SICHUAN-ART

CHINESISCHE AUBERGINEN SIND LANG, DÜNN UND ETWA SO GROSS WIE ZUCCHINI. SIE PASSEN EBENSO PERFEKT ZU MILDEN WIE ZU PIKANTEN SAUCEN, DA IHR ZARTES FRUCHTFLEISCH AROMEN GUT AUFNIMMT. MAN KANN STATTDESSEN AUCH UNSERE KLEINEN ZARTEN AUBERGINEN VERWENDEN.

500 g chinesische Auberginen oder
   dünne europäische Auberginen
¹/₂ TL Salz
3 EL helle Sojasauce
1 EL Shaoxing-Reiswein
1 EL Sesamöl
2 TL klarer Reisessig
1 TL Zucker
1 Frühlingszwiebel, fein gehackt
2 Knoblauchzehen, fein gehackt
1 TL Chili-Bohnenpaste (Toban Jiang)

FÜR 6 PERSONEN

DIE AUBERGINEN schälen, von den Enden befreien und der Länge nach halbieren. Jede Hälfte in 2 cm dicke Streifen schneiden, diese in 5 cm lange Stücke teilen. In eine Schüssel geben, mit Salz bestreuen, alles gut vermischen und 1 Stunde beiseitestellen. Das ausgetretene Wasser abgießen.

DIE AUBERGINEN auf einem feuerfesten Teller in den Dämpfkorb stellen. Abgedeckt 20 Minuten im Wok über köchelndem Wasser weich dämpfen. Die restlichen Zutaten in einer Schüssel zu einer Sauce verrühren, über die Auberginenstücke träufeln und vorsichtig unterheben.

PIKANTE AUBERGINEN
NACH SICHUAN-ART

蒜爆炒豆苗

ERBSENSPROSSEN MIT KNOBLAUCH

ERBSENSPROSSEN SIND DIE ZARTEN OBEREN BLÄTTER DER ERBSENPFLANZE. MIT ETWAS ÖL UND KNOBLAUCH PFANNENGERÜHRT, SCHMECKEN SIE EINMALIG GUT. ERSATZWEISE KANN JUNGER SPINAT ODER JEDES ANDERE GRÜNE BLATTGEMÜSE VERWENDET WERDEN.

Verkauf von Erbsensprossen in Dali

350 g Erbsensprossen
1 TL Öl
2 Knoblauchzehen, fein gehackt
1¹/₂ EL Shaoxing-Reiswein
¹/₄ TL Salz

FÜR 6 PERSONEN

SPROSSEN von harten Stielen und welken Blättern befreien, gut waschen und trockentupfen.

DEN WOK erhitzen, das Öl darin heiß werden lassen. Erbsensprossen und Knoblauch 20 Sekunden darin schwenken. Reiswein und Salz zugeben, alles 1 Minute pfannenrühren, bis die Blätter leicht zusammenfallen; sie sollen noch hellgrün sein. Mit möglichst wenig Flüssigkeit auf einem Teller anrichten. Heiß, raumtemperiert oder kalt servieren.

炒莲藕

PFANNENGERÜHRTE LOTUSWURZELN

DIE LOTUSBLUME GILT IN DER BUDDHISTISCHEN KULTUR ALS SYMBOL FÜR REINHEIT, WEIL SIE HELL UND SAUBER IST, OBWOHL IHRE WURZELN TIEF IM SCHLAMM STECKEN. LOTUSWURZELN SIND ROH ODER GEKOCHT GENIESSBAR UND HABEN EINE KNACKIGE KONSISTENZ.

450 g frische oder
   350 g gebrauchsfertige
   Lotuswurzeln
1 EL Öl
1 Knoblauchzehe, in dünne
   Scheiben geschnitten
10 sehr dünne Scheiben Ingwer
2 Frühlingszwiebeln, fein gehackt
50 g chinesischer Schinken, von
   der Haut befreit und in Würfel
   geschnitten
1 EL Shaoxing-Reiswein
1 EL helle Sojasauce
1 TL Zucker

FÜR 4 PERSONEN

FRISCHE LOTUSWURZELN schälen, in Scheiben schneiden, waschen und abtropfen lassen; gebrauchsfertige müssen nur gewaschen, in Scheiben geschnitten und trockengetupft werden.

DEN WOK erhitzen, das Öl darin sehr heiß werden lassen. Knoblauch und Ingwer 30 Sekunden pfannenrühren. Frühlingszwiebeln, Schinken und Lotuswurzeln dazugeben und 1 Minute pfannenrühren. Reiswein, Sojasauce und Zucker hinzufügen, alles 2–3 Minuten garen, bis die Lotuswurzeln zwar weich sind, aber noch Biss haben.

PFANNENGERÜHRTE
LOTUSWURZELN

Gärtnerei bei Guilin

PFANNENGERÜHRTE
EIER UND TOMATEN

番茄炒蛋

PFANNENGERÜHRTE EIER UND TOMATEN

DIESES EINFACHE RÜHREIGERICHT WIRD MIT TOMATEN, FRÜHLINGSZWIEBELN UND SESAMÖL VERFEINERT UND KANN ALS HAUPTMAHLZEIT ODER BEILAGE SERVIERT WERDEN. MAN BEREITET ES IM WOK ODER IN EINER PFANNE MIT ANTIHAFTBESCHICHTUNG ZU.

4 Eier
2 TL Sesamöl
1 EL neutrales Öl
2 Frühlingszwiebeln, fein gehackt
2 große, sehr reife Tomaten,
   gehackt

FÜR 4 PERSONEN

DIE EIER mit Sesamöl verquirlen und salzen.
Einen Wok oder eine Pfanne mit Antihaftbeschichtung erhitzen und das Öl darin sehr heiß werden lassen. Zuerst die Frühlingszwiebeln 30 Sekunden pfannenrühren, dann die Tomaten zugeben und weitere 30 Sekunden pfannenrühren. Die Eier hinzufügen und rühren, bis sie gestockt sind.

Die Stangen des chinesischen Bleichselleries sind dunkler, der Geschmack ist ausgeprägter.

芹菜沙律

BLEICHSELLERIESALAT

VERWENDEN SIE MÖGLICHST NUR JUNGEN BLEICHSELLERIE OHNE ZÄHE FÄDEN. WENN SIE KEINEN BEKOMMEN, MÜSSEN DIE FÄDEN VOR DEM ZERTEILEN DER STANGEN UNBEDINGT ABGEZOGEN WERDEN. VEGETARIER KÖNNEN DIE GARNELEN AUCH WEGLASSEN.

2 EL getrocknete Garnelen
2 EL Shaoxing-Reiswein
8 Stangen Chinesischer Bleichsellerie (oder normaler Staudensellerie)
1 EL helle Sojasauce
1 EL Zucker
1 EL klarer Reisessig
1 TL Sesamöl
1 EL fein gehackter Ingwer

FÜR 4 PERSONEN

DIE GARNELEN 1 Stunde im Reiswein einweichen.

DEN SELLERIE in dünne Stücke schneiden, 1–2 Minuten in einem Topf mit heißem Wasser blanchieren, kalt abschrecken und gut trockentupfen. Auf einer Servierplatte anrichten.

DIE GARNELEN und den Reiswein mit Sojasauce, Zucker, Reisessig, Sesamöl und Ingwer vermengen. Alles gut verrühren und vor dem Servieren über das Gemüse gießen.

酿苦瓜炒豆瓣酱

GEFÜLLTE BITTERGURKEN IN BOHNENSAUCE

DIE BITTERGURKE MACHT IHREM NAMEN ALLE EHRE; AN IHREN GESCHMACK MUSS MAN SICH ERST GEWÖHNEN. KAUFEN SIE REIFERE, GELBERE EXEMPLARE, DIESE SCHMECKEN ETWAS SÜSSER. AUCH BEIM BLANCHIEREN VERLIERT DAS GEMÜSE ETWAS VON SEINEM BITTEREN GESCHMACK.

FÜR DIE SCHWARZE BOHNENSAUCE

2 EL gesalzene, vergorene schwarze Bohnen, gewaschen und grob gehackt
2 Knoblauchzehen, fein gehackt
2 TL fein gehackter Ingwer
2–3 kleine rote Chilischoten, Samen entfernt, in dünne Scheiben geschnitten
2 TL Austernsauce
2 TL Sojasauce
3 TL Zucker

3 Bittergurken
500 g festes weißes Fischfilet, etwa vom Kabeljau, Heilbutt oder Seeteufel, Haut entfernt
3 TL fein gehackter Ingwer
3 TL helle Sojasauce
1 TL Sesamöl
25 g fein gehacktes Koriandergrün
2 Frühlingszwiebeln, in dünne Ringe geschnitten
1/4 TL frisch gemahlener weißer Pfeffer
2 1/2 EL Speisestärke
2 EL Öl

FÜR 4 PERSONEN

FÜR DIE SAUCE schwarze Bohnen, Knoblauch, Ingwer, Chilis, Austern- und Sojasauce sowie Zucker in einer Schüssel verrühren. Beiseitestellen.

DIE BITTERGURKEN in etwa 2,5 cm dicke Ringe schneiden, Fruchtfleisch und Kerne herausschaben. Gurkenstücke 2–3 Minuten in einem Topf mit heißem Wasser blanchieren, kalt abschrecken und gut trockentupfen.

DIE FISCHFILETS mit dem Küchenbeil oder in der Küchenmaschine zerkleinern und mit Ingwer, Sojasauce, Sesamöl, Koriandergrün, Frühlingszwiebeln, Pfeffer und 1 EL Speisestärke in eine Schüssel geben. Gut verrühren und 1 Stunde in den Kühlschrank stellen, damit sich die Aromen entfalten können.

DIE BITTERGURKEN leicht in 1 EL Speisestärke wenden, damit die Füllung anschließend besser haften bleibt. Jedes Stück mit der Fischfarce füllen. Den Wok erhitzen und das Öl darin sehr heiß werden lassen. Die gefüllten Bittergurkenringe nacheinander goldbraun anbraten, ohne sie zu wenden. Herausnehmen und warm stellen.

BOHNENSAUCE in den Wok gießen und 1 Minute bei mittlerer Hitze pfannenrühren. Das Gemüse hineingeben und mit der Sauce beträufeln.

ÜBRIGE SPEISESTÄRKE in etwa 170 ml Wasser verrühren, in die Sauce geben und köcheln lassen, bis sie eingedickt ist.

Die Füllung fest in den Hohlraum jedes Gurkenringes drücken, damit sie sich beim Braten nicht löst.

炒西兰菜

CHINESISCHER BROKKOLI MIT SOJASAUCE

CHINESISCHER BROKKOLI (GAI LAN) IST EIN VIELSEITIGES, GESUNDES GEMÜSE, DAS SICH SCHNELL ZUBEREITEN LÄSST. BLÄTTER UND STIELE SIND ESSBAR. MAN KANN DEN BROKKOLI MIT AUFWENDIGEN SAUCEN SERVIEREN, ABER AUCH NUR MIT SOJA- UND AUSTERNSAUCE BETRÄUFELN.

Chinesischen Brokkoli (Gai Lan) gibt es in der üblicheren grünen und einer dunkelvioletten Variante.

400–500 g Chinesischer Brokkoli
  (Gai Lan)
2 EL Öl
1 EL Austernsauce
2 EL helle Sojasauce

FÜR 4 PERSONEN

DEN BROKKOLI gut waschen. Holzige Stiele entfernen, alle anderen halbieren. Blätter und Stiele in einem Topf mit heißem Wasser 2 Minuten blanchieren, bis sie weich sind. Kalt abschrecken, gründlich trockentupfen. In einer Servierschüssel anrichten.

DEN WOK erhitzen, das Öl darin sehr heiß werden lassen. Das heiße Öl sehr langsam über den Brokkoli gießen. Vorsicht, es spritzt! Das Öl gut mit dem Gemüse vermischen, zum Schluss alles mit Austern- und Sojasauce beträufeln. Heiß servieren.

炒菠菜

PFANNENGERÜHRTER PAKSOI

PAKSOI GIBT ES IN VERSCHIEDENEN SORTEN UND GRÖSSEN; MANCHE HABEN LANGE WEISSE BLATTSTIELE UND DUNKELGRÜNE BLÄTTER, BEI ANDEREN, WIE PAKSOI SHANGHAI, SIND DIE BLÄTTER BLASSGRÜN UND DIE BLATTSTIELE KÜRZER. IN DEN REZEPTEN SIND SIE AUSTAUSCHBAR.

CHINESISCHER BROKKOLI
MIT SOJASAUCE

400 g Paksoi
2 EL Öl
2 Knoblauchzehen, mit der flachen
  Seite des Küchenbeils zerdrückt
3 dünne Scheiben Ingwer, mit der
  flachen Seite des Küchenbeils
  zerdrückt
3 EL Hühnerbrühe (Seite 281)
1 TL Zucker
Salz oder helle Sojasauce zum
  Abschmecken
1 TL Sesamöl

FÜR 4 PERSONEN

PAKSOI in 5–8 cm lange Stücke schneiden. Eventuell Wurzeln, die sie zusammenhalten, entfernen. Gemüse waschen und trockentupfen.

DEN WOK erhitzen, das Öl darin sehr heiß werden lassen. Zuerst den Knoblauch und den Ingwer 30 Sekunden pfannenrühren, dann den Paksoi zugeben und pfannenrühren, bis er beginnt, zusammenzufallen. Sofort die Brühe angießen, alles mit Zucker sowie Salz oder Sojasauce abschmecken. Abgedeckt 2 Minuten köcheln lassen, bis Blattstiele und Blätter weich, aber noch grün sind. Mit Sesamöl beträufeln und heiß servieren.

酸辣包心菜

SCHARFSAURER CHINAKOHL

DIESES GERICHT IST ALS BEILAGE ODER SNACK IN VIELEN TEILEN CHINAS SEHR BELIEBT. BESONDERS
SCHÄTZT MAN ES IN HANGZHOU, EINER STADT IM OSTEN, DIE SICH VIELER SPEZIALITÄTEN RÜHMT.
MAN KANN AUCH ANDERES GEMÜSE VERWENDEN. ES SCHMECKT HEISS, LAUWARM ODER KALT.

Chinakohl auf einem Markt in
Peking; oft wird er zum Schutz
gegen Frost in Decken gehüllt.

1 kleiner Chinakohl
3 EL helle Sojasauce
1/2 TL Salz
2 EL Zucker
4 EL schwarzer Reisessig
1 EL Öl
1 rote Chilischote, fein gehackt
2 1/2 EL fein gehackter Ingwer
1 1/2 rote Paprikaschoten, in 5 mm
   große Würfel geschnitten
1 1/2 EL Shaoxing-Reiswein
1 TL Sesamöl

FÜR 6 PERSONEN

CHINAKOHLBLÄTTER ablösen, die Blattrippen
herausschneiden. Die Blätter der Länge nach in
1 cm breite Streifen schneiden. Blattrippen und
Blätterstreifen getrennt beiseitestellen.

SOJASAUCE mit Salz, Zucker und Reisessig verrühren und beiseitestellen.

DEN WOK erhitzen, das Öl sehr heiß werden lassen. Chili und Ingwer 15 Sekunden pfannenrühren,
Paprika zugeben und 30 Sekunden weiterrühren.
Reiswein angießen, alles noch 30 Sekunden pfannenrühren. Blattrippen hinzufügen, kurz verrühren,
1 Minute dünsten. Blätter dazugeben und kurz
umrühren. Sojasaucenmischung darübergießen,
30 Sekunden köcheln lassen, Sesamöl unterrühren. Heiß, raumperiert oder kalt servieren.

黑椒炒白菜

ROSETTENKABIS MIT SCHWARZEM PFEFFER

ROSETTENKABIS (TATSOI) IST EIN SPINATÄHNLICHES BLATTGEMÜSE MIT DUNKELGRÜNEN, GLÄNZEN-
DEN BLÄTTERN UND WEISSEN BLATTRIPPEN. DIE BLÄTTER MÜSSEN SEHR GRÜNDLICH GEWASCHEN
WERDEN, WEIL SICH OFT VIEL SCHMUTZ DARIN VERBIRGT.

1 Rosettenkabis (Tatsoi)
1 EL Öl
2 Knoblauchzehen, in Scheiben
   geschnitten
1/4 TL frisch gemahlener schwarzer
   Pfeffer
2 TL Shaoxing-Reiswein
Helle Sojasauce zum Abschmecken
2 TL Sesamöl

FÜR 4 PERSONEN

DIE BLÄTTER des Rosettenkabis ablösen, gut
waschen und trockentupfen.

DEN WOK erhitzen und das Öl darin sehr heiß
werden lassen. Den Knoblauch einige Sekunden
pfannenrühren. Die Blätter hinzufügen und pfannenrühren, bis sie zusammenfallen. Pfeffer und
Reiswein dazugeben und verrühren. Mit der Sojasauce würzen und mit Sesamöl beträufeln.

ROSETTENKABIS MIT
SCHWARZEM PFEFFER

芥末白菜卷

KOHLRÖLLCHEN MIT SENF

SENFSAMEN STAMMT VON PFLANZEN, DIE ZUR KOHLFAMILIE GEHÖREN UND SEIT JAHRHUNDERTEN IN CHINA KULTIVIERT WERDEN. URSPRÜNGLICH WURDE SENF DER BLÄTTER WEGEN ANGEBAUT, ER WIRD ABER MANCHMAL AUCH ALS GEWÜRZ IN PULVERFORM ODER ALS WÜRZPASTE VERWENDET.

1 Chinakohl
3 EL englisches Senfpulver
1 EL helle Sojasauce
1 EL klarer Reisessig
1 TL Sesamöl

FÜR 4 PERSONEN

DIE KOHLBLÄTTER ablösen und 1 Minute in einem Topf mit kochend heißem Wasser blanchieren. Kalt abschrecken und gut trockentupfen.

SENFPULVER mit Sojasauce, Reisessig und Sesamöl verrühren, kaltes Wasser dazugeben und alles zu einer streichfähigen Paste verarbeiten.

KOHLBLÄTTER in längliche, 5 cm breite Streifen schneiden. Für jedes Röllchen werden drei Streifen benötigt: Den ersten Streifen auf die Arbeitsfläche legen und mit einer dünnen Schicht Senf bestreichen. Mit dem zweiten und dem dritten Senfstreifen belegen und aufrollen. Drei weitere Röllchen vorbereiten, alle aufrecht auf einem feuerfesten Teller in den Dämpfkorb stellen und abgedeckt 20 Minuten über köchelndem Wasser im Wok dämpfen.

Blanchierte Blätter lassen sich leichter rollen. Sie sollten nur dünn mit Senf bestrichen werden.

虾酱炒菠菜

WASSERSPINAT MIT GARNELENSAUCE

1 kg Wasserspinat (Ong Choy)
2¹/₂ EL Öl
2 TL chinesische Garnelenpaste
3 Knoblauchzehen, zerdrückt
1–2 rote Chilischoten, Samen
  entfernt, gehackt
2 TL Austernsauce
2 TL Zucker

FÜR 4 PERSONEN

DEN SPINAT gut waschen und trockentupfen. Harte untere Stängel entfernen; nur junge Blätter und Blattstiele verwenden.

DEN WOK erhitzen und 1¹/₂ EL Öl darin sehr heiß werden lassen. Den Spinat 1 Minute pfannenrühren, bis er zusammenzufallen beginnt. In einem Sieb abtropfen lassen.

RESTLICHES ÖL, Garnelenpaste, Knoblauch und Chilischoten in den Wok geben. Bei mittlerer Hitze 30 Sekunden bis 1 Minute verrühren, damit sich die Aromen entfalten. Spinat, Austernsauce und Zucker hinzufügen und 1 Minute rühren.

WASSERSPINAT MIT
GARNELENSAUCE

REIS & NUDELN

GEBRATENER REIS MIT EI

GEBRATENER REIS MIT EI

IN CHINA WIRD ZU ALLTAGSGERICHTEN EINFACHER GEKOCHTER REIS SERVIERT. GEBRATENEN REIS HINGEGEN ISST MAN ALS SNACK ODER ALS LETZTEN GANG BEI FESTMÄHLERN. DIESE SCHNELLE VARIANTE EIGNET SICH HERVORRAGEND FÜR ZWISCHENDURCH.

4 Eier
1 Frühlingszwiebel, gehackt
50 g frische oder tiefgefrorene
   Erbsen (nach Belieben)
3 EL Öl
1 Portion gekochter Reis (Seite 274)

FÜR 4 PERSONEN

DIE EIER verquirlen, 1 Prise Salz dazugeben und 1 TL Frühlingszwiebelstücke untermischen. Frische Erbsen 3–4 Minuten, tiefgefrorene 1 Minute in köchelndem Wasser garen.

DEN WOK erhitzen, Öl darin sehr heiß werden lassen, dann die Hitze reduzieren. Eimasse hineingeben und leicht verrühren. Bevor die Masse zu stark stockt, Reis untermischen. Hitze erhöhen und rühren, damit der Reis locker zerfällt und die Eimasse flockig wird. Erbsen und übrige Frühlingszwiebeln unterrühren. Salzen und 1 Minute weiterrühren.

GEBRATENER REIS »YANGZHOU« MIT GARNELEN

DIESES REISGERICHT STAMMT AUS YANGZHOU, EINER STADT IN OSTCHINA. ES KANN ALS LEICHTE MAHLZEIT ODER MIT EINER SUPPE SERVIERT WERDEN. DAS GEHEIMNIS VON KÖRNIG GEBRATENEM REIS: DEN GEKOCHTEN REIS VOR DEM BRATEN AUF RAUMTEMPERATUR ABKÜHLEN LASSEN!

125 g gekochte Garnelen
150 g frische oder tiefgefrorene
   Erbsen, 1 EL Öl
3 Frühlingszwiebeln, fein gehackt
1 EL fein gehackter Ingwer
2 Eier, leicht verquirlt
1 Portion gekochter Reis (Seite 274)
1$\frac{1}{2}$ EL Hühnerbrühe (Seite 281)
1 EL Shaoxing-Reiswein
2 TL helle Sojasauce; $\frac{1}{2}$ TL Sesamöl
$\frac{1}{2}$ TL Salz oder nach Belieben
$\frac{1}{4}$ TL frisch gemahlener schwarzer
   Pfeffer

FÜR 4 PERSONEN

DIE GARNELEN schälen, auf der Rückenseite bis zum Schwanz halbieren und den Darm entfernen. Frische Erbsen 3–4 Minuten, tiefgefrorene 1 Minute in köchelndem Wasser garen.

DEN WOK erhitzen, das Öl darin sehr heiß werden lassen. Frühlingszwiebeln und Ingwer 1 Minute pfannenrühren. Hitze reduzieren, Eimasse kurz stocken lassen und leicht verrühren. Garnelen und Erbsen dazugeben und erwärmen. Reis hinzufügen, bevor die Eimasse zu fest wird. Hitze erhöhen und rühren, damit der Reis locker zerfällt und die Eimasse flockig wird.

BRÜHE, Reiswein, Sojasauce und Sesamöl angießen, salzen und pfeffern und vorsichtig umrühren.

珍 珠 丸

PERLENBÄLLCHEN

DAS GERICHT KOMMT AUS DER PROVINZ HUNAN, EINEM DER HAUPTANBAUGEBIETE CHINAS FÜR REIS.

NACH DEM DÄMPFEN WIRD DER KLEBREIS, DER DIE FLEISCHBÄLLCHEN UMHÜLLT, ZU PERLENARTIGEN

KÖRNCHEN. DAS ORIGINAL VERLANGT KLEBREIS ODER MILCHREIS, RISOTTOREIS GEHT ABER AUCH.

300 g Klebreis oder Milchreis
   (Rundkornreis)
8 getrocknete Shiitake-Pilze
150 g geschälte Wasserkastanien
450 g Schweinehackfleisch
1 kleine Karotte, geraspelt
2 Frühlingszwiebeln, fein gehackt
1 1/2 EL fein gehackter Ingwer
2 EL helle Sojasauce
1 EL Shaoxing-Reiswein
1 1/2 TL Sesamöl
2 1/2 EL Speisestärke
Sojasauce

FÜR 6 PERSONEN

DEN REIS in eine Schüssel geben, unter fließendem, kaltem Wasser gründlich reinigen und in einem Sieb gut abtropfen lassen. In einer Schüssel mit ausreichend kaltem Wasser bedeckt 1 Stunde beiseitestellen. Danach gut abtropfen lassen und gleichmäßig auf einem Backblech verteilen.

DIE PILZE 30 Minuten in kochend heißem Wasser einweichen, dann abtropfen lassen und gut ausdrücken. Die Stiele entfernen und wegwerfen, die Hüte hacken.

Die Bällchen so im Klebreis rollen, dass sie rundum davon umhüllt sind. Den Reis leicht andrücken, damit er haftet.

DIE WASSERKASTANIEN 1 Minute in heißem Wasser blanchieren, dann kalt abschrecken. Abtropfen lassen, trockentupfen und fein hacken.

DAS HACKFLEISCH in einer Schüssel mit Pilzen, Wasserkastanien, Karotte, Frühlingszwiebeln, Ingwer, Sojasauce, Reiswein, Sesamöl und Speisestärke zu einem glatten Fleischteig vermengen.

DIE HACKFLEISCHMASSE zu 2 cm große Bällchen formen und diese im Klebreis wälzen, sodass sie vollständig damit umhüllt sind. Den Reis leicht andrücken, damit er haften bleibt. Die Bällchen in ausreichendem Abstand in drei mit durchlöchertem Butterbrotpapier ausgelegte Dämpfkörbe legen. (Statt des Butterbrotpapiers kann man auch feuchtes Mulltuch oder Musselin verwenden.) Abgedeckt über köchelndem Wasser 25 Minuten im Wok dämpfen. Nach der Hälfte der Zeit die Körbe umstellen, sodass der oberste Korb jetzt ganz unten ist. Wenn der Reis am Ende der Garzeit noch al dente ist, weiterkochen, bis er weich ist. Die Sojasauce separat dazuservieren.

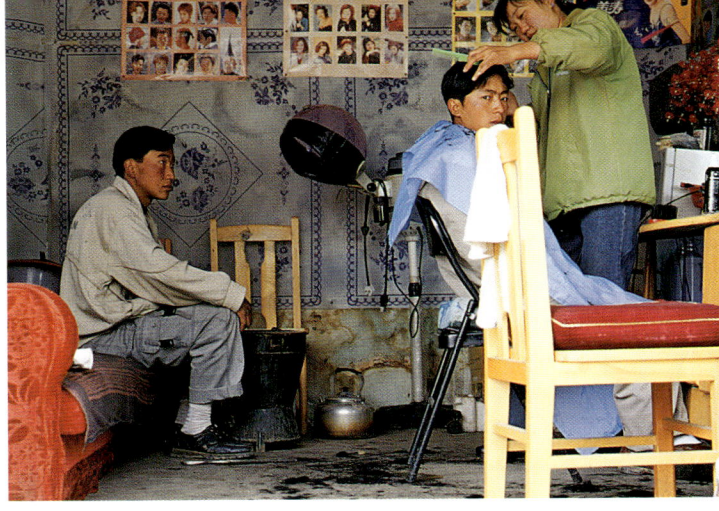

Beim Friseur in Lijiang

蒸鸡腊肠饭

GEDÄMPFTER REIS MIT HÄHNCHEN UND WURST

TRADITIONELL WIRD JEDE PORTION DIESES WÄRMENDEN KANTONESISCHEN GERICHTS IN EINEM EIGENEN KLEINEN TONTOPF ZUBEREITET. CHINESISCHE WURST *(LAP CHEONG)* SCHMECKT EIN WENIG NACH SÜSSER SALAMI UND MUSS VOR DEM ESSEN GEGART WERDEN.

4 getrocknete Shiitake-Pilze
250 g Hühnerschenkelfleisch,
   ohne Haut
1 TL Shaoxing-Reiswein
2 TL Speisestärke
3 chinesische Würste *(Lap Cheong)*
200 g Langkornreis
1 Frühlingszwiebel, gehackt

FÜR DIE SAUCE
2 EL helle Sojasauce
1 EL Shaoxing-Reiswein
1/2 TL Zucker
1/2 Knoblauchzehe, gehackt
   (nach Belieben)
1/2 TL gehackter Ingwer
1/2 TL Sesamöl

FÜR 4 PERSONEN

DIE PILZE 30 Minuten in kochend heißem Wasser einweichen, gut abtropfen lassen und fest ausdrücken. Stiele entfernen, Hüte in Streifen schneiden.

DAS FLEISCH mundgerecht schneiden und mit einer Prise Salz, dem Reiswein und der Speisestärke vermengen.

DIE WÜRSTE auf einen Teller im Dämpfkorb geben und abgedeckt 10 Minuten über köchelndem Wasser im Wok dämpfen. In schräge, dünne Scheiben schneiden.

DEN REIS in eine Schüssel geben, unter fließendem, kaltem Wasser gründlich reinigen und in einem Sieb gut abtropfen lassen. In einen großen Ton- bzw. Schmortopf oder in vier kleine Tontöpfe geben und so viel Wasser einfüllen, dass der Reis 2 cm hoch bedeckt ist. Das Wasser langsam zum Kochen bringen und umrühren. Anschließend die Fleischstücke und Pilze oben auf den Reis legen und die Wurstscheiben darüber anordnen. Abgedeckt 15–18 Minuten bei sehr niedriger Hitze kochen lassen, bis der Reis gar ist.

FÜR DIE SAUCE alle Zutaten in einem kleinen Topf verrühren und erhitzen, bis die Mischung fast kocht. Sauce über das Fleisch und die Wurst gießen und Frühlingszwiebeln darüberstreuen.

白粥加各样小菜

REISSUPPE (CONGEE)

CONGEE ISST MAN IN CHINA BEVORZUGT ZUM FRÜHSTÜCK ODER ALS SNACK ZWISCHENDURCH. ES WIRD

MIT VERSCHIEDENEN GEWÜRZEN BESTREUT UND OFT MIT EINER FRITTIERTEN TEIGSTANGE SERVIERT.

200 g Rundkornreis
2 l Hühnerbrühe (Seite 281)
  oder Wasser
Helle Sojasauce zum Abschmecken
Sesamöl zum Abschmecken

ZUM BESTREUEN
3 Frühlingszwiebeln, gehackt
4 EL gehacktes Koriandergrün
30 g eingelegte Ingwerscheiben
4 EL fein gehackter eingelegter
  Rettich
4 EL geröstete Erdnüsse
2 Tausendjährige Eier, in Spalten
  geschnitten (Seite 291)
2 EL gerösteter Sesam
2 frittierte Teigstangen, in schräge
  Scheiben geschnitten

FÜR 4 PERSONEN

DEN REIS in eine Schüssel geben, unter fließendem, kaltem Wasser gründlich reinigen und in einem Sieb abtropfen lassen. In einen Ton-, Schmor- oder Kochtopf geben und die Brühe oder das Wasser angießen. Zum Kochen bringen, die Hitze reduzieren und den Reis unter gelegentlichem Umrühren 1 3/4–2 Stunden sanft köcheln lassen, bis er eine breiartige Konsistenz annimmt und fast zerfällt.

CONGEE mit einem Spritzer Sojasauce und Sesamöl sowie etwas weißem Pfeffer würzen. Das Gericht kann pur oder mit den links genannten Zutaten bestreut gegessen werden. Die Gäste bedienen sich dann aus den mitservierten Schüsselchen.

Frittierte Teigstangen sind in chinesischen Läden erhältlich und sollten frisch gegessen werden. Wenn sie nicht mehr knusprig sind, kann man sie grillen.

鱼粥

FISCH-CONGEE

NORMALES CONGEE, ODER REISSUPPE, ENTHÄLT MEIST WENIGE EINFACHE ZUTATEN. FEINER UND

REICHHALTIGER WIRD DAS MAHL, WENN MAN ES MIT FISCH ODER FLEISCH ZUBEREITET.

FISCH-CONGEE

200 g Rundkornreis
2 l Hühnerbrühe (Seite 281)
  oder Wasser
200 g feste weiße Fischfilets, wie
  z. B. vom Kabeljau, Heilbutt oder
  Seeteufel, Haut entfernt, in kleine
  Würfel geschnitten
1 EL in feine Streifen geschnittener
  Ingwer
Helle Sojasauce zum Abschmecken
2 Frühlingszwiebeln, gehackt

FÜR 4 PERSONEN

DEN REIS in eine Schüssel geben, unter fließendem, kaltem Wasser gründlich reinigen und in einem Sieb abtropfen lassen. In einen Ton-, Schmor- oder Kochtopf geben und die Brühe oder das Wasser angießen. Zum Kochen bringen, die Hitze reduzieren und den Reis unter gelegentlichem Umrühren 1 3/4–2 Stunden köcheln lassen, bis er eine breiartige Konsistenz annimmt und fast zerfällt.

FISCH, Ingwer und etwas Sojasauce hinzufügen, 1 Minute kochen lassen und mit den Frühlingszwiebeln garnieren.

Reisterrassen bei Longsheng

什锦粥

REGENBOGEN-CONGEE

CONGEE IST SEHR WANDLUNGSFÄHIG. DIE CHINESEN SCHÄTZEN ES ALS FUTTER FÜR DIE SEELE UND

ZUR LINDERUNG VON KRANKHEITEN. ZUDEM IST ES SÄTTIGEND UND EIN AROMATISCHER SNACK.

Mahjong-Spieler in Chengdu

200 g Rundkornreis
2 getrocknete Shiitake-Pilze
80 g Zuckerschoten, Enden ab-
    geschnitten
2 chinesische Würste *(Lap Cheong)*
2 EL Öl
1/4 rote Zwiebel, in feine Würfel
    geschnitten
1 Karotte, in 1 cm große Würfel
    geschnitten
2–2,25 l Hühnerbrühe (Seite 281)
    oder Wasser
1/4 TL Salz
3 TL helle Sojasauce

FÜR 6 PERSONEN

DEN REIS in eine Schüssel geben, unter fließendem, kaltem Wasser gründlich reinigen und in
einem Sieb gut abtropfen lassen.

DIE PILZE 30 Minuten in heißem Wasser einweichen, abtropfen lassen, fest ausdrücken. Stiele
entfernen, die Hüte in 5 mm dicke Würfel hacken.
Zuckerschoten in 1 cm lange Stücke schneiden.

DIE WÜRSTE auf einen Teller im Dämpfkorb
geben und abgedeckt 10 Minuten über köchelndem Wasser im Wok dämpfen. Dann in 1 cm
breite Stücke schneiden.

DEN WOK bei mittlerer Hitze heiß werden lassen
und das Öl erhitzen. Die Wurst pfannenrühren, bis
sie braun und das Fett ausgetreten ist. Mit einem
Drahtsieb oder Schaumlöffel herausnehmen und
abtropfen lassen. Öl bis auf 1 EL abgießen.

DAS ÖL stark erhitzen und die Zwiebel darin pfannenrühren, bis sie weich und glasig ist. Pilze und
Karotte hinzufügen und 1 Minute pfannenrühren,
bis sie ihr Aroma entfalten.

DIE PILZMISCHUNG in einen Ton-, Schmor- oder
Kochtopf geben und 2 Liter Brühe oder Wasser,
Salz, Sojasauce und den Reis hinzufügen. Aufkochen, Hitze reduzieren und alles unter gelegentlichem Rühren 1 3/4–2 Stunden köcheln lassen, bis
der Reis eine breiige Konsistenz annimmt und fast
zerfällt. Falls er noch zu dick ist, die übrige Brühe
angießen und erneut aufkochen. Zuckerschoten
und Wurst unterrühren. Vor dem Servieren abgedeckt 5 Minuten ruhen lassen.

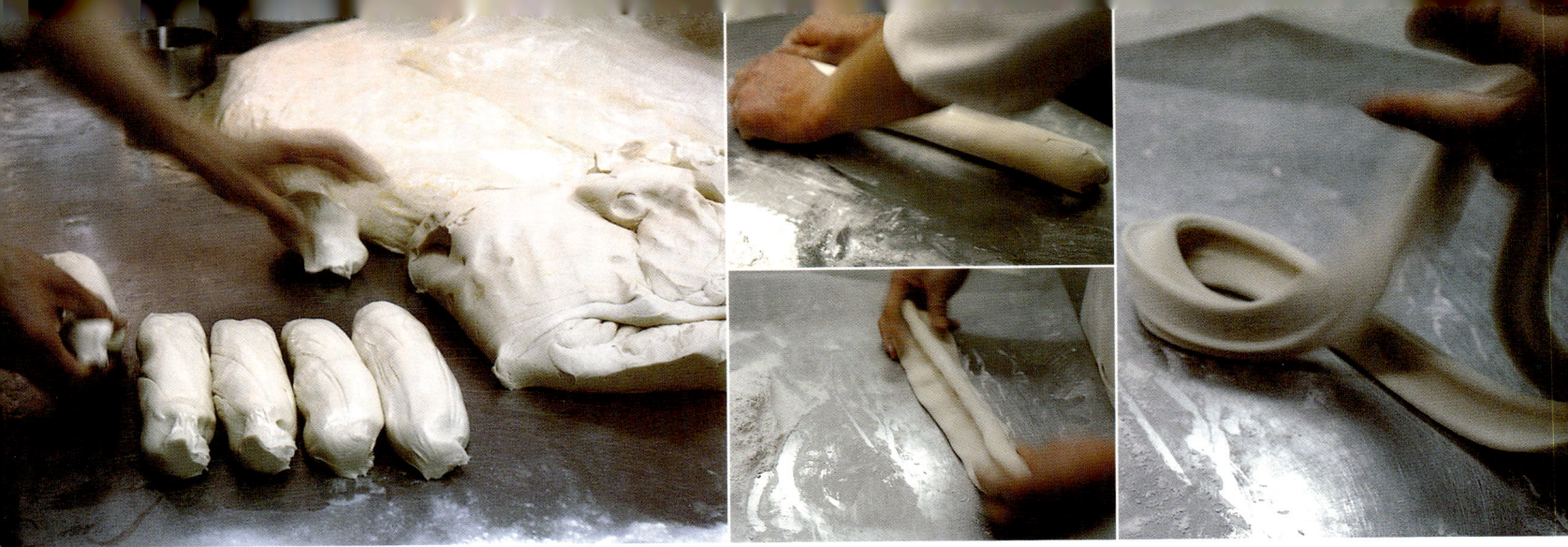

»HANDGEZOGENE« WEIZENNUDELN besitzen in China eine lange Tradition. In den Malan-Restaurants in Peking folgt man einem jahrhundertealten Rezept aus Lanzhou im Nordwesten Chinas: Zunächst wird aus Weizenmehl, Wasser und etwas Pflanzenöl eine große Menge Teig vorbereitet. Nach dem Ruhen knetet man diesen, um das Gluten zu dehnen. Nun wird er portionsweise zu langen Schläuchen geformt

NUDELN

IN BEZUG AUF NUDELN IST CHINA GESPALTEN: IN DEN KÜHLEN NORDEN, WO ROBUSTER WEIZEN ZU MIAN – WEIZENNUDELN – VERARBEITET WIRD, UND DEN WARMEN, FEUCHTEN SÜDEN, WO MAN AUS GEMAHLENEM REIS REISNUDELN – FEN – HERSTELLT.

Auch wenn beide Nudelarten heute in ganz China gegessen werden, bleiben Nudeln doch eher ein Grundnahrungsmittel des Nordens. Im Süden begleitet meistens Reis das Essen.

NUDELARTEN

Nudeln aus Weizen oder Gerste heißen Mian. Meist steht der Begriff jedoch als Bezeichnung für alle Nudeln Chinas. Sie können getrocknet oder frisch sowie maschinen- oder handgefertigt sein. Für Eiernudeln werden der Mehl-Wasser-Paste Eier hinzugefügt – eine Kanton-Spezialität.

Fen ist das chinesische Wort für Mehl aus Hirse und Reis, bezeichnet aber auch Nudeln aus gemahlenem Reis. Diese sind im Süden beliebt und werden hier auch Sha He genannt, nach einer Stadt nahe Guangzhou. Frische Reisnudeln formt man zu Blättern und schneidet sie nach dem Dämpfen für die weichen, hellen Nudeln zu, aus denen oft Dim Sum gemacht werden. Getrocknete Reisnudeln kommen in verschiedenen Stärken vor: angefangen von flachen Stäbchen, bis hin zu drahtseildicken Fadennudeln.

Fen bezeichnet auch Nudeln, die nicht aus Getreide oder Reis bestehen. Diese gelten jedoch in China nicht als »echte« Nudeln. Fen Si oder Glasnudeln werden aus Mungbohnenmehl hergestellt; ihr durchsichtiges Aussehen spiegelt sich in der Bezeichnung »Glasnudel« wider. Gan Si bestehen aus gepresstem Tofu.

ten wird. Jedes Umschlagen verdoppelt die Anzahl der Stränge, bis die Nudeln dünn genug sind. (Nudeln für Männer sind dicker als für Frauen, um mehr »Energie« zu liefern.) Die Nudelenden (die Teigverdickung, die sich beim Auffalten formt) werden entfernt und die Nudeln aufgefächert. Sie müssen nun schnell in heißem Wasser einige Minuten kochen, dann mit Essstäbchen herausgenommen und in eine Schüssel

und horizontal auf Armlänge gezogen, zurückgefaltet und wieder gedehnt, bis er elastisch ist. Der Nudelmacher beginnt damit, ihn in einem Bogen nach unten zu schleudern, lässt ihn jedoch kurz vor dem Boden zurückschnellen, sodass sich der Teig wie ein Seil zusammenrollt. Ist er fest genug, um in Stränge geteilt zu werden, wird er immer wieder aufgefaltet, während jedes Teil in Mehl gewendet und so separat gehal-

NUDELN ESSEN

In China werden Nudeln meist in Suppenschalen oder als Straßensnack gegessen. Vor allem im Süden findet man sie selten im Restaurant, sondern man bereitet sie eher zu Hause zu. Im Norden werden Nudeln auch in kleinen Restaurants oder in Garküchen serviert, die sich oft auf wenige Gerichte spezialisiert haben. Dort macht man häufig die Nudeln selbst und kocht sie dann in großen Töpfen.

Nudeln gelten als Symbol für langes Leben und werden manchmal zu besonderen Anlässen gegessen. Auch sehr lange werden nicht geschnitten, denn das bringt Unglück.

Fast jede Region besitzt ihr eigenes Nudelgericht. In Peking sind es *La Mian,* die gezogenen Nudeln *(siehe oben),* auch bekannt als »Schnurrhaare des Drachen«. In Sichuan gehören »Ameisen krabbeln auf den Baum« und »Reisnudeln, die die Brücke überqueren« zu den beliebtesten Gerichten, und gebratene Singapur-Nudeln kommen eigentlich aus Fujian.

NUDELN KOCHEN

NUDELN IN DER SUPPE zu essen ist die übliche Art. Sie werden in die Brühe getaucht, manchmal noch mit etwas Fleisch, Gemüse oder Meeresfrüchten gegessen, aber immer als Snack, nie als Hauptgericht.

GESCHMORTE NUDELN sind Nudeln in einer dicken Sauce, serviert mit Fleisch, Gemüse und Meeresfrüchten.

GEBRATENE NUDELN werden knusprig oder weich gebraten und mit Fleisch, Gemüse oder Meeresfrüchten und Würzessenzen serviert. Pfannengerührt werden sie as Teil einer Mahlzeit gegessen – meist zu Hause, da sie als Gericht für den heimischen Herd betrachtet werden. Auf Chinesisch heißen sie *Chao Mian.*

UNTERGERÜHRTE NUDELN sind gekochte Nudeln, die unter eine Fleischsauce und frisches Gemüse gemischt und im Sommer oft kalt gegessen werden.

WAN TANS bestehen aus Eiernudelteig. Wan-Tan-Blätter werden meist mit Fleisch gefüllt, die Klößchen in Brühe pochiert oder gebraten.

gegeben werden. Malans Spezialrezept basiert auf fünf verschiedenen Farben, die den Geschmack beeinflussen sollen. Die Suppe (klar) besteht aus Rinder- und Hühnerbrühe, über die Nudeln gibt man chinesische Kräuter und ein wenig Glutamat. Dazu kommen Rettichscheiben (weiß), Chili (rot), Koriandergrün und Frühlingszwiebeln (grün) sowie Nudeln (gelb). Etwas gekochtes Rindfleisch rundet das Gericht ab.

蒜苗炒牛肉面

NUDELN MIT RINDFLEISCH UND SCHNITTKNOBLAUCH

250 g Rumpsteak oder Sirloin-
   Steak, pariert
2 große Knoblauchzehen, zerdrückt
3 EL Austernsauce; 2 TL Zucker
1 EL dunkle Sojasauce
3 TL Speisestärke
1/4 TL Sesamöl; 3 EL neutrales Öl
1 rote Paprikaschote, in dünne
   Ringe geschnitten
150 g chinesischer Schnittknoblauch,
   in 5 cm lange Stücke geschnitten
1 kg frische Reisnudelrollen, in 2 cm
   dicke Scheiben geschnitten
Chilisauce (nach Belieben)

FÜR 6 PERSONEN

DAS RINDFLEISCH gegen die Faser in dünne, mundgerechte Streifen schneiden, dann mit Knoblauch, 1 EL Austernsauce, 1 TL Zucker, 2 TL Sojasauce, Speisestärke und Sesamöl vermischen. Im Kühlschrank mindestens 30 Minuten, besser noch über Nacht marinieren.

DEN WOK erhitzen und das Öl darin sehr heiß werden lassen. Paprikaschote 1–2 Minuten pfannenrühren, bis sie bissfest ist. Fleisch hinzufügen und rühren, bis es die Farbe verändert. Schnittknoblauch und Nudeln 1–2 Minuten darin rühren, bis sie gar sind. Restliche Austernsauce, Zucker und Sojasauce dazugeben, alles gut verrühren.

DAZU kann Chilisauce serviert werden.

Die frische Nudelrolle in dicke Scheiben teilen; sie rollen sich dann zu Nudeln auf.

凉面

KALTE NUDELN MIT DRESSING

DIESES SOMMERGERICHT IST EIN ERFRISCHENDER SNACK FÜR HEISSE NACHMITTAGE ODER ABENDE.

DAS DRESSING KANN JE NACH VORLIEBE MIT MEHR ODER WENIGER CHILI UND EINGELEGTEM RETTICH

ANGERICHTET WERDEN. VEGETARIER LASSEN EINFACH DIE GARNELEN WEG.

FÜR DAS DRESSING
20 g getrocknete Garnelen
3 EL Shaoxing-Reiswein
3 EL helle Sojasauce
2 EL klarer Reisessig
1 TL Chilisauce
1 EL fein gehackter Ingwer
2 EL gehackter eingelegter Rettich
1 TL Sesamöl

450 g frische oder 350 g getrocknete asiatische Eiernudeln
1 EL Öl
2 Frühlingszwiebeln, in feine Streifen
   geschnitten

FÜR 6 PERSONEN

FÜR DAS DRESSING die Garnelen 1 Stunde in heißem Wasser einweichen, gut abtropfen lassen, grob zerschneiden und 15 Minuten im Reiswein marinieren. Anschließend die Garnelen mit Sojasauce, Reisessig, Chilisauce, Ingwer, Rettich und Sesamöl vermischen.

FRISCHE NUDELN 2–3 Minuten, getrocknete 10 Minuten in sprudelndem Salzwasser kochen. Abtropfen lassen und kalt abschrecken. Das Öl unterheben und die Nudeln auf einer Schüssel anrichten.

DIE NUDELN mit dem Dressing begießen und mit Frühlingszwiebeln bestreuen. Vor dem Servieren nochmals gut durchmischen.

KALTE NUDELN MIT DRESSING

荷兰豆炒牛肉烩炸面

KNUSPERNUDELN MIT RIND UND ZUCKERSCHOTEN

DAS GERICHT AUS KANTON IST WELTWEIT EIN RENNER. UMSCHMEICHELT VON EINER SAMTIGEN AUSTERNSAUCE, KRÖNEN RINDFLEISCH UND ZUCKERSCHOTEN DIE KNUSPRIGEN NUDELN.

275 g frische oder 175 g getrocknete asiatische Eiernudeln
1½ TL Sesamöl
350 g Rumpsteak oder Sirloin-Steak, pariert
1 EL dunkle Sojasauce
2 TL Shaoxing-Reiswein
½ TL Zucker
1 Knoblauchzehe, fein gehackt
1 TL Speisestärke
100 g Zuckerschoten, Enden abgeschnitten
3 EL Öl

FÜR DIE SAUCE
1 EL fein gehackter Ingwer
1 Frühlingszwiebel, fein gehackt
300 ml Hühnerbrühe (Seite 281)
3 EL Austernsauce
1 EL Shaoxing-Reiswein
½ TL dunkle Sojasauce
1 TL Zucker
½ TL Sesamöl
1½ EL Speisestärke

FÜR 4 PERSONEN

Topf mit heißem Wasser zum Nudelkochen in Chengdu

FRISCHE NUDELN 2–3 Minuten, getrocknete 10 Minuten in sprudelndem Salzwasser kochen. Gut abtropfen lassen und 1 TL Sesamöl untermischen. Nudeln auf vier kleinere Kuchenformen oder flache Schüsseln verteilen; abkühlen lassen.

DAS FLEISCH gegen die Faser in etwa 2 mm dicke Scheiben, dann in 4 cm große Quadrate schneiden. Mit Sojasauce, Reiswein, Zucker, Knoblauch, Speisestärke und dem restlichen Sesamöl vermischen und verrühren. Gut 1 Stunde im Kühlschrank marinieren.

DIE ZUCKERSCHOTEN 15 Sekunden in kochendem Wasser blanchieren. Abtropfen lassen und kalt abschrecken. Gut trockentupfen.

DEN WOK erhitzen, 2 EL Öl darin sehr heiß werden lassen. Nudelkuchen nacheinander umgedreht in den Wok gleiten lassen und auf beiden Seiten goldbraun braten. Ab und zu die Pfanne schwenken und die Nudeln bewegen, damit sie gleichmäßig garen. Nudelkuchen auf einem Teller in einen mäßig temperierten Backofen stellen.

DEN WOK wieder erhitzen und das restliche Öl darin sehr heiß werden lassen. Das Fleisch abtropfen lassen und nacheinander 1 Minute pfannenrühren, bis es die Farbe verändert. Mit einem Drahtsieb oder einem Schaumlöffel herausnehmen, abtropfen lassen. Vom Öl 2 EL zurückbehalten, den Rest abgießen.

FÜR DIE SAUCE das Öl im Wok noch einmal sehr stark erhitzen; den Ingwer und die Frühlingszwiebel darin 10 Sekunden pfannenrühren, bis sich das Aroma entfaltet. Die restlichen Saucezutaten außer Speisestärke dazugeben und aufkochen. Die Speisestärke in Wasser anrühren, an die Sauce geben und köcheln lassen, bis sie eingedickt ist.

DAS FLEISCH und die Zuckerschoten unter die Sauce heben; diese über den Nudeln verteilen.

新加坡炒面

SINGAPUR-NUDELN

2 EL getrocknete Garnelen
300 g Reisfadennudeln
100 g gegrilltes Schweinefleisch
   (Char Siu)
100 g Sojasprossen; 4 EL Öl
2 Eier, verquirlt
1 Zwiebel, in dünne Ringe
   geschnitten
1 TL Salz
1 EL chinesisches Currypulver
2 EL helle Sojasauce
2 Frühlingszwiebeln, in Streifen
   geschnitten
2 rote Chilischoten, in Streifen
   geschnitten

FÜR 4 PERSONEN

DIE GARNELEN 1 Stunde, die Nudeln 10 Minuten in heißem Wasser einweichen. Beides gut abtropfen lassen. Fleisch in dünne Scheiben schneiden, Sojasprossen waschen und gründlich trockentupfen.

DEN WOK auf den Herd stellen, 1 EL Öl darin sehr heiß werden lassen. Die Eier hineingeben und ein Omelett braten. Aus dem Wok nehmen und in kleine Stücke schneiden.

DEN WOK nochmals erhitzen, restliches Öl darin sehr heiß werden lassen. Zwiebel, Sojasprossen, Fleisch und Garnelen 1 Minute pfannenrühren. Nudeln, Salz, Currypulver und Sojasauce dazugeben, gut vermischen, 1 Minute rühren. Omelettstücke, Frühlingszwiebeln und Chilis hinzufügen, alles gut vermengen.

SINGAPUR-NUDELN

担担面

DAN DAN MIAN

DAS GERICHT HAT SICH VON EINEM BELIEBTEN STRASSENSNACK IN SICHUAN ZU EINEM HIT IN GANZ NORDCHINA ENTWICKELT. ES SCHMECKT AN JEDEM VERKAUFSSTAND ETWAS ANDERS.

1 EL Szechuan-Pfefferkörner
200 g Schweinehackfleisch
50 g eingelegter Rettich,
   abgetropft und fein gehackt
2 EL helle Sojasauce
2 EL Öl
2 Knoblauchzehen, zerdrückt
2 EL Ingwerpulver
4 Frühlingszwiebeln, fein gehackt
2 EL Sesampaste oder
   weiche Erdnussbutter
2 EL helle Sojasauce
2 TL Chiliöl
200 ml Hühnerbrühe (Seite 281)
400 g dünne Weizennudeln

FÜR 4 PERSONEN

DIE PFEFFERKÖRNER im Wok rösten, bis sie duften, dann leicht zerdrücken. Das Hackfleisch mit Rettich und Sojasauce vermischen und kurz durchziehen lassen. Den Wok erhitzen und das Öl darin sehr heiß werden lassen. Das Hackfleisch pfannenrühren, bis es knusprig braun ist. Herausnehmen und abtropfen lassen.

KNOBLAUCH, Ingwer und Frühlingszwiebeln im Wok 30 Sekunden pfannenrühren. Dann Sesampaste, Sojasauce, Chiliöl und Brühe dazugeben und 2 Minuten sanft köcheln lassen.

DIE NUDELN in kochendem Salzwasser 4–8 Minuten kochen, abtropfen lassen. Auf vier Schüsseln verteilen und die Sauce darüberträufeln. Das knusprige Hackfleisch darauf verteilen und alles mit den Pfefferkörnern bestreuen.

Die Weizennudeln werden von Hand gedreht. Sie werden für jeden Kunden frisch zubereitet und sofort gekocht.

Mittagessen in Chengdu

Das Hackfleisch muss beim Braten zerkrümeln und darf keine Klümpchen bilden, sonst sieht es nicht wie Ameisen aus.

蚂蚁上树

AMEISEN KRABBELN AUF DEN BAUM

HIER WERDEN NICHT INSEKTEN ZUBEREITET – VIELMEHR SPIELT DER UNGEWÖHNLICHE NAME DIESES PIKANTEN SICHUANESISCHEN GERICHTS WOHL DARAUF AN, DASS DIE HACKFLEISCHKRÜMEL AUF DEN GLÄNZENDEN GLASNUDELN AUSSEHEN WIE AMEISEN, DIE BAUMSTÄMME HOCHLAUFEN.

125 g Schweine- oder Rinder-
   hackfleisch
1/2 TL helle Sojasauce
1/2 TL Shaoxing-Reiswein
1/2 TL Sesamöl
125 g Glasnudeln
1 EL Öl
2 Frühlingszwiebeln, fein gehackt
1 EL fein gehackter Ingwer
1 Knoblauchzehe, fein gehackt
1 TL Chili-Bohnenpaste (Toban
   Jiang) oder zum Abschmecken
2 Frühlingszwiebeln, nur der grüne
   Teil, fein gehackt

FÜR DIE SAUCE
1 EL helle Sojasauce
1 EL Shaoxing-Reiswein
1/2 TL Salz
1/2 TL Zucker
1/2 TL Sesamöl
250 ml Hühnerbrühe (Seite 281)

FÜR 4 PERSONEN

DAS HACKFLEISCH mit Sojasauce, Reiswein und Sesamöl vermischen. Die Glasnudeln 10 Minuten in heißem Wasser einweichen und abtropfen lassen.

DEN WOK erhitzen und das Öl darin sehr heiß werden lassen. Das Hackfleisch pfannenrühren, bis die bröselige Masse braun wird. Dann das Fleisch an den Rand des Wok schieben und Frühlingszwiebeln, Ingwer, Knoblauch und Chilipaste 5 Sekunden pfannenrühren, bis sich ihr Aroma entfaltet. Das Fleisch zurück in die Mitte des Wok schieben.

ALLE ZUTATEN für die Sauce vermischen, unter die Fleischmischung geben und gut verrühren. Die Nudeln hinzufügen und aufkochen. Die Hitze stark reduzieren und alles 8 Minuten kochen, bis die Flüssigkeit verdampft ist. Zum Schluss mit den Frühlingszwiebeln bestreuen.

Auf einem Markt in Yunnan
werden Nudelgerichte zubereitet.

什锦面

REGENBOGENNUDELN

DAS GERICHT AUS GARNELEN, SOJASPROSSEN UND DÜNNEN REISNUDELN UMWEHT EIN HAUCH CHINE-

SISCHEN CURRYPULVERS. ES IST MILDER ALS SEIN INDISCHER VERWANDTER UND ERINNERT ETWAS

AN FÜNFGEWÜRZPULVER. MAN KANN AUCH MILDES INDISCHES CURRYPULVER VERWENDEN.

225 g Garnelen
1 EL Shaoxing-Reiswein
2^1/$_2$ EL fein gehackter Ingwer
1 TL Sesamöl
300 g Reisfadennudeln
2 Stangen Lauch, nur der weiße Teil
4 EL Öl
1^1/$_2$ EL chinesisches Currypulver
200 g Sojasprossen
60 ml Hühnerbrühe (Seite 281)
    oder Wasser
2 EL helle Sojasauce
1 TL Salz
^{1}/$_2$ TL Zucker
^{1}/$_2$ TL frisch gemahlener schwarzer
    Pfeffer

FÜR 4 PERSONEN

GARNELEN bis auf den Schwanzfächer mit den Fingern auslösen. Auf der Rückenseite mit einem scharfen Messer einschneiden und den Darm entfernen. Garnelen mit Reiswein, 2 TL Ingwer und Sesamöl marinieren.

DIE NUDELN 10 Minuten heiß einweichen und abtropfen lassen. Den Lauch in 5 cm lange Stücke, dann in feine Streifen schneiden. Waschen und trockentupfen.

DEN WOK erhitzen und 1 EL Öl darin sehr heiß werden lassen. Die Garnelen nacheinander jeweils 1^1/$_2$ Minuten pfannenrühren. Mit einem Drahtsieb oder einem Schaumlöffel herausnehmen und gründlich abtropfen lassen. Das Öl abgießen und den Wok auswischen.

DAS RESTLICHE ÖL im Wok sehr stark erhitzen. Das Currypulver einige Sekunden darin pfannenrühren, bis es sein Aroma ganz entfaltet hat. Lauch und restlichen Ingwer dazugeben und 1^1/$_2$ Minuten pfannenrühren. Die Sprossen hinzufügen und 20 Sekunden anbraten. Garnelen, Brühe oder Wasser, Sojasauce, Salz, Zucker und Pfeffer gut unterrühren.

DIE NUDELN hineingeben und rühren, bis sie gar sind und die Sauce aufgesogen haben. Auf einer Platte anrichten und servieren.

Shiitake-Pilze sind saisonal frisch erhältlich, getrocknet bekommt man sie das ganze Jahr über.

NUDELN MIT SHIITAKE-PILZEN

DAS VEGETARISCHE NUDELGERICHT ERHÄLT SEIN AROMA DURCH SHIITAKE-PILZE, KAROTTEN, LAUCH, KNOBLAUCH UND INGWER. TRADITIONELL WERDEN DIE NUDELN FRITTIERT; SIE KÖNNEN ABER AUCH KNUSPRIG GEGRILLT WERDEN, DANN SIND SIE NICHT SO FETT.

275 g frische oder 175 g getrocknete asiatische Eiernudeln
1 1/2 TL Sesamöl
5 getrocknete Shiitake-Pilze
2 Stangen Lauch, nur der weiße Teil
2 Karotten
1 EL Öl
2 Knoblauchzehen, fein gehackt
1 EL fein gehackter Ingwer
2 EL Shaoxing-Reiswein
2 EL helle Sojasauce
1 EL Austernsauce
1/4 TL frisch gemahlener schwarzer Pfeffer
1 1/2 EL Speisestärke

FÜR 4 PERSONEN

FRISCHE NUDELN 2–3 Minuten, getrocknete 10 Minuten in einem Topf mit sprudelndem Salzwasser kochen. Gut abtropfen lassen und 1/2 TL Sesamöl untermischen.

DEN GRILL vorheizen. Vier lockere Nudelhäufchen auf ein leicht geöltes Backblech setzen und auf jeder Seite 10 Minuten grillen, bis sie rundum goldbraun sind. Bei niedriger Hitze warm halten.

DIE PILZE in kochendem Wasser 30 Minuten einweichen, abtropfen lassen und ausdrücken, das Einweichwasser zurückbehalten. Stiele entfernen und Hüte in Streifen schneiden. Den Lauch zuerst in 5 cm lange Stücke, dann in 1 cm breite Streifen schneiden. Waschen und trockentupfen. Die Karotten so groß wie den Lauch schneiden.

DAS ÖL im Wok sehr stark erhitzen. Knoblauch und Ingwer pfannenrühren, bis sie ihr Aroma voll entfaltet haben. Lauch und Karotten hinzufügen und 1 Minute pfannenrühren. Anschließend Reiswein und Pilze 1 Minute darin dünsten.

SOJA- UND AUSTERNSAUCE, übriges Sesamöl und 80 ml Einweichwasser angießen. Pfeffern. Speisestärke in etwas Wasser zu einer Paste rühren, an die Sauce geben. Bei niedriger Hitze eindicken lassen. Nudeln mit Sauce auf einer Platte anrichten.

彩桥面

REISNUDELN »ÜBER DIE BRÜCKE«

DAS GERICHT SOLL VON EINER FRAU STAMMEN, DIE IHREM MANN TÄGLICH DAS ESSEN BRACHTE.

DAMIT AUF DEM LANGEN WEG ÜBER DEN SEE DIE HITZE NICHT ENTWICH, BEGOSS DIE FRAU DAS ESSEN

MIT ÖL. DIE SUPPE MUSS FAST KOCHEND HEISS SERVIERT WERDEN, DA DIE ZUTATEN DARIN GAREN.

100 g Garnelen
100 g Hühnerbrustfilet, ohne Haut
100 g Tintenfischkörper
115 g chinesischer Schinken, in
    dünne Scheiben geschnitten
8 getrocknete Shiitake-Pilze
125 g Sojasprossen
350 g frische Reisnudeln oder
    250 g Klebreisnudeln
Chilisauce
Helle Sojasauce
1 l Hühnerbrühe (Seite 281)
4 Frühlingszwiebeln, fein gehackt

FÜR 4 PERSONEN

DIE GARNELEN aus der Schale brechen, auf der Rückenseite mit einem scharfen Messer aufschneiden und den Darm entfernen. Garnelen und Fleisch schräg in dünne Scheiben schneiden.

DIE TINTENFISCHE auf einer Seite aufschneiden, gründlich waschen, Tintenfische schräg in dünne Scheiben schneiden. Garnelen, Fleisch, Tintenfisch und Schinken auf einer Platte anrichten, abdecken und in den Kühlschrank stellen.

DIE PILZE in heißem Wasser 30 Minuten einweichen, abtropfen lassen und fest ausdrücken. Stiele entfernen. Die Pilze ebenfalls auf die Platte geben. Sojasprossen waschen und gut abtropfen lassen, ebenfalls auf der Platte anrichten.

Kanal in Lijiang

DIE NUDELN in vier Portionen aufteilen. Getrocknete Nudeln 10 Minuten in heißem Wasser einweichen und dann gut abtropfen lassen.

JEDER GAST bekommt ein Schälchen mit Chilisauce und eines mit Sojasauce. Die Zutaten und Dipsaucen auf den Tisch stellen. Danach vier Suppenschalen entweder im vorgeheizten Backofen anwärmen oder einige Minuten unter fließendes, heißes Wasser halten. Die Hühnerbrühe mit den Frühlingszwiebeln in einem Ton-, Schmoroder Kochtopf aufkochen. Wenn die Brühe zu sprudeln beginnt, in die Suppenschalen füllen.

JEDER GAST bekommt eine mit Brühe gefüllte Schale, in der er dann das Fleisch, Gemüse und die Nudeln kocht. Man kann auch ganz originalgetreu einen Spritzer Öl daraufgeben, damit die Hitze nicht entweicht.

In China verwendet man für dieses Rezept statt Zimt lieber Kassiarinde (Mitte).

桂皮牛肉面

ZIMTRINDFLEISCH MIT NUDELN

1 TL Öl
10 Frühlingszwiebeln, in kurze Stücke
    geschnitten, mit der flachen Seite
    des Küchenbeils leicht zerdrückt
10 Knoblauchzehen, in dünne
    Scheiben geschnitten
6 Scheiben Ingwer, mit der flachen
    Seite des Küchenbeils leicht zer-
    drückt
1¹/₂ TL Chili-Bohnenpaste *(Toban*
    Jiang)
2 Kassiarinden (oder Zimtstangen)
2 Sternanis; 125 ml helle Sojasauce
1 kg Kurzrippensteak, pariert und in
    4 cm große Würfel geschnitten
250 g Klebreisnudeln
250 g junger Spinat (Frühlingsspinat)
3 EL fein gehackte Frühlingszwiebeln

FÜR 6 PERSONEN

DAS ÖL in einem Wok bei mittlerer Hitze erwärmen. Frühlingszwiebeln, Knoblauch, Ingwer, Chilipaste, Kassia und Sternanis 10 Sekunden pfannenrühren und das Ganze in einen Ton-, Schmor- oder Kochtopf geben. Die Sojasauce und 2,25 l Wasser angießen und aufkochen. Rindfleisch hineingeben, dann erneut zum Kochen bringen. Die Hitze reduzieren und abgedeckt 1½ Stunden köcheln lassen, bis das Fleisch ganz zart ist. Die Oberfläche ab und zu abschäumen und entfetten. Ingwer und Kassia entfernen.

DIE NUDELN 10 Minuten in heißem Wasser einweichen, abtropfen lassen und auf sechs Schalen verteilen. Den Spinat zum Fleisch geben und aufkochen. Beides über den Nudeln anrichten und mit Frühlingszwiebeln bestreuen.

长寿面

NUDELN »FÜR EIN LANGES LEBEN«

LANGE NUDELN SYMBOLISIEREN EIN LANGES LEBEN – UND WERDEN DESHALB ZU BESONDEREN ANLÄSSEN SERVIERT, ETWA ZUM GEBURTSTAG UND ANDEREN FESTTAGEN. DIE NUDELN FÜR DIESES GERICHT SIND GANZ BESONDERS LANG UND WERDEN UNGESCHNITTEN ZUBEREITET.

NUDELN »FÜR EIN LANGES LEBEN«

250 g vorgekochte lange chinesische
    Nudeln *(»longevity noodles«)* oder
    getrocknete asiatische Eiernudeln
100 g Sojasprossen
100 g frische Bambussprossen
    oder aus der Dose, gewaschen
    und abgetropft
1 EL Öl; 1 EL fein gehackter Ingwer
4 Frühlingszwiebeln, in dünne Ringe
    geschnitten
1 EL helle Sojasauce; 1 TL Sesamöl
75 ml Hühnerbrühe (Seite 281)

FÜR 4 PERSONEN

VORGEKOCHTE NUDELN in sprudelndem Salzwasser 1 Minute kochen, abtropfen lassen und kalt abschrecken. Getrocknete asiatische Eiernudeln 10 Minuten kochen und gut abtropfen lassen. Die Sojasprossen waschen und abtropfen lassen. Die Bambussprossen in Streifen schneiden.

DEN WOK erhitzen, das Öl darin sehr heiß werden lassen. Den Ingwer einige Sekunden pfannenrühren. Soja- und Bambussprossen sowie Frühlingszwiebeln dazugeben, 1 Minute pfannenrühren. Sojasauce, Sesamöl und Brühe angießen und aufkochen. Die Nudeln unterrühren, bis sie die Sauce vollständig aufgesogen haben.

叉烧面 / 汤

NUDELSUPPE CHAR SIU

NUDELN ISST MAN IN CHINA VIEL LIEBER IN DER SUPPE ALS GEBRATEN *(CHOW MEIN)*. WIE GEBRATENER REIS SIND AUCH NUDELGERICHTE EHER SNACKS ALS BESTANDTEIL EINER NORMALEN MAHLZEIT. DAS HIER IST EIN GRUNDREZEPT – DIE ZUTATEN FÜR DIE BEILAGE KANN MAN NACH BELIEBEN VARIIEREN.

4 getrocknete Shiitake-Pilze
200 g gegrilltes Schweinefleisch
 (Char Siu)
100 g frische Bambussprossen
 oder aus der Dose, gewaschen
 und gut abgetropft
100 g grünes Gemüse, wie Spinat,
 Paksoi oder Chinakohl
2 Frühlingszwiebeln
450 g frische oder 350 g getrocknete asiatische Eiernudeln
1 l Hühner-Fleisch-Brühe
 (Seite 281)
2–3 EL Öl
1 TL Salz; 1/2 TL Zucker
1 EL helle Sojasauce
1 TL Shaoxing-Reiswein
1/4 TL Sesamöl

FÜR 4 PERSONEN

DIE PILZE 30 Minuten in heißem Wasser einweichen, abtropfen lassen und ausdrücken. Stiele entfernen, Hüte in Streifen schneiden, ebenso das Fleisch, die Bambussprossen, das grüne Gemüse und die Frühlingszwiebeln.

FRISCHE NUDELN 2–3 Minuten, getrocknete 10 Minuten in sprudelndem Salzwasser kochen. Abtropfen lassen, auf vier Schalen verteilen. Brühe aufkochen, Hitze reduzieren und köcheln lassen.

DEN WOK erhitzen, das Öl sehr heiß werden lassen. Das Fleisch und die Hälfte der Frühlingszwiebeln 1 Minute pfannenrühren. Pilze, Bambussprossen und grünes Gemüse ebenfalls 1 Minute pfannenrühren. Salz, Zucker, Sojasauce, Reiswein und Sesamöl dazugeben und alles gut verrühren.

DIE NUDELN mit Brühe übergießen, Fleischmischung darauf verteilen, mit restlichen Frühlingszwiebeln bestreuen.

烧鸭面 / 汤

NUDELSUPPE MIT GEBRATENER ENTE

OB SNACK ODER EINFACHE MAHLZEIT – DIE SUPPE IST SCHNELL ZUZUBEREITEN. KANTONESISCH GEBRATENE ENTE BEKOMMT MAN IN CHINARESTAURANTS, AUF WUNSCH MUNDGERECHT GESCHNITTEN.

450 g frische oder 350 g getrocknete asiatische Eiernudeln
1 l Hühner- oder Hühner-Fleisch-
 Brühe (Seite 281)
400 g gebratene Ente, in mundgerechte Stücke geteilt
100 g Paksoi, in feine Streifen
 geschnitten
2 EL Sojasauce; 1/4 TL Sesamöl

FÜR 4 PERSONEN

FRISCHE NUDELN 2–3 Minuten, getrocknete 10 Minuten in sprudelndem Salzwasser kochen. Abtropfen lassen und auf vier Suppenschalen verteilen. Brühe aufkochen, Hitze reduzieren und dann sanft köcheln lassen.

ENTE, PAKSOI, Sojasauce und Sesamöl auf den Nudeln verteilen und die Brühe angießen.

NUDELSUPPE MIT
GEBRATENER ENTE

Reisnudelverkauf
auf dem Markt in Yunnan

Die gedämpften Jakobsmuscheln
fein zerpflücken, da das intensive
Aroma sich in kleinen Stücken
am besten entfaltet.

干贝海鲜面

NUDELN MIT MEERESFRÜCHTEN

DIESES NUDELGERICHT IST MEHR ALS EIN SNACK. ES ENTHÄLT NICHT NUR FRISCHEN TINTENFISCH,

SONDERN AUCH GETROCKNETE JAKOBSMUSCHELN (CONPOY). DIE AUSGESPROCHEN AROMATISCHEN

MUSCHELN GELTEN ALS DELIKATESSE.

4 getrocknete Jakobsmuscheln
  (Conpoy)
12 Garnelen
200 g Tintenfischkörper
400 g dünne Reisnudeln
1 EL Öl
2 EL in Streifen geschnittener
  Ingwer
2 Frühlingszwiebeln, in dünne
  Ringe geschnitten
150 g Chinakohl, in feine Streifen
  geschnitten
250 ml Hühnerbrühe (Seite 281)
2 EL helle Sojasauce
2 EL Shaoxing-Reiswein
1 TL Sesamöl

FÜR 4 PERSONEN

JAKOBSMUSCHELN mit 1 EL Wasser in einer
feuerfesten Schüssel in den Dämpfkorb stellen.
Abgedeckt über köchelndem Wasser im Wok
30 Minuten dämpfen, bis sie ganz zart sind.
Herausnehmen und das Fleisch fein zerpflücken.

DIE GARNELEN schälen, am Rücken mit dem
Messer halbieren und den Darm entfernen.

TINTENFISCHKÖRPER auf einer Seite aufschneiden und gründlich waschen. Auf die Innenseite
des Fleisches ganz leicht ein Kreuzmuster einritzen. Vorsicht: Nicht durchschneiden! Das Ganze
in 3 x 5 cm große Stücke teilen.

DIE NUDELN 10 Minuten heiß einweichen und
gut abtropfen lassen.

DEN WOK erhitzen und das Öl darin sehr heiß
werden lassen. Ingwer und Frühlingszwiebeln
1 Minute pfannenrühren. Garnelen und Tintenfisch
dazugeben und rühren, bis sie glasig sind. Dann
Jakobsmuscheln und Chinakohl untermischen.
Brühe, Sojasauce sowie Reiswein angießen und
1 Minute kochen lassen. Nudeln und Sesamöl
hinzufügen, gut verrühren und servieren.

WAN-TAN-SUPPE

AUF CHINESISCH BEDEUTET *WAN TAN* »EINE WOLKE VERSCHLUCKEN«. WAN TANS, AUSSERHALB VON
GUANGZHOU *HUN TUN* GENANNT, GELTEN ALS NUDELN, DA SIE AUS DEM GLEICHEN TEIG SIND WIE
ASIATISCHE EIERNUDELN. DIESE KÖNNEN SIE ZUSÄTZLICH IN DIE SUPPE GEBEN, WENN SIE MÖGEN.

250 g Garnelen
80 g geschälte Wasserkastanien
250 g mageres Schweinehackfleisch
3 1/2 EL helle Sojasauce
3 1/2 EL Shaoxing-Reiswein
1 1/2 TL Salz
1 1/2 TL Sesamöl
1/2 TL frisch gemahlener schwarzer
   Pfeffer
1 TL fein gehackter Ingwer
1 1/2 EL Speisestärke
30 quadratische oder runde Wan-
   Tan-Teigblätter
Speisestärke zum Bestäuben
1,5 l Hühnerbrühe (Seite 281)
450 g Spinat, geputzt (nach
   Belieben)
2 Frühlingszwiebeln, nur der grüne
   Teil, fein gehackt

FÜR 6 PERSONEN

DIE GARNELEN schälen und den Darm entfernen.
Garnelen in ein Küchentuch geben und möglichst
viel Flüssigkeit herausdrücken, in der Küchenmaschine oder mit einem scharfen Messer pürieren.

DIE WASSERKASTANIEN 1 Minute in heißem
Wasser blanchieren, dann in kaltem Wasser
abschrecken. Gut abtropfen lassen, trockentupfen
und grob hacken. Garnelen, Wasserkastanien,
Hackfleisch, 2 TL Sojasauce, 2 TL Reiswein,
1/2 TL Salz, 1/2 TL Sesamöl, Pfeffer, Ingwer und
Speisestärke in eine Rührschüssel geben und
das Ganze zu einer glatten Masse vermengen.

IN DIE MITTE jedes Wan-Tan-Blattes 1 TL Füllung
setzen, die Ränder mit Wasser bestreichen und
zur Hälfte falten. Die beiden Enden zusammenfal-
ten und fest aneinanderpressen. Die Wan Tans auf
ein mit Speisestärke bestäubtes Tablett setzen.

WASSER in einem Topf zum Kochen bringen. Die
Wan Tans abgedeckt 5–6 Minuten kochen, bis sie
an der Oberfläche schwimmen. Mit einem Drahtsieb oder einem Schaumlöffel herausnehmen und
auf sechs Suppenschalen verteilen.

DIE BRÜHE mit der restlichen Sojasauce und dem
übrigen Reiswein, Salz und Sesamöl zum Kochen
bringen. Spinat dazugeben und so lange kochen,
bis er zusammenfällt. Die heiße Brühe über die
Wan Tans gießen und das Gericht mit Frühlingszwiebeln bestreuen.

Wenn man die Wan Tans auf die
gleiche Weise wie Tortellini formt,
geht es am einfachsten.

DESSERTS

生姜布丁

INGWERPUDDING

DAS DESSERT KANN AUCH ALS KLEINER IMBISS GENOSSEN WERDEN. DER INGWERSAFT LÄSST DIE HEISSE MILCH GERINNEN, UND SO ENTSTEHT EIN PUDDING MIT EINER GELEEARTIGEN, SAMTWEICHEN KONSISTENZ. UNBEDINGT FRISCHEN INGWER NEHMEN, SONST WIRD DAS AROMA ZU HERB.

Man presst Ingwer aus, indem man ihn in ein Musselintuch gibt und die Enden verdreht.

200 g junger Ingwer
1 EL Zucker
500 ml Milch

FÜR 4 PERSONEN

DEN INGWER möglichst fein raspeln; dabei den Saft auffangen. Ingwer in ein Stück Musselin geben, die Enden oben verdrehen und so viel Saft wie möglich herausdrücken; es werden 4 EL benötigt. Man kann dafür aber auch den Entsafter nehmen.

IN JEDE der vier Schalen 1 EL Ingwersaft und 1 TL Zucker geben. Die Milch in einem Topf zum Kochen bringen und auf die Schalen verteilen. 1 Minute stehen lassen. (Durch den Ingwersaft wird die Milch fest.) Warm servieren.

杏仁豆腐（加水果）

MANDELTOFU MIT FRÜCHTEN

WENN DAS WETTER IN CHINA SEHR HEISS IST, SIND FRUCHTSALATE AUS ANANAS, MANGO, PAPAYA, MELONE, LYCHEE UND LOQUAT EINE SEHR GEFRAGTE ERFRISCHUNG. DAS MILCHIGE TEILCHEN AUS MANDELGELEE, DAS ZU DIESEM FRUCHTSALAT GEHÖRT, ERINNERT AN TOFU – DESHALB DER NAME.

MANDELTOFU
MIT FRÜCHTEN

2½ EL Gelatinepulver oder
  6 Blatt Gelatine
90 g Zucker
2 TL Bittermandelaroma
125 ml Kondensmilch
400 g Lychees aus der Dose,
  mit Saft
400 g Loquats (japanische Wollmis-
  peln) aus der Dose,
  mit Saft
½ Papaya, in Würfel geschnitten
½ Melone, in Würfel geschnitten

FÜR 6 PERSONEN

IN EINEN TOPF 125 ml Wasser füllen. Gelatinepulver aufs Wasser streuen und 1 Minute damit vollsaugen lassen. Oder Gelatineblätter einweichen, bis sie zusammenfallen, dann das Wasser unter Rühren erhitzen, um die Blätter aufzulösen.

ZUCKER, Bittermandelaroma und Kondensmilch verrühren. Gut 600 ml Wasser unter ständigem Rühren langsam hinzufügen. Aufgelöste Gelatine unterrühren. In eine gekühlte quadratische Form (23 cm) füllen. Mindestens 4 Stunden kalt stellen, bis die Masse fest ist.

DIE HÄLFTE des Lychee- und Loquatsafts abgießen. Die andere Hälfte mit den Früchten in eine große Schüssel geben. Papaya- und Melonenwürfel hinzufügen. Mandeltofu in Rauten schneiden und mit den Früchten auf Tellern anrichten.

新年甜汤圆

SÜSSE NEUJAHRSKLÖSSCHEN

DIE KLÖSSCHEN WERDEN ZUM CHINESISCHEN NEUJAHRSFEST GEMACHT UND OFT IN EINER SÜSSEN
SUPPE GEGESSEN. SIE KÖNNEN MIT EINER NUSS ODER MIT BOHNENPASTE GEFÜLLT WERDEN.

60 g schwarze Sesampaste,
  rote Bohnenpaste oder
  weiche Erdnussbutter
4 EL Zucker
250 g Klebreismehl
30 g Würfelzucker

ERGIBT 24 STÜCK

SESAMPASTE gründlich mit dem Zucker verrühren.

DAS MEHL in eine Schüssel sieben und gut
175 ml kochendes Wasser einrühren. Das Ganze
vorsichtig zu einem glatten, leicht klebrigen Teig
kneten. (Er ist sehr heiß!) Den Teig mit bemehlten
Händen zu einer Rolle formen und in kirschgroße
Stücke teilen. Mit einem Küchentuch abdecken
und nacheinander jedes Teigstück zuerst zu einer
flachen Scheibe drücken, dann zu einer Tasse formen. Der Teig sollte ziemlich dünn sein.

JEDE TEIGTASSE mit 1 TL Paste füllen und oben
verschließen. Dann den Teig so glätten, dass ein
runder Ball ohne sichtbare Nähte entsteht.

1 LITER WASSER aufkochen, Würfelzucker unter
Rühren darin auflösen. Nochmals aufkochen, die
Klößchen nacheinander einlegen und 5 Minuten
sanft köcheln lassen, bis sie oben schwimmen.
Warm und mit etwas Sirup servieren.

Während der Neujahrsfeiern werden überall auf den Märkten und
Nachtmärkten Chinas Neujahrsklößchen angeboten.

AUSGEBACKENE BANANEN

125 g Mehl
1 TL Backpulver
2 EL Milch
20 g Butter, geschmolzen
1 EL Zucker
4 Apfelbananen oder Babybananen
  oder 3 normale Bananen
Öl zum Ausbacken
Honig (nach Belieben)

FÜR 4 PERSONEN

MEHL, BACKPULVER, MILCH, Butter und Zucker
vermengen. Nach und nach genug Wasser angießen, damit ein fester Ausbackteig entsteht.

DIE BANANEN in 3 cm lange Stücke schneiden.

DEN WOK zu einem Viertel mit Öl füllen und auf
180 °C erhitzen (so lange, bis ein Brotwürfel
darin in 15 Sekunden goldbraun wird). Immer nur
wenige Bananenstücke auf einmal in den Ausbackteig geben und 3 Minuten frittieren, bis sie
rundum gebräunt sind. Gründlich auf Küchenpapier abtropfen lassen. Die Bananen mit Honig
beträufelt servieren.

AUSGEBACKENE BANANEN

Gebrauchsfertiger Reispudding

Frische Longans

八宝饭

REISPUDDING DER ACHT KOSTBARKEITEN

DIESER REISPUDDING DARF BEI KEINEM FESTMAHL ODER NEUJAHRSFEST FEHLEN. FÜR DIE »ACHT KOSTBARKEITEN« KÖNNEN SIE AUCH ANDERE FRÜCHTE AUS DER DOSE VERWENDEN.

12 blanchierte, ganze Lotussamen
12 getrocknete Chinesische Datteln (Jujubes)
20 Gingkonüsse, frisch oder aus der Dose, ohne Schale
225 g Klebreis
2 EL Zucker
2 TL Öl
30 g Blockzucker (oder Rohrzucker- würfel)
8 kandierte Kirschen
6 getrocknete Longans, entsteint
4 Mandeln oder Walnusskerne
225 g rote Bohnenpaste

FÜR 8 PERSONEN

LOTUSSAMEN und Datteln 30 Minuten in kaltem Wasser einweichen, gut abtropfen lassen. Kerne der Datteln entfernen. Frische Gingkonüsse in einem Topf mit heißem Wasser 5 Minuten blanchieren, kalt abschrecken und trockentupfen.

DEN KLEBREIS mit knapp 300 ml Wasser in einem Topf mit schwerem Boden aufkochen. Die Hitze reduzieren und den Reis 10–15 Minuten köcheln lassen. Zucker und Öl unterrühren.

BLOCKZUCKER in knapp 200 ml Wasser auflösen und aufkochen. Lotussamen, Datteln und Gingkonüsse 1 Stunde sanft kochen, bis die Samen weich sind. Abtropfen lassen, Flüssigkeit aufbewahren.

FEUERFESTE SCHÜSSEL (1 Liter Inhalt) ausfetten, den Boden mit Lotussamen, Datteln, Gingkonüssen, Kirschen, Longans und Mandeln belegen. Mit zwei Drittel Reis abdecken, Oberfläche glatt streichen. Die Bohnenpaste daraufgeben, restlichen Reis einfüllen, die Oberfläche glätten.

DEN REIS mit gefetteter Alufolie abdecken, die Schüssel in den Dämpfkorb stellen. Abgedeckt über köchelndem Wasser im Wok 1–1½ Stunden dämpfen. Ab und zu heißes Wasser nachgießen.

DEN REISPUDDING auf eine Platte stürzen und mit dem Zuckerwasser begießen. Heiß servieren.

Für diesen Reispudding eignet sich jedes runde Gefäß. Soll er höher werden, brauchen Sie eine entsprechend tiefere Schüssel. Nicht vergessen: Das Muster erscheint nach dem Stürzen oben.

蜂蜜蒸梨

GEDÄMPFTE BIRNEN IN HONIG

DAS REZEPT VERBINDET BIRNEN MIT JUJUBES, DENEN HEILKRÄFTE NACHGESAGT WERDEN. SIE SIND MANCHMAL GETROCKNET ERHÄLTLICH. WENN NICHT, KANN MAN SIE AUCH WEGLASSEN.

GEDÄMPFTE BIRNEN IN HONIG

100 g getrocknete Chinesische
   Datteln (Jujubes)
6 fast reife Birnen
6 EL Honig

FÜR 6 PERSONEN

DATTELN 1 Stunde in heißem Wasser einweichen; das Wasser zweimal wechseln. Abtropfen lassen, entsteinen und kreuzweise in Streifen schneiden.

JEDE BIRNE unten abflachen, damit sie gerade steht. Einen 2,5 cm großen Deckel abschneiden und beiseitelegen. Kerngehäuse mit dem Frucht-entkerner oder Messer entfernen. Nicht den Boden durchschneiden!

BIRNEN auf eine feuerfeste Platte stellen und in jede 1 EL Honig und einige Dattelstreifen füllen. Deckel aufsetzen und, falls nötig, mit Zahnstochern fixieren.

PLATTE in den Dämpfkorb stellen. Abgedeckt über köchelndem Wasser im Wok 30 Minuten dämpfen, bis die Birnen weich sind. Heiß oder kalt servieren.

杏仁饼

MANDELPLÄTZCHEN

MANDELN KOMMEN IN CHINA EHER BEI SÜSSEN ALS PIKANTEN GERICHTEN ZUM EINSATZ. DIESE PLÄTZCHEN SIND SUPER SNACKS UND PASSEN AUCH ZU DESSERTS WIE MANDELTOFU.

Mit dem bemehlten Daumen in jedes Plätzchen eine Vertiefung drücken, damit die Mandel hält.

125 g Butter, raumtemperiert
185 g Zucker
2 Eier, leicht verquirlt (jeweils
   auf einem separaten Teller)
200 g Mehl
1/2 TL Backpulver
1/2 TL Salz
150 g fein gehackte Mandeln
1 TL Bittermandelaroma
25 blanchierte, ganze Mandeln

ERGIBT 25 STÜCK

BACKOFEN auf 180 °C vorheizen, Blech leicht einfetten. Butter und Zucker 5 Minuten schaumig schlagen. Ein Ei zugeben und zu einer hellen Creme schlagen. Mehl, Backpulver und Salz darü-bersieben, mit einem Rührlöffel sorgfältig unterrüh-ren. Gehackte Mandeln und Aroma untermischen.

ESSLÖFFELGROSSE Teighäufchen im Abstand von etwa 3 cm auf das Blech setzen. Mit dem bemehlten Daumen eine kleine Vertiefung in jedes Plätzchen drücken. Mit dem zweiten Ei bestrei-chen; eine Mandel in die Mitte setzen. 10–12 Mi-nuten backen, bis die Plätzchen goldbraun und aufgegangen sind. Kurz ruhen lassen; auf einem Kuchengitter vollständig abkühlen lassen.

GRUNDREZEPTE

白饭

GEKOCHTER ODER GEDÄMPFTER REIS

200 g weißer Langkornreis

FÜR 4 PERSONEN

DEN REIS in eine Schüssel geben und mit den Fingern unter fließendem, kaltem Wasser gründlich säubern. In einem Sieb gut abtropfen lassen.

FÜR GEKOCHTEN REIS den Reis mit 420 ml Wasser in einem Topf mit schwerem Boden aufkochen. Hitze stark reduzieren, Reis abgedeckt 15–18 Minuten köcheln lassen, bis das Wasser verdampft ist und auf der Oberfläche »Krater« entstehen.

FÜR GEDÄMPFTEN REIS den Reis in einen mit perforiertem Butterbrotpapier, feuchtem Gaze- oder Musselintuch ausgelegten Dämpfkorb füllen. Abgedeckt 35–40 Minuten über köchelndem Wasser im Wok dämpfen, bis er weich ist.

DEN REIS mit einer Gabel auflockern. Servieren oder gemäß Rezept weiterverwenden.

Für gedämpften Reis Dämpfkorb mit perforiertem Butterbrotpapier, Gaze- oder Musselintuch auslegen, damit der Dampf eindringt. Reis gleichmäßig verteilen.

锅巴

KNUSPRIGER REIS

KNUSPRIGER REIS IST EINE GUTE MÖGLICHKEIT ZUR RESTEVERWERTUNG; MAN KANN IHN NATÜRLICH AUCH WIE HIER FRISCH ZUBEREITEN. DER FRITTIERTE REIS WIRD IN EINE SCHÜSSEL GEFÜLLT UND MIT SUPPE, ETWA EIER-TOMATEN-SUPPE (SEITE 60) ODER GEMÜSESUPPE (SEITE 63), ÜBERGOSSEN.

125 g weißer Langkornreis
Öl zum Frittieren

FÜR 4 PERSONEN

DEN REIS in eine Schüssel geben und unter fließendem, kaltem Wasser gründlich spülen. In einem Sieb gut abtropfen lassen.

IN EINEM TOPF mit schwerem Boden in 200 ml Wasser aufkochen. Hitze stark reduzieren, Reis abgedeckt 15–18 Minuten sanft köcheln lassen.

OHNE DECKEL weiterkochen, bis der Reis einen Kuchen formt, der sich vom Topf löst. Abkühlen lassen. Reis herausstürzen und trocknen lassen.

DEN WOK zu einem Viertel mit Öl füllen und auf 180 °C erhitzen (so lange, bis ein Brotwürfel darin in 15 Sekunden goldbraun wird). Anschließend den Reis frittieren, bis er knusprig braun ist.

KNUSPRIGER REIS

MANDARIN-PFANNKUCHEN

DIE DÜNNEN PFANNKUCHEN UMHÜLLEN DIE PEKING-ENTE (SEITE 134) UND ANDERE GERICHTE DES NORDENS, WIE ENTE MIT KNUSPRIGER HAUT (SEITE 129), SCHWEINEFLEISCH MU SHU (SEITE 156) UND DAS MONGOLISCHE LAMMFLEISCH (SEITE 183).

450 g Mehl
300 ml heißes Wasser
1 TL Öl
Sesamöl

ERGIBT 24–30 STÜCK

DAS MEHL in eine Schüssel sieben und unter ständigem Rühren heißes Wasser dazugießen. Öl untermengen und zu einem festen Teig kneten. Mit einem feuchten Tuch abgedeckt, 30 Minuten ruhen lassen.

DEN TEIG auf eine leicht bemehlte Arbeitsfläche legen und 8–10 Minuten kneten, bis er glatt ist. Den Teig in drei gleich große Portionen teilen, jede zu einem langen Strang rollen und diesen in 8–10 Stücke teilen.

JEDES TEIGSTÜCK zu einem Ball formen und mit der Handfläche zu einer Scheibe flach drücken. Eine Scheibe leicht mit Sesamöl bestreichen und eine zweite darauflegen. Beide mit dem Nudelholz zu einem 15 cm großen Pfannkuchen ausrollen.

EINEN TROCKENEN WOK oder eine Bratpfanne heiß werden lassen, die Hitze stark reduzieren und die Pfannkuchen einzeln in die Pfanne geben. Wenden, wenn braune Flecken auf der Unterseite erscheinen. Zweite Seite braten, Pfannkuchen herausnehmen und vorsichtig trennen. Jedes Teil mit der gebratenen Seite nach innen zur Hälfte falten, alle mit einem feuchten Tuch abdecken und beiseitelegen.

KURZ VOR DEM SERVIEREN die Pfannkuchen auf einer Platte im Dämpfkorb abgedeckt 10 Minuten über köchelndem Wasser im Wok dämpfen.

DIE PFANNKUCHEN halten sich 2 Tage im Kühlschrank oder mehrere Monate im Gefrierfach. Zum Erwärmen entweder 4–5 Minuten in den Dämpfkorb oder 30–40 Sekunden in die Mikrowelle geben.

Mandarin-Pfannkuchen werden immer paarweise ausgerollt und gebraten. Dazwischen streicht man eine Schicht Sesamöl.

HEFETEIG

CHINESISCHE KÜCHENCHEFS VERWENDEN FÜR GEDÄMPFTE BRÖTCHEN ZWEI ARTEN VON TEIGEN. EINER WIRD, WIE HIER, MIT HEFE ANGESETZT, DER ANDERE MIT SAUERTEIG.

3 EL Zucker
250 ml warmes Wasser
5 g getrocknete Hefe oder
  10 g frische Hefe
400 g Mehl
2 EL Öl
1¹/₂ TL Backpulver

ERGIBT 1 PORTION (400 G)

DEN ZUCKER im Wasser auflösen und die Hefe hineingeben. Umrühren und 10 Minuten gehen lassen, bis sich Bläschen bilden.

DAS MEHL in eine Schüssel sieben und den Vorteig mit dem Öl dazugeben. Alles mit einem Holzlöffel zu einer groben Teigmasse vermengen. Diese auf einer bemehlten Arbeitsfläche 8–10 Minuten zu einem elastischen Teig kneten. Er sollte geschmeidig und glatt sein; falls er sehr klebrig ist, zusätzlich Mehl einarbeiten.

EINE SCHÜSSEL mit Öl ausfetten und den Teig darin gründlich wenden, sodass er ganz vom Öl bedeckt ist. Die Schüssel mit einem feuchten Tuch abdecken und den Teig an einem zugfreien Ort 3 Stunden gehen lassen.

DIE ARBEITSFLÄCHE mit Mehl bestäuben, den Teig darauf noch einmal kurz durchkneten. Falls er nicht gleich gebraucht wird, in Klarsichtfolie verpackt in den Kühlschrank geben.

ZUR WEITERVERARBEITUNG den Teig flach drücken, in die Mitte eine Vertiefung drücken. Das Backpulver darauf verteilen, die Teigränder hochziehen und fest zusammendrücken, damit es darin eingeschlossen ist. Den Teig einige Minuten leicht kneten, um das Backpulver einzuarbeiten. Er beginnt sofort zu gehen.

DEN TEIG gemäß Rezept weiterverwenden.

Dieser Brotteig geht zweimal – zuerst mit Hefe und dann mit Backpulver. Es wird in den Teig geknetet und macht ihn leicht und luftig.

鸡汤

HÜHNERBRÜHE

1,5 kg Hühnerkarkassen (mit Hälsen, Flügelspitzen und Füßen)
250 ml Shaoxing-Reiswein
6 Scheiben Ingwer, mit der flachen
  Seite des Küchenbeils zerdrückt
6 Frühlingszwiebeln, Enden abgeschnitten, mit der flachen Seite
  des Küchenbeils zerdrückt
4 l Wasser

ERGIBT 3 LITER

DIE KARKASSEN von allem sichtbaren Fett
befreien, in große Stücke hacken und in einem
Suppentopf mit Reiswein, Ingwer, Frühlingszwiebeln und Wasser aufkochen. Die Hitze reduzieren
und alles 3 Stunden sanft köcheln lassen. Dabei
immer wieder den Schaum abschöpfen.

DEN FOND durch ein feines Sieb gießen und entfetten. Falls er zu dünn ist, weiter reduzieren. Er
hält bis zu 3 Tage im Kühlschrank, länger in kleinen Portionen einfrieren.

排骨鸡汤

HÜHNER-FLEISCH-BRÜHE

650 g Hühnerkarkassen (mit Hälsen,
  Flügespitzen und Füßen)
650 g Spareribs oder Kalbfleisch-
  knochen
4 Frühlingszwiebeln, jede zu einem
  Knoten gebunden
12 Scheiben Ingwer, mit der flachen
  Seite eines Küchenbeils zerdrückt
4 l Wasser
80 ml Shaoxing-Reiswein; 2 TL Salz

ERGIBT 3 LITER

KARKASSEN und Fleisch von allem sichtbaren
Fett befreien, in große Stücke hacken und in
einem Suppentopf mit den Frühlingszwiebeln,
Ingwer und Wasser aufkochen. Hitze reduzieren
und 3½–4 Stunden sanft köcheln lassen, den
Schaum abschöpfen.

DEN FOND durch ein feines Sieb gießen und
entfetten. In den Topf zurückgießen, mit Reiswein und Salz aufkochen und 3–4 Minuten
köcheln lassen. Hält bis zu 3 Tage im Kühlschrank, länger in kleinen Portionen einfrieren.

HÜHNER-FLEISCH-BRÜHE

菜汤

GEMÜSEBRÜHE

500 g frische Sojasprossen
10 getrocknete Shiitake-Pilze
6 Frühlingszwiebeln, jede zu einem
  Knoten gebunden (nach Belieben)
4 l Wasser
3 EL Shaoxing-Reiswein
2 TL Salz

ERGIBT 3 LITER

DIE SPROSSEN 3–4 Minuten im Wok rösten. In
einem Suppentopf mit den Pilzen, Frühlingszwiebeln und dem Wasser aufkochen. Hitze reduzieren
und 1 Stunde sanft köcheln lassen.

DEN FOND durch ein feines Sieb gießen. (Die
Pilze weiterverwenden.) Mit Reiswein und Salz
aufkochen und 3–4 Minuten köcheln lassen. Der
Fond hält bis zu 3 Tage im Kühlschrank, länger
in kleinen Portionen einfrieren.

GEMÜSEBRÜHE

SOJASAUCE UND ESSIG

SOJASAUCE, ESSIG UND CHILI

SOJASAUCE, CHILI-
UND SESAMÖL

酱醋调味酱
DIP AUS SOJASAUCE UND ESSIG

EINFACHE DIPSAUCEN WERDEN ZU GERICHTEN WIE GEDÄMPFTEN BRÖTCHEN SERVIERT. DER REIS-
ESSIG RUNDET DAS AROMA DER SOJASAUCE AB.

125 ml helle Sojasauce
3 EL chinesischer dunkler Reisessig

ERGIBT 225 ML

SOJASAUCE und Essig mit 2 EL Wasser in einer
kleinen Schüssel verrühren. Auf Schüsselchen für
jeden verteilen. Dieser Dip passt gut zu Jiaozi
(Seite 20) oder zu Dim Sum wie Siu Mai (Seite 38).

酱醋辣酱
DIP AUS SOJASAUCE, ESSIG UND CHILI

125 ml helle Sojasauce
2 EL chinesischer dunkler Reisessig
2 rote Chilischoten, in dünne Ringe
    geschnitten

ERGIBT 200 ML

SOJASAUCE, Essig und Chilischoten in einer kleinen Schüssel verrühren und auf Schüsselchen für
jeden verteilen. Dieser Dip passt gut zu Jiaozi
(Seite 20) oder zu Dim Sum wie Har Gau (Seite 41)
und Tofurollen (Seite 35).

红醋调味酱
DIP AUS ROTEM ESSIG

125 ml roter Reisessig
3 EL in Streifen geschnittener Ingwer

ERGIBT 225 ML

REISESSIG, 2$\frac{1}{2}$ EL Wasser und Ingwer in einer
kleinen Schüssel verrühren und auf Schüsselchen
für jeden verteilen. Dieser Dip passt gut zu Jiaozi
(Seite 20).

酱辣芝麻调味酱
DIP AUS SOJASAUCE, CHILI- UND SESAMÖL

125 ml helle Sojasauce
2$\frac{1}{2}$ EL Chiliöl
1 EL Sesamöl
1 Frühlingszwiebel, fein gehackt

ERGIBT 200 ML

SOJASAUCE, Chili- und Sesamöl sowie gehackte
Frühlingszwiebel in einer kleinen Schüssel verrüh-
ren und auf Schüsselchen für jeden verteilen. Der
Dip passt gut zu Jiaozi (Seite 20) und gedämpften
Hefebrötchen (Seite 46).

辣椒盐和胡椒

PIKANTE SALZ-PFEFFER-MISCHUNG

1 EL Salz
2 TL gemahlene Szechuan-Pfeffer-
    körner
1 TL Fünfgewürzpulver

ERGIBT 2 EL

SALZ, PFEFFER und Fünfgewürzpulver vermischen. Bei niedriger Hitze 2–3 Minuten unter ständigem Rühren rösten, bis sich das Aroma entfaltet. Die Mischung kann zum Würzen gebratener Enten oder Hähnchen verwendet werden.

PIKANTE SALZ-PFEFFER-MISCHUNG

辣酱

CHILISAUCE

1 kg rote Chilischoten, Stiele
    entfernt
3 TL Salz
4 EL Zucker
170 ml klarer Reisessig

ERGIBT 400 ML

DIE CHILISCHOTEN mit 100 ml Wasser in einem geschlossenen Topf aufkochen und so lange dünsten, bis sie weich sind. Dann Salz, Zucker und Essig hinzufügen. Im Mixer oder in der Küchenmaschine zerkleinern oder durch ein Sieb passieren. Die Sauce hält bis zu 1 Monat im Kühlschrank, länger in kleinen Portionen einfrieren. Passt als Gewürzzutat oder Dip.

辣椒油

CHILIÖL

50 g getrocknete Chiliflocken
125 ml neutrales Öl
60 ml Sesamöl

ERGIBT 200 ML

DIE CHILIFLOCKEN in eine feuerfeste Schüssel schütten. Die Öle in einem Kochtopf stark erhitzen, aber nicht rauchend heiß. Über die Chilis gießen und abkühlen lassen; nicht den Dampf einatmen! Alles in ein Glas füllen. Das Öl hält sich bis zu 6 Monate im Kühlschrank. Es kann zum Aromatisieren verwendet werden. Die Flocken sind ein guter Ersatz für frische Chilischoten.

CHILIÖL

姜汁

INGWERSAFT

200 g junger Ingwer

ERGIBT ETWA 60 ML

DEN INGWER so fein wie möglich raspeln, den Saft auffangen. Die Ingwerraspel mit der gleichen Menge Wasser mischen und auf ein Stück Musselin geben. Das Tuch oben verdrehen, möglichst viel Saft herauspressen. Hierfür eignet sich auch ein Entsafter. Dann kaltes Wasser in der gleichen Menge dazugießen. Als Würzzutat verwendbar.

INGWERSAFT

TEEHÄUSER sind in China sehr beliebt. In manchen schließen vorwiegend Männer Geschäfte ab, etwa im Yuyuan Bazaar, Shanghai (oben). Dagegen ist etwa das Wenshu-Kloster, Chengdu (unten rechts), eher familienorientiert: Die Stammgäste können den ganzen Tag vor einer stets nachgefüllten Tasse Tee sitzen. Teehäuser bieten auch Snacks an – von Melonenkernen oder Orangen bis zu süßen Leckereien (unten links).

TEE

SPÄTESTENS IM 6. JAHRHUNDERT V. CHR. KENNT MAN IN CHINA TEE. VON HIER GELANGTE ER NACH JAPAN, EUROPA UND INDIEN. ER IST NICHT NUR GETRÄNK, SONDERN EIN WICHTIGER TEIL CHINESISCHER KULTUR, RUNDET FESTE AB, IST ZEICHEN VON GASTFREUNDSCHAFT SOWIE MEDIZIN.

Chinesen genießen Tee entweder zwischendurch, vor oder nach dem Essen. Die Ausnahme ist die Teezeremonie *Yum Cha*, wörtlich »Tee trinken«. Ursprünglich bekam man zum Tee einen kleinen Imbiss, nicht ein ganzes Essen, wie heute oft üblich. In Hotels, Warteräumen und Zügen wird heißes Wasser bereitgestellt, damit man sich selbst Tee zubereiten kann. Zu diesem Zweck tragen die Chinesen, unabhängig vom sozialen Status, ein Teegefäß bei sich: einen Becher mit Schraubverschluss oder eine große Tasse mit Deckel, der nur einen Spalt freigibt, damit keine Blätter in den Mund gelangen.

URSPRUNG DES TEES

Die Heimat der Teepflanze *(Camellia sinensis)* liegt in den Bergen Südwestchinas. Heute baut man Tee im ganzen Süden an, außerdem im Osten und Norden, wo die Bedingungen günstig sind. Besonders geschätzt ist Tee aus Yunnan und Fujian. Er wird jeweils aus den zwei jüngsten Blättern und der Blattknospe gemacht, die alle sieben bis zehn Tage gepflückt werden, um das Wachstum der Pflanze zu stimulieren. Die zarten Blättchen sind wertvoller als große oder gebrochene. Teestaub und gebrochene Blätter sind von geringster Qualität.

DRACHENBRUNNENTEE ist der beste Grüntee Chinas. Er wächst rund um den Westsee von Hangzhou, vor allem im Dorf Longjing (Drachenbrunnen). Hier erntet die Familie Wen auf ihrer kleinen Teeplantage dreimal pro Jahr und verkauft den Tee nach Gewicht. Die Blattknospen werden von Hand gepflückt und getrocknet, indem die Blätter in einem erhitzten Metallbecken gerieben werden, um die Fermentierung zu stoppen.

TEESORTEN

Tee wird nach den Herstellungsmethoden kategorisiert:
GRÜNER TEE Nicht fermentiert. Man trocknet frische Blätter in einer Art Wok, um die Oxidation (Fermentierung) zu verhindern. Der meist gerollte Tee löst sich in heißem Wasser.
OOLONG-TEE Die Blätter sind vor dem Trocknen halbfermentiert, damit eine Mischung aus Grün- und Schwarztee entsteht. Die bekanntesten Sorten kommen aus Fujian und Taiwan.
SCHWARZER TEE Voll fermentiert. Welke Blätter werden zerstampft, fermentiert und getrocknet.
WEISSER TEE Seltener, nicht fermentierter Grüntee aus Fujian.

Tee kann aber auch anders kategorisiert werden:
TEEZIEGEL Pu-Er-Tees aus Yunnan werden meist in Formen gepresst. Bei Bedarf wird eine Scheibe abgeschnitten.
AROMATISIERTER TEE Blätter werden mit Blüten gemischt.
FRÜCHTETEE Das sind keine Tees im eigentlichen Sinn.

GLOSSAR

Austernsauce Die Spezialität aus Kanton mit Austernextrakt kommt am Ende des Kochvorgangs ans Gericht. Sie kann auch als Dip oder Marinade verwendet werden.

Bambussprossen Bambus ist ein hohes »Baumgras«, dessen Sprossen in China als Gemüse beliebt sind. Die frischen, kegelförmigen Sprossen enthalten ein giftiges Blausäureglykosid, das durch fünfminütiges Kochen zerstört wird. Gebrauchsfertige Sprossen in der Dose sind meist in Streifen geschnitten und müssen gewaschen werden. Es gibt sie auch eingelegt und getrocknet; dann müssen sie eingeweicht werden. Wintersprossen kosten deutlich mehr als Frühlingssprossen, da sie zarter sind.

Bittergurke Auch als Bittermelone bekannt. Sie sieht aus wie eine blassgrüne Gurke mit warziger Schale und ist sehr bitter. Sie muss blanchiert oder gewässert werden und braucht dann starke Aromen.

Blockzucker Dunkler brauner Zucker, mit Karamellaroma, wird in Blöcken verkauft. Kann durch Rohrzucker ersetzt werden.

Bohnensprossen Sprossen der Sojabohne oder der Mungbohne. Sie sind austauschbar. Sojabohnensprossen sind größer und kräftiger. In manchen Rezepten steht, dass man die Enden entfernen soll. Dies ist nicht nötig, sondern wird aus ästhetischen Gründen gemacht. Sie können einige Tage in Wasser im Kühlschrank aufbewahrt werden. Dann aber das Wasser täglich wechseln!

Chili-Bohnenpaste *(Toban Jiang)* Eine wichtige Zutat in der Küche Sichuans: Dicke Bohnen werden mit Chilischoten und Salz zu einer braunroten Sauce vergoren. Ersatzweise können scharfe Pasten, auch Sichuan-Bohnenpasten genannt, verwendet werden. Sie bestehen aus vergorenen Sojabohnen und manchmal auch anderen Zutaten, wie Knoblauch. Vorsicht, wenn für ein Rezept eine neue Paste erforderlich ist – ihre Schärfe ist schwer einzuschätzen. Asialäden verfügen meist über ein großes Sortiment.

Chiliöl Wenn rauchend heißes Öl über Chiliflocken und -samen gegossen wird, entsteht dieses Würzmittel.

Chilisauce Wird aus frischen Chilischoten und einer Reihe anderer Zutaten, wie Knoblauch und Essig, zubereitet. Die dickere eignet sich zum Kochen, die dünnere als Dip.

Chinakohl Ein Weißkohl, auch unter Tianjin-, Beijing-, Napa-Kohl oder *Wong Bok* bekannt. Es gibt zwei Hauptsorten: Eine ist lang mit blassgrünen Blättern und breiten, weißen Blattrippen, die andere blassgelb mit krauseren Blättern und einer runderen Form. Beide sind überall erhältlich.

Chinesische Datteln Sie sind auch als rote Datteln oder Jujubes bekannt. Die getrockneten Früchte in der Größe einer Olive besitzen eine rote, runzelige Haut, die Kraft geben soll. Sie müssen eingeweicht werden und sind in Acht-Kostbarkeiten- oder tonischen Gerichten zu finden.

Chinesische Garnelenpaste Beißend scharf. Muss nach dem Öffnen in den Kühlschrank.

Chinesische Pickles Sie können aus verschiedenen Gemüsesorten bestehen und werden entweder in einer klaren Lake oder einer Lake auf Sojasaucenbasis eingelegt, die *Jiang Cai* genannt wird. Beide sind gleichermaßen geeignet. Im Asialaden werden sie meist in Gläsern verkauft.

Chinesische Spirituosen Werden aus Getreide gebrannt und sind in der Regel stärker als westliche Spirituosen. Oft verwendet man sie auch zum Kochen. *Mou Tai* ist eine sehr bekannte Marke. Ersatzweise geht Cognac.

Chinesische Wurst Es gibt zwei Sorten: *Lap Cheong* oder *La Chang* genannt, ist rot und besteht aus Schweinefleisch und -fett. Die braune Variante, *Yun Cheung* oder *Xiang Chang,* wird aus Leber und Schweinefleisch hergestellt. Beide sind getrocknet und müssen vor dem Verzehr gekocht werden.

Chinesischer Brokkoli *(Gai Lan)* Er hat dunkelgrüne Stiele und Blätter und kleine Röschen. Fast überall erhältlich.

Chinesischer Kandiszucker Der hellgelbe Zucker aus Zuckerrohr wird in ungleich großen Stücken verkauft, die, gegebenenfalls zerkleinert werden müssen. Er ergibt einen klaren Sirup und verleiht Saucen Glanz. Als Ersatz kann man Würfelzucker verwenden.

Chinesischer Rettich Sieht aus wie eine schlanke weiße Rübe, ist aber eine milde asiatische Rettichart. Sein Fleisch ist fest und saftig. Auf Japanisch heißt er Daikon. Er ist fast überall erhältlich.

Chinesischer Schinken Gepökelter, sehr aromatischer Räucherschinken mit etwas trockenem Fleisch. Die Schinken aus Yunnan und Jinhua sind am bekanntesten. Außerhalb Chinas bekommt man Yunnan-Schinken als Konserve. Eine Alternative ist Prosciutto.

Chinesisches Currypulver Eine kräftige und pikante Variante des Fünfgewürzpulvers mit zusätzlichen Gewürzen wie Kurkuma und Koriander, die den Curry verstärken.

Chinesisches Sesamöl Besteht aus geröstetem weißem Sesam und ist eine gehaltvolle gelbe Flüssigkeit, im Gegensatz zum blassen, ungerösteten Sesamöl im Mittleren Osten. Kleine Flaschen kaufen, da es schnell sein Aroma verliert! Und nicht zum Braten nehmen, da es bei niedriger Hitze raucht! Ideal zum Beträufeln oder, gemischt mit einem anderen Öl, zum Pfannenrühren.

Choisum Grünes Gemüse mit zarten blassgrünen Stielen, kleinen gelben Röschen und dunkelgrünen Blättern. Es besitzt ein mildes Aroma; daher wird es oft nur blanchiert und mit Knoblauch oder Austernsauce gewürzt.

Dämpfen Bei dieser Methode werden die Zutaten in feuchter Hitze gegart, damit sie zart bleiben und ihr Aroma bewahren. Die gebräuchlichsten Bambusdämpfkörbe (25 cm) passen in den Kochtopf oder Wok. (Für einen ganzen Fisch müssen sie größer sein.) Die Körbe werden übereinandergestapelt und nach der Hälfte der Kochzeit umgestellt, damit alles gleichmäßig gart. In China zieht man Bambus- den Metallkörben vor, weil sie den Dampf absorbieren und das Gargut dadurch etwas trockener wird.

Dang Gui Das bittere chinesische Kraut ist mit der europäischen Angelika verwandt und wird als Heilpflanze geschätzt. Es gleicht gebleichten Holzstückchen und wird in Asia- oder Kräuterläden verkauft. Meist gibt man es an Schmorgerichte und Suppen.

Eingelegter chinesischer Rettich Besitzt eine knackige Konsistenz. Er wird zerkleinert und in Salzlake eingelegt. Vor dem Verzehr gründlich waschen, sonst schmeckt er salzig.

Eingelegter Ingwer In Reisessig und Zucker eingelegter Ingwer ist eine typische Zutat für süßsaure Gerichte. Auch andere Arten von Ingwer-Pickles sind erhältlich.

Eingelegter Senfkohl Auch Sichuan-Pickles oder eingelegtes Gemüse genannt. Gemeint ist die in Chili und Salz eingelegte Wurzel des Senfkohls. Im Asialaden ist sie ganz oder zerkleinert in Gläsern oder Dosen erhältlich.

Eingelegter Tofu Marinierter Tofu, der durch roten Reis rot gefärbt oder weiß ist und mit Chili aromatisiert wird. Manchmal heißt er Tofukäse. Er wird als Würzzutat verwendet und ist im Asialaden im Glas erhältlich.

Frühlingsrollenteig Diese Teigblätter werden aus Ei hergestellt und sind hell- oder dunkelgelb. Asialäden und Supermärkte führen sie in der Tiefkühltruhe; sie können bis zur Weiterverwendung eingefroren werden.

Fünfgewürzpulver Diese chinesische Gewürzmischung besteht im Allgemeinen aus Sternanis, Kassia, Szechuan-Pfeffer, Fenchelsamen und Gewürznelke und besitzt eine ausgewogene Kombination aus scharfen, süßen und aromatischen Gewürznuancen. Auch Kardamom, Koriander, Orangenschale und Ingwer sind oft Bestandteile.

Gegrilltes Schweinefleisch *(Char Siu)* Eine Kanton-Spezialität chinesischer Restaurants, bei der das Fleisch mit Malzzucker oder Honig bestrichen und dann gebraten wird, sodass es wie rot glasiert aussieht.

Gelbe Bohnensauce Eigentlich ist sie braun und besteht aus vergorenen gelben Sojabohnen, die mit Reiswein und Rohrzucker vermischt werden. Sie sind süßer und weniger salzig als schwarze Bohnen. Die Sauce variiert in Geschmack und Konsistenz; manchmal sind ganze Bohnen enthalten. Gelbe Bohnensauce wird vor allem in der Küche Sichuans und Hunans verwendet.

Getrocknete Garnelen Die kleinen orangefarbenen Salzwassergarnelen sind sonnengetrocknet. Es gibt sie in verschiedenen Größen; die ganz kleinen haben noch den Kopf und die Schale. Getrocknete Garnelen müssen vor dem Verzehr in Wasser oder Reiswein eingeweicht werden. Sie dienen als Würze, nicht als eine Hauptzutat.

Getrocknete Jakobsmuscheln (Conpoy) Sie müssen eingeweicht oder weich gedämpft werden. Vor dem Verzehr zerpflückt man sie oft in kleine Teile. Da sie sehr geschmacksintensiv sind, reichen wenige. Aufgrund ihres Preises sind sie Banketten vorbehalten.

Gingkonüsse Die Nüsse des Gingkobaums. Ihre harte Schale wird aufgeknackt, die Kerne weicht man ein, um die Haut zu lösen. Gingkonüsse werden ihrer Heilkräfte wegen geschätzt und sind eine der acht Kostbarkeiten des gleichnamigen Reisgerichts. Sie sind auch geschält im Handel erhältlich und sind dann leichter zu handhaben.

Glasnudeln Sind eigentlich keine Nudeln, sondern werden aus Mungbohnenmehl hergestellt. Auch bekannt als Zellophannudeln. Diese Fadennudeln mit etwas dickeren Strängen müssen eingeweicht werden. Sie besitzen selbst kein Aroma, nehmen aber die Aromen des Mitgekochten auf.

Guilin-Chilisauce Kommt aus dem Südwesten Chinas und besteht aus gesalzenen, vergorenen gelben Sojabohnen und Chilischoten. Sie wird als Würzsauce verwendet. Falls nicht erhältlich, kann man auch eine dicke Chilisauce nehmen.

Haifischflossen Sehr teuer und mehr ihrer Konsistenz als ihres Aromas wegen geschätzt. Da die Zubereitung getrockneter Flossen mehrerer Tage bedarf, kauft man besser gebrauchsfertige – sie müssen nur eingeweicht und gekocht werden.

Hoisin-Sauce Sie wird hergestellt aus gesalzenen, gelben Sojabohnen, Zucker, Essig, Sesamöl, rotem Reis zum Färben und Gewürzen wie Fünfgewürzpulver oder Sternanis. Meist verwendet man sie als Dipsauce, für Fleischglasuren oder Grillmarinaden.

Kassia Die Rinde des Kassia- und die des Zimtbaumes sind ähnlich; Kassia besitzt ein stärker holziges Aroma. Es wird oft zum Aromatisieren von Schmorgerichten verwendet und ist Bestandteil des Fünfgewürzpulvers.

Klebreis Dieser sehr stärkehaltige Reis wird für Gerichte verwendet, bei denen der Reis zusammenkleben muss. Roher Klebreis hat dralle, glänzende, durchscheinende Körner. Er wird häufig auch für süße Gerichte und Desserts verwendet.

Küchenbeil Oder Chinesisches Hackmesser. Ein großes Messer mit breiter, scharfer Klinge. In China benutzt man verschiedene Hackbeile zum Durchtrennen und Schneiden. Sehr robuste eignen sich zum Zerteilen von Knochen. Sie sind in Asia- oder Haushaltswarenläden erhältlich.

Lilienknospen Werden auch Goldnadeln genannt und sind die geschlossenen Blüten einer Lilienart. Sie werden getrocknet gekauft und eingeweicht. Besonders in der vegetarischen Küche sind sie von Bedeutung; dort schätzt man sie wegen ihres erdigen Aromas.

Longans Gehören zur Lychee-Familie, sind rund mit lederfarbener Haut, durchsichtigem, süßem Fleisch und großen, braunen Kernen. Frisch, konserviert oder getrocknet erhältlich.

Lotusblätter Die getrockneten Blätter der Lotusblume werden vor dem Verzehr eingeweicht. Sie umhüllen zum Beispiel Klebreis, um ihn beim Kochen zusammenzuhalten. In Asialäden werden sie in Päckchen verkauft.

Lotussamen Die Samen der Lotusblume sollen Heilkräfte besitzen. Er wird in Acht-Kostbarkeiten-Gerichten sowie gebraten, gesalzen, kandiert oder als Snack gegessen. Er wird auch zu einer süßen Paste verarbeitet, mit der Brötchen und Pfannkuchen gefüllt werden. Lotussamen sind frisch und getrocknet erhältlich. Letztere müssen vor der Verarbeitung eingeweicht werden.

Lotuswurzel Der Wurzelstock der chinesischen Lotusblume sieht aus wie drei cremefarbene Würste. Innen hat er jedoch ein wunderschönes spitzenartiges Muster. Er ist frisch (gut waschen!), konserviert oder getrocknet erhältlich. Getrocknet für Schmorgerichte, ansonsten als Gemüse geeignet.

Maltose Süße Flüssigkeit aus gemälztem Korn zum Bestreichen von Peking-Enten und Grillfleisch. In Asialäden erhältlich. Kann durch Honig ersetzt werden.

Mandarinenschalen Getrocknet zum Aromatisieren geeignet. Sie sehen wie dunkelbraune Lederstreifen mit weißer Unterseite aus und kommen an Schmorgerichte und Meistersaucen. Man fügt sie gleich der Kochflüssigkeit zu. In Tütchen in Asialäden erhältlich.

Mei Kuei Lu Chiew Der wohlriechende Schnaps wird aus Sorghum und Rosenblättern hergestellt und für Marinaden verwendet. Als Ersatz eignet sich Cognac.

Meistersauce Besteht aus Sojasauce, Reiswein, Zucker, Frühlingszwiebeln, Ingwer und Sternanis. (Weitere Zutaten hängen vom Koch ab.) Darin werden Fleisch, Geflügel oder der Fisch gekocht und der Sud abgeseiht. Er kann nun alle Aromen der mitgekochten Zutaten aufnehmen. Jedesmal, wenn der Sud gebraucht wird, werden die Würzzutaten hinzugefügt. Es gibt sie als Gewürzmischung oder in flüssiger Form. Bis zum Gebrauch einfrieren.

Nudeln Eiernudeln und Weizennudeln sind frisch oder getrocknet in verschiedenen Größen erhältlich. Reisnudeln bestehen aus gemahlenem Reis und Wasser. Es gibt sie frisch oder getrocknet als Stäbchen oder Fadennudeln. Frische Reisnudeln sind weiß und werden in Rollen verkauft.

Paksoi Auch bekannt als Chinesischer Senfkohl. Milde Kohlpflanze mit dicken, weißen oder blassgrünen Blattstielen und dunkelgrünen Blättern. Eine kleinere Sorte heißt Paksoi Shanghai. Paksoi ist fast überall erhältlich.

Pfannenrühren Bei dieser Kochmethode braucht man wenig Öl. Die Zutaten garen schnell und gleichmäßig und behalten ihre Farbe und Beschaffenheit bei. Alles Gargut muss vorbereitet werden, in der gleichen Größe geschnitten, und gründlich trocken getupft und zimmertemperiert sein. Der Wok wird erhitzt, dann lässt man das Öl darin sehr warm werden und gibt die Zutaten hinein. Die Zutaten werden nur wenige Minuten bei starker Hitze ständig bewegt.

Pfeffer Er ist schon eher eine Grundzutat als ein Gewürz. Ursprünglich wurden die meisten scharfen Gerichte mit reichlich Pfeffer gewürzt, statt mit Chilis wie heute. Weißer Pfeffer ist beliebter als schwarzer.

Pflaumensauce Es gibt verschiedene Sorten. Manche sind süßer als andere und in einigen ist zusätzlich Chili, Ingwer oder Knoblauch enthalten. Sie wird oft zur Peking-Ente serviert und ist eine sehr leckere Dipsauce.

Reisessig Chinesischer Essig wird aus vergorenem Reis hergestellt und ist milder als unserer. Klarer Reisessig wird meist für Pickles und süßsaure Gerichte verwendet. Roter Reisessig ist mild, wird als Dip verwendet oder zu Haifischflossensuppe serviert. Schwarzer Reisessig kommt an Schmorgerichte, vor allem im Norden – Chinkiang-Essig ist eine gute Marke. Reisessig verliert mit der Zeit an Aroma – kleine Flaschen kaufen! Statt klarem kann man auch Apfelweinessig verwenden, schwarzer lässt sich durch Balsamessig ersetzen.

Reismehl Aus dem fein gemahlenen Reis werden meist Reisnudeln hergestellt. Bei Klebreismehl, das man für süße Sachen braucht, wird der Teig gummiartiger. In Asialäden und Supermärkten erhältlich.

Rosettenkabis *(Tatsoi)* Eine Art Paksoi. Er sieht aus wie eine riesengroße Blume mit flachen, glänzend dunkelgrünen Blättern.

Rote Bohnenpaste Die süße Paste aus zerdrückten Adzukibohnen ist für Suppen und zum Füllen von Klößchen und Pfannkuchen. Ersatzweise kann die gehaltvollere dunkle Sorte genommen werden.

Schlangenbohnen Auch bekannt als Spargel- oder Meterbohnen. Sie werden etwa 40 cm lang. Die dunklere Sorte ist fester in der Konsistenz.

Schnittknoblauch, chinesischer Schnittlauch Hat lange, flache Blätter, ist grün und riecht stark nach Knoblauch oder ist gelb mit milderem Aroma. Blütenstiele mit geschlossenen Knospen gelten als Delikatesse. Beide werden eher als Gemüse denn als Kräuter verwendet.

Schwarze Bohnen, gesalzen und vergoren Sojabohnen, die man mit den gleichen Schimmelpilzen vergären lässt, wie sie bei der Herstellung von Sojasauce verwendet werden. Bevor man sie zum Würzen einsetzt, müssen sie gewaschen werden. Sie sind in Gläsern und Tütchen in Spezialläden erhältlich. Ersatzweise kann man eine fertige Bohnensauce aus schwarzen Bohnen und Knoblauch verwenden.

Seegurke Schneckenartiges Meerestier, auch Seewalze genannt. Nur getrocknet erhältlich, muss eingeweicht werden. Hat eine gallertartige Konsistenz und kein Aroma.

Seeohren (Abalone) Die einschalige Molluske gilt in China als Delikatesse. Bei manchen Fischhändlern ist sie frisch erhältlich, meist jedoch nur getrocknet oder in der Dose. Getrocknete Abalone werden 6 Stunden eingeweicht und 4 Stunden geköchelt. Als Dosenkonserve sind sie gebrauchsfertig.

Sesampaste Die etwas trockene Paste besteht aus gemahlenen, gerösteten Sesamsamen. Sie ist aromatischer als Tahin(a), das ersatzweise mit etwas chinesischem Sesamöl verwendet werden kann. Schwarze Sesampaste wird für Süßes wie Neujahrsklößchen genommen.

Shaoxing-Reiswein Wird aus Reis, Hirse, Hefe und Wasser aus Shaoxing hergestellt, mindestens drei Jahre gelagert und dann in Gläser oder dekorative irdene Flaschen abgefüllt. Es gibt mehrere Sorten Reiswein. Als Getränk wird er warm in kleinen Tassen serviert. Trockener Sherry ist der beste Ersatz.

Shiitake-Pilze Die frische Variante wird von den Japanern gezüchtet. In China verwendet man eher getrocknete; sie haben ein ausgeprägtes Aroma und müssen vor Gebrauch eingeweicht werden. Das Einweichwasser kann als Würzzutat genutzt werden. Die Pilze sind fast überall erhältlich.

Sojabohnen Sie sind oval und blassgrün. Frische Bohnen kocht man in den Schoten und isst sie als Snack. Getrocknete sind gelb oder schwarz. Aus den gelben wird Sojamilch gewonnen, indem man die Bohnen kocht, mit Wasser püriert und danach die Milch abseiht. Getrocknete Bohnen müssen über Nacht eingeweicht werden.

Sojasauce Besteht aus vergorenen Sojabohnen und kommt in zwei Arten vor: Helle Sojasauce wird für Fisch, Geflügel und Gemüse verwendet, dunkle Sojasauce passt gut zu Fleisch. Chinesische Sojasauce wird im Gegensatz zur japanischen nicht als Würze eingesetzt, außer in der kantonesischen Küche. Da sie eigentlich keine Dipsauce ist, sollte man am besten 1 EL dunkle mit 2 EL heller Sauce mischen, um ein abgerundetes Aroma zu bekommen. Es empfiehlt sich, kleine Flaschen zu kaufen und im Kühlschrank aufzubewahren, denn die Sauce ist nicht unbegrenzt haltbar.

Spareribs auf chinesische Art Die kürzeren, fetteren Rippen, *Pai Gwat,* die man quer in kurze Teile schneidet. Falls nicht erhältlich, tun es auch normale Spareribs. Dann das Fett entfernen!

Sternanis Die sternförmige, aromatische Gewürzzutat ist eine getrocknete Fruchtschale, in deren Zacken je ein flacher Samen sitzt. Geschmack und Aroma gleichen Fenchel- und Anissamen. Er wird in Schmorgerichten ganz und gemahlen im Fünfgewürzpulver verwendet.

Szechuan-Pfeffer Die Beeren eines Strauches, der sich stachlige Esche nennt, streng genommen also kein richtiger Pfeffer. Szechuan-Pfeffer ist beißend scharf, der Nachgeschmack kann die Geschmacks-

nerven betäuben. Die Pfefferkörner sollten zerdrückt und geröstet werden, um ihr volles Aroma zu entfalten.

Tausendjährige Eier Auch als Hundertjährige Eier oder Chinesische Eier bekannt. Man konserviert rohe Enteneier in einer Schicht aus Holzasche, Löschkalk und Reisschalen. So reifen sie mindestens 40 Tage und bekommen ein schwärzlichgrünes Eigelb und ein gelbliches Eiweiß. Zum Verzehr wird die Hülle abgeschabt und die Schale entfernt. Die Eier dienen als Hors d'œuvre oder zum Dekorieren für Congee.

Teighüllen (siehe auch Wan-Tan-Blätter, Frühlingsrollenteig) Teighüllen für Jiaozi, chinesische gefüllte Teigtaschen, sind weiß, rund oder quadratisch und bestehen aus Weizenmehl und Wasser. Hüllen aus Eiteig für Siu Mai sind gelb und rund oder quadratisch. Manchmal werden sie Gow-Gee-Hüllen genannt. Sie sind tiefgekühlt in Asialäden und manchen Supermärkten erhältlich.

Tofu In China wird er Doufu genannt und durch geronnene Sojamilch gewonnen. Tofu erhält man in Supermärkten in Blöcken, je nach Wassergehalt weich, fest oder gepresst. Er sollte gewässert im Kühlschrank aufbewahrt werden. Alle 2–3 Tage das Wasser erneuern. Man kann auch japanischen Tofu verwenden, der ist jedoch noch weicher als der chinesische weiche Tofu.

Tofuhaut Entsteht, wenn Sojamilch schwach köchelt, wird abgezogen und getrocknet. Tofuhaut gibt es entweder getrocknet, dann muss sie eingeweicht werden, oder vakuumverpackt. Die Blätter werden als Hüllen verwendet oder in Stäbchen zerbrochen und an Pfanngerührtes und Suppen gegeben.

Tofutaschen Frittierte Vierecke aus Tofu, außen knusprig und innen zartschmelzend. Selbstgemachte sind einfach nicht so gut. Aber es gibt Ersatz. Tofutaschen aus dem Asialaden können eingefroren werden.

Tontopf Diese irdenen Töpfe mit Deckel eignen sich für Schmor- und Reisgerichte sowie Suppen, die sanft auf dem Herd geköchelt werden. Es gibt etwas flachere zum Schmoren und höhere für Suppen und Reis. Sie sind zerbrechlich und müssen langsam, stets mit einer Flüssigkeit darin, erhitzt werden.

Wachskürbis, Chinesische Wintermelone Sehr großer, dunkelgrüner Flaschenkürbis, der wie eine Wassermelone aussieht. Die Schale ist dunkelgrün, oft mit einer weißen Wachsschicht, das Fleisch hellgrün. In Asialäden meist frisch erhältlich.

Wan-Tan-Blätter Sie sind quadratisch, gelb und bestehen aus Weizenmehl, Ei und Wasser. Sie sind etwas größer als die Teighüllen für Jiaozi. In Asialäden und gut sortierten Supermärkten in der Tiefkühltruhe zu finden. Bis zur Weiterverwendung einfrieren.

Wasserkastanien Wurzelknollen einer Wasserpflanze, die in den Reisfeldern Chinas wächst; sie ist nicht mit unserer Kastanie verwandt. Die Knolle hat eine dunkelbraune Schale und ein knusprig weißes Inneres. Rohe Knollen müssen geschält, blanchiert und gewässert werden. Konservierte Wasserkastanien wäscht man und lässt sie gründlich abtropfen. In Asialäden sind sie manchmal frisch geschält erhältlich.

Wasserspinat *(Ong Choy)* Das Gemüse hat lange, dunkelgrüne, spitz zulaufende Blätter und lange, hohle Stiele. Es wird oft mit Garnelenpaste gekocht.

Weizenstärke Feines Mehl, das durch Entfernen des Eiweißes aus Weizenmehl entsteht. Klößchenhüllen werden daraus hergestellt.

Wok Schüsselartiges Kochgefäß, das in der chinesischen Küche als Bratpfanne und Kochtopf eingesetzt wird. Ideal sind Woks aus Flussstahl (Durchmesser 35 cm). Zum Einbrennen zuerst die Maschinenölschicht entfernen und dann den Wok mit 2 EL Öl einige Minuten bei schwacher Hitze erwärmen. Die Innenseite mit Küchenpapier auswischen und das Papier so lange wechseln, bis es sauber bleibt. Sie wird mit der Zeit nachdunkeln. Zum Reinigen nur Wasser benutzen. Zum Dämpfen sollte ein anderer Wok benutzt werden, da das Wasser die eingebrannte Schicht auflöst. Zum Umrühren der Zutaten ist ein Metallspatel ideal.

Wolkenohrpilze (Mu-err-Pilze) Dieser kultivierte Waldpilz wird einzeln getrocknet und ist in Tütchen in Asialäden erhältlich. Eingeweicht verfünffacht er sein Volumen auf Originalgröße. In den Rezepten schätzt man ihn seiner Farbe und der etwas knirschenden, gummiartigen Konsistenz wegen.

REGISTER

Dank

Der Verlag dankt folgenden Personen und Organisationen für ihre Unterstützung bei der Veröffentlichung dieses Buches:
Bass Hotels und Resorts: Geoffrey Webb, Bradley Moody; Tourismusverband Hongkong: Liam Fitzpatrick, Peter Randall;
Oriental Merchant: Hannah Yiu; Chopstix Media: Ian Fenn.
Peking: Chen Shi, Malan Restaurants, Peking; Bob Ren, Jerrie Xuan, Crowne Plaza, Peking; Niu Lihong, Beijing Wangfujing
Quanjude Roast Duck Restaurant, Peking; Li Family Restaurant, Peking; Lily Wei, Beijing Tourism Bureau; Kaman Ng, Aust-
ralian Embassy, Beijing. Shanghai: Alex; Maggie Wang, Julie Chan, Crowne Plaza, Shanghai; Mid-lake Pavilion Tea House,
Shanghai. Hangzhou: Anne Stackler, Marcel Holman, Kenneth Law, Holiday Inn, Hangzhou; Wen Family Tea, Hangzhou.
Chengdu: Valerie Tan, Lakshman T Perera, Willy Schnitzel, Richard Cheng, White Bai, Nancy Lu, Crowne Plaza, Chengdu;
Tea House, Wenshu Monastery, Chengdu. Dali: Li-yi He, Mr China's Son, Dali. Kunming: Clark Liu, Holiday Inn, Kunming;
Jacky Lee, Yunnan Tea Import and Export Corp., Kunming. Guilin: Tang Jun, Holiday Inn, Guilin. Guangzhou: Ida Chan, Ray-
mond Wong, Holiday Inn City Centre, Guangzhou. Hongkong: F.C. Tang, W. C. Yip, Ann Wai Pik Wa, Wendy Ko, Lee Kum
Kee; Lee King Yin, Luk Yu Tea House, Hongkong; Johnny Cheung, Ng Long, Wing Wah Noodles, Hongkong; Tina Jansen,
Prudence Mak, Catherine McNabb, Leung Fai Hung, Grand Stanford Inter-Continental, Hongkong; Chan Janny, City Hall
Chinese Restaurant, Hongkong; So Shing Fung, Kung Wo Bean Curd Factory, Hongkong.

Wird in den Rezepten Wasser verwendet oder mit Salz und Pfeffer gewürzt, wurde dies in der Regel nicht gesondert in der
Zutatenliste aufgeführt. Mengenangaben dazu finden sich an entsprechender Stelle des Arbeitsschrittes.
Das vorliegende Buch ist sorgfältig erarbeitet worden. Dennnoch erfolgen alle Angaben ohne Gewähr. Autoren und Verlag
bzw. dessen Beauftragte können für eventuelle Personen-, Sach- oder Vermögensschäden keine Haftung übernehmen.

Redaktion: Lulu Grimes, Justine Harding
Design und Art Direction: Marylouise Brammer
Designer: Susanne Geppert
Fotografien: Jason Lowe
Foodstyling: Sarah de Nardi, Ross Dobson, Shaun Arantz, Olivia Lowndes
Rezepte: Deh-Ta Hsiung, Nina Simonds, Wendy Quisumbing
Dolmetscherin: Anna Bryant
Karte: Rosanna Vecchio
Herstellung: Monika Paratore
Publisher: Kay Scarlett
Chief Executive: Juliet Rogers

Titel der Originalausgabe: *The Food of China*
ISBN 1-74045-463-4

© 2007 für die deutsche Ausgabe: Tandem Verlag GmbH
h.f.ullmann ist ein Imprint der Tandem Verlag GmbH

Übersetzung: Anne Görblich-Baier für bookwise GmbH, München
Satz und Redaktion: Christiane Manz für bookwise GmbH, München

Printed in China

ISBN 978-3-8331-3665-8

10 9 8 7 6 5 4 3 2 1
X IX VIII VII VI V IV III II I